53

新世纪心理与心理健康教育文库

Xinshiji Xinli Yu Xinlijiankangjiaoyu Wenku

中学生心理健康教育

Zhongxuesheng Xinlijiankangjiaoyu

刘视湘 郑日昌◆主编

Liu Shixiang Zheng Richang

开明出版社

新世纪心理与心理健康教育文库

编　委　会

总 序

Sequence

早在上个世纪70年代就有专家预言：21世纪是心理学的世纪。21世纪人类所面临的最大挑战，不是其他，而是心理困惑和心理问题。

进入新世纪，我国社会主义物质文明、政治文明、精神文明建设不断加强，综合国力大幅度提高，人民生活显著改善。同时，我们也要看到，我国已进入改革发展的关键时期，经济体制深刻变革，社会结构深刻变动，利益格局深刻调整，思想观念深刻变化。这种空前的社会变革，给我国发展进步带来巨大活力，也必然带来这样那样的矛盾和问题。例如，城乡、区域经济社会发展很不平衡；就业、收入分配、社会保障、教育、医疗、住房等方面关系群众切身利益的问题比较突出；一些社会成员诚信缺失、道德失范；一些领域的腐败现象比较严重等。这些矛盾和问题让人们感到心理困惑，时刻冲击着人们的心理承受能力。

2006年，中共中央《关于构建社会主义和谐社会若干重大问题的决定》明确指出：我们必须坚持以人为本。要注重促进人的心理和谐，加强人文关怀和心理疏导，引导人们正确对待自己、他人和社会，正确对待困难、挫折和荣誉。要加强心理健康教育和保健，塑造自尊自信、理性平和、积极向上的社会心态。心理和谐是构建和谐社会的心理基础和重要标志。胡锦涛同志指出："科学发展观，第一要义是发展，核心是以人为本。"以人为本就必须重视人、尊重人、关心人、爱护人，就必须重视人的心理发展。加强心理健康教育和心理保健，不断提高人们的心理素质，帮助人们形成积极心理品质，为和谐社会建设奠定和谐的心理基础已经成为举国上下的共识。

促进人的心理和谐需要有科学心理学指引，加强心理健康教育需要有合适的教材。近年来，国内虽然也陆续出版了一些心理学或心理健康教育方面的图书，但不够系统，缺乏总体规划。正因为如此，我们组织了一批心理学专家、学者，编写了这套反映我国心理学发展及心理健康教育理论成果的“新世纪心理与心理健康教育文库”。

“新世纪心理与心理健康教育文库”具有系统性。文库参照心理学学科体系和我国现实需要，分为基础理论、应用理论和技术与实践三个系列。

“新世纪心理与心理健康教育文库”具有权威性。文库是国家出版基金资助项目；文库撰稿人的选择面向全国，每一本图书都由该领域的专家学者撰稿；文库的统稿工作由国内权威心理学家和心理健康教育专家负责完成。

“新世纪心理与心理健康教育文库”具有前沿性。文库在全国范围选聘心理学和心理健康教育领域的专家学者撰稿，既可以吸收心理学与心理健康教育的权威理论和最新研究成果，也可以保证所选内容资料贴近时代、贴近生活、贴近实际。

“新世纪心理与心理健康教育文库”具有实用性。文库在强调系统性、理论性、科学性的同时，更加强调实用性。力求做到理论联系实际，给出的理论实用，给出的技术可行，给出的方法可操作。

“新世纪心理与心理健康教育文库”理论性、实用性、资料性、工具性兼备，是心理学与心理健康教育的“百科全书”。它可以作为从事心理与心理健康教育工作的管理者和研究者的参考书、工具书；可以作为心理健康教育教师继续学习、自我提高的自修图书；可以作为心理健康教育教师的培训用书；可以作为师范院校心理与心理健康教育专业的教材或参考书。

我们相信，“新世纪心理与心理健康教育文库”对于从事心理与心理健康教育工作的人士会有所帮助；对于我国的心理与心理健康教育工作会起到推动促进作用；对于促进人的心理和谐、促进社会心理和谐会发挥一定作用。

我们希望，这套文库能够得到广大心理与心理健康教育工作者的认可、接纳。

郑日昌

于京师园

前言

Preface

世界卫生组织（WHO）在其宪章中对健康的含义做了科学的界定："健康乃是一种在身体上、心理上和社会适应方面的完好状态，而不仅仅是没有疾病和虚弱的状态。"就是说健康这一概念的基本内涵应包括生理健康、心理健康和社会适应良好三个方面。由此可见，心理健康是人类健康的重要组成部分，必须加以关注。20世纪八九十年代以来，中共中央国务院、教育部多次发文强调心理健康教育的重要性，经过二十多年的努力，我国的心理健康教育已取得了显著的成绩。广大心理学研究者和教育工作者也提出了很多理论和方法，指导中小学开展心理健康教育。

中学生心理健康教育是指根据中学生生理、心理发展特点，运用有关心理教育方法和手段，培养学生良好的心理素质，促进学生身心全面和谐发展和素质全面提高的教育活动，是素质教育的重要组成部分。中学生心理健康教育是落实跨世纪素质教育工程，培养跨世纪高质量人才的重要环节。针对中学生的心理健康教育首先要将其理解为预防教育，而不是简单的传统意义上的心理咨询和治疗。因此，面对中学心理健康教育的主体——中学生，教师需要了解他们的心理特点，结合不同年龄段学生的心理成长发育需求，通过丰富多样的教学手段，服务和促进学生的心理健康发展。

为了让中学生心理健康教育真正成为素质教育的一项重要内容，营造良好的社会氛围，让全社会关注心理健康教育，认识到心理健康教育的重要性，在参照了大量专业书籍的基础上，我们根据中学生心理健康教育的需要，精心编写了十章内容，涵盖了中学生心理健康教育的含义、内容、途径和管理。其中，第一章是心理健康教育绪论，希望读者对中学生心理健康教育的含义有一个正确的认识。第二章是心理健康教育的组织管理，从组织机制、心理咨询室建设、心理档案建设、绩效评估等方面进行了阐述。第三章至第六章是中学生心理健康教育的内容，翔实阐述了如何从学业发展、自我意识、人际关系、生活适应等方面培养学生良好的心理素质。第七章至第十章是中学生心理健康教育的途径，从课程建设、心理咨询、学科渗透、家校合作等方面进行了系统的介绍，以让读者全面了解中学生心理健康教育的主要途径及其教育方法。

我们在编写过程中力求突出两大特色，系统性与可操作性。第一，系统性。本书从含义、内容、途径、管理等方面对中学生心理健康教育进行了系统、科学的阐述，着重介绍了中学生心理健康教育的内容和途径，让读者认识到心理健康教育是有意义的工作，是预防教育，更是现代积极心理学思想的体现。第二，可操作性。本书在每一章的前面列有本章提要、学习重点、重要术语等，引导读者快速了解本章内容；在每一章的后面列有参考资料、问题与思考，引导读者更加深入地思考本章的学习内容。在内容编排方面，不仅安排了学习心理、人际关系、自我意识等常见内容，也安排了生涯教育、生命教育、休闲教育、消费教育等社会普遍关注的内容，从而拓展了学生的心理学视野，丰富了学生的心理学知识，让读者感觉到心理健康教育是可操作的，是实用的。学生们可以在活动中、游戏中学习，充分体现了寓教于乐的思想。

本书编写前由郑日昌教授提出总体构想，刘视湘博士拟定编写大纲，在参编者充分讨论的基础上确定翔实写作提纲，各章节具体编写分工如下：第一章由慈建芳、刘视湘、郑日昌撰写；第二章由刘视湘、陈晨撰写；第三章由姜斌撰写；第四章由孙明杰、宫娇娇撰写；第五章由丁伊人、郝晶、王菲撰写；第六章由俞静雅、王菲、孙夜晨撰写；第七章由沈景红、沈景娟、郑日昌撰写；第八章由陈晨撰写；第九章由沈景娟、沈景丽、黑远智撰写；第十章由卢文晗撰写。最后由刘视湘、杨文芝、沈景娟统稿，郑日昌审读修正。

本书作为集体智慧的结晶，非常感谢各位作者的辛勤笔耕，感谢杨文芝副校长、沈景娟副校长的组织协调，感谢开明出版社的大力支持！在本书编写过程中，我们广泛参考了国内外的相关著作，吸收了有关研究成果，在此致以诚挚的谢意和敬意。

由于编写时间和编者水平所限，书中难免存在不足和错误之处，敬请广大读者批评、指正，以待修改和完善。

郑日昌　刘视湘

目录

Contents

第一章　绪　论

【本章提要】

本章从心理健康的概念和评价标准出发，由宏观到微观，逐步介绍了心理健康教育的概念、发展历程和相关理论，最后集中到中学生心理健康教育的意义、影响因素等。从整体上对心理健康和心理健康教育作了较为全面的介绍，为以后各章节内容的学习作了相关铺垫。

【学习重点】

1. 心理健康的含义
2. 心理健康的评价标准
3. 心理健康教育的含义和发展历程
4. 中学生心理健康教育的意义
5. 中学生心理健康教育的影响因素

【重要术语】

健康　心理健康　心理健康教育　学生心检系统　适应　困扰　复原力

第一节　心理健康

一、心理健康的含义

（一）健康

1948 年，世界卫生组织在其成立宪章中明确了健康的定义：健康乃是一种在身体上、心理上和社会适应方面的完好状态，而不仅仅是没有疾病和不虚弱。

1978 年，世界卫生组织在国际初级卫生保健大会上所发表的《阿拉木图宣言》中指出：健康是基本人权，达到尽可能的健康水平，是世界范围内一项重要的社会性目标。

1989 年，世界卫生组织又一次深化了健康的概念，认为健康包括躯体健康（physical health）、心理健康（psychological health）、社会适应良好（good social adaptation）和道德健康（ethical health）。现代健康概念中的心理健康、社会性健康和道德健康是对生物医学模式下的健康概念的有力补充和发展，它既考虑到人的自然属性，又考虑到人的社会属性，从而摆脱了人们对健康的片面认识。

世界卫生组织对健康的定义细则如下：

1. 充沛的精力，能从容不迫地担负日常生活和繁重的工作而不感到过分紧张和疲劳。

2. 处世乐观，态度积极，乐于承担责任，事无大小，不挑剔。

3. 善于休息，睡眠良好。

4. 应变能力强，适应外界环境中的各种变化。

5. 能够抵御一般感冒和传染病。

6. 体重适当，身体匀称，站立时头、肩、臂位置协调。

7. 眼睛明亮，反应敏捷，眼睑不发炎。

8. 牙齿清洁，无龋齿，不疼痛，牙龈颜色正常，无出血现象。

9. 头发有光泽，无头屑。

10. 肌肉丰满，皮肤有弹性。

其中前四条为心理、社会性和道德健康方面的内容，后六条则为生理健康方面的内容。

（二）心理健康

什么叫心理健康？具体说，心理健康包括两层含义：一是心理功能是正常的，无心理疾病；二是能积极调节自己的心理状态，顺应环境，能有效地富有建设性地发展和完善个人生活。1948 年第三届国际心理卫生大会将心理健康定义为：在身体、智能以及情感上与他人心理不相矛盾的范围内，将个人的心境发展到最佳状态。《简明不列颠百科全书》对心理健康的定义是：指个体心理在本身及环境条件许可范围内所能达到的最佳状态，但不是指绝对的十全十美状态。

归结心理健康的不同含义，我们认为：心理健康是指在环境许可的范围内，个体通过与环境的不断互动，从而达到内心和谐的一种状态（刘视湘，2011）。简言之，孔子的“从心所欲不逾矩”便是心理健康的最高境界。

二、心理健康的评价标准

（一）心理健康的标准

心理健康对人的重要性不言而喻，但是其标准是什么呢？

1. 马斯洛和米特曼（A. H. Maslow & Mittelmann）关于心理健康的标准

（1）有充分的安全感。

（2）对自己有充分的了解，并能对自己的能力作出适当的评价。

（3）生活理想和目标切合实际。

（4）与周围环境保持良好的接触。

（5）能保持自身人格的完整和和谐。

（6）具有从经验中学习的能力。

（7）保持良好的人际关系。

（8）适度的情绪发展与控制。

（9）在集体要求的前提下，较好地发挥自己的个性。

（10）在社会规范的前提下，恰当满足个人的基本需要。

2. 斯科特（Scott）关于心理健康的标准

（1）一般的适应能力。

（2）自我满足的能力。

（3）人际间各种角色的扮演。

（4）智慧能力。

（5）对他人的积极态度。

（6）创造性。

（7）自主性。

（8）完全成熟。

（9）对自己的有利态度。

（10）情绪与动机的控制。

3. 我国台湾学者黄坚厚提出的心理健康的四项标准

（1）乐于工作。

（2）能与他人建立和谐关系。

（3）对自身具有适当的了解。

（4）和现实环境有良好的接触。

4. 世界卫生组织界定的心理健康标准

（1）智力正常。

（2）情绪适中。

（3）意志健全。

（4）人格统一。

（5）人际关系和谐。

（6）与社会协调一致。

（7）心理特点符合年龄特征。

（二）中学生心理健康的评价标准

结合当今积极心理学和发展心理病理学的研究成果，我们认为，一个心理健康的中学生应该没有严重的情绪困扰，适应良好，具有与其年龄特征相符的发展特点，具有面对挫折与失败能自我复原的潜能。因此，心理健康的评价可以分别从适应、困扰与复原力三个不同层次上来进行，这三个层次的划分既弥补了以往心理健康评价的不足，也顺应了学校适应性、发展性心理辅导实践工作的需要。

1. 适应良好

适应是指个体能充分发挥自身的主观能动性，通过不断的身心调整，与环境保持和谐状态的过程。这种适应不是静止的，而是一种不断打破平衡再重构平衡，从平衡到不平衡再到平衡的螺旋上升的过程。中学生的适应包括人际适应、学习适应、行为适应、青春期适应等方面。

适应良好是中学生心理健康的第一个评价标准。

2. 无心理困扰

困扰是相对于适应而言的心理困扰。中学生心理困扰包括抑郁、焦虑、强迫、恐惧等。中学阶段，心理健康教育应当是发展性取向，而非矫正性取向。因此，我们并非要诊断出学生的心理困扰，贴标签，而是关注学生有无心理困扰倾向，及早预防。

无心理困扰是中学生心理健康的第二个评价标准。

3. 有较强的复原力

复原力是指个人具有或学习到某些特质或行为，这些特质或行为会因个人与环境的互动而保护个人不受压力或挫折情境的影响，使个人重新获得自我控制的能力并发展出健康的应对行为。中学生复原力包括积极认知、自信、社会支持、自我调节等方面。与适应、困扰不同，复原力更强调未来维度，它是预测性指标。

有较强的复原力是中学生心理健康的第三个评价标准。

（三）中学生心理健康的评价工具

20 世纪 90 年代以来，我国有越来越多的心理学家及教育工作者开展了中学生心理健康问题的研究，而心理健康测量工具在这些研究中起到了重要的作用。目前，关于心理健康评价的量表大体可分为三类：第一类是心理障碍和心理诊断量表，此类量表的使用率最高，如症状自评量表（SCL－90）、抑郁自评量表（SDS）、焦虑自评量表（SAS）、心理健康量表（MHT）等；第二类是适应性量表，如儿童行为量表（CBCL）等；第三类是与发展有关的量表，如艾森克人格问卷（EPQ）等。

纵观心理健康评价的工具，国内研究多以某一方面为主，如心理健康、气质、性格等，而进行综合评价并自成体系的工具，当首推郑日昌教授研究和开发、经中国心理卫生协会组织专家鉴定的“学生心理健康检测系统”（Psychological Examination System for Students，PESS），简称为学生心检系统。该系统是基于郑日昌教授提出的“全人教育模型”而建构的。所谓全人指的是身心俱健，该模型把个体的健康分为生理（身体）健康和心理（精神）健康，而心理健康又分为智能健康和人格健康两个方面。其中，智能包括实能和潜能，实能又包括知识和技能，潜能又包括学能和创意；人格包括性情和品德，性情又包括情绪、性格、兴趣，品德又包括法纪、公德、信仰。

目前，已经开发出来的“中学生心检系统”共有七大类17个量表：（1）中学生心理健康自评量表、中学生心理健康教师评价量表、中学生心理健康家长评价量表，三个量表都包括适应分量表（包含学习适应、人际适应、青春期适应、行为适应等四个维度）、困扰分量表（包含抑郁倾向、焦虑倾向、强迫倾向、恐惧倾向等四个维度）和复原力分量表（包含自信、积极认知、自我调节、社会支持等四个维度）；（2）中学生学习状况问卷，包括中学生学习能力测验（包含中学生言语能力测验、中学生数学能力测验、中学生图形推理能力测验等三个测验）、中学生学习态度问卷（包含积极情绪、消极情绪、认知特征、行为努力等四个维度）、中学生学习方法问卷（包含学习环节、学习调控等两个维度）和中学生考试心理问卷（包含考试焦虑、考试方法等两个维度）；（3）中学生创新意识问卷（包含冒险性、敏感性、非依从性、审美感、坚毅性、好奇和幻想性等六个维度）；（4）中学生情绪适应问卷（包含自我感知、自我调节、外部感知、外部调节等四个维度）；（5）中学生性格问卷，包括中学生气质问卷、中学生内外向问卷、中学生自信心问卷、中学生意志力问卷等四个问卷；（6）中学生职业兴趣问卷（包含人、物、资料、观念等四个维度）；（7）中学生道德判断问卷（包含自我、法制、道德、信仰等四个维度）。

表1－1　学生心检系统（PESS）的量表名称和适用范围

系统名称	量表名称	适用范围
中学生心检系统	中学生心理健康自评量表 中学生心理健康教师评价量表 中学生心理健康家长评价量表 中学生言语能力测验 中学生数学能力测验 中学生图形推理能力测验 中学生学习方法问卷 中学生学习态度问卷 中学生考试心理问卷 中学生创新意识问卷 中学生情绪适应问卷 中学生气质问卷 中学生内外向问卷 中学生自信心问卷 中学生意志力问卷 中学生职业兴趣问卷 中学生道德判断问卷	初中生 高中生 中职学生

研究表明，学生心检系统的各分量表都具有良好的信度和效度等心理测量指标，并有标准化的常模可以参照。目前，学生心检系统已经开发了计算机管理系统，非常适合中学开展心理健康教育、建立学生心理档案的需要。

为了满足家长的需要，研究者还对学生心检系统进行了一些改进，不仅使心理检测可以在学校电脑教室方便地完成，还可以通过互联网进行。心检尺就是这样一种通过互联网进行心理检测的工具。其主体是一长形标尺，在标尺的表面边缘带有刻度，标尺的两侧覆有与心理测试内容相适应的彩色涂层，把尺子和心理测试工具结合为一体，一尺多用，结构轻巧，便于携带，使用方便。

对中学生的心理健康状况进行测评，最关键的是选择合适的测量工具。一定要选择标准化的测验，并注意测验的信度、效度和常模的范围、特征及取样时间，要注意测量工具的目的、功能及适用范围。心理测量的目的是为学校开展心理健康教育提供信息，是学校开展心理健康教育的基础，切不可滥用心理测量工具，以免带来负面影响。

心理健康是一个系统，需要从不同的视角、采用不同的方法进行动态研究。中学生的心理健康受到社会环境、家庭情况、人际关系、学习动机、身体健康等多种因素的影响，且随着年龄的增长，中学生的心理素质也在发生着变化，这些因素都直接影响着对中学生心理健康的评估和研究。

第二节　心理健康教育

一、心理健康教育的含义

心理健康教育是根据学生生理、心理发展特点，依托心理学基本原理与技术，运用有关心理教育的方法和手段，有目的、有计划地对学生施加直接或者间接影响，培养（自我培养）学生良好的心理素质，促进学生身心全面和谐发展和素质全面提高的教育活动。

心理健康教育是促进学生发展的一项工作，其要义在于“发展”二字。它是一个向前向上的过程，针对的是每一名学生的发展问题，而不是一个补救过程。心理健康教育的总目标和教育的总目标是一致的，都是使受教育者得到全面发展。具体说来，心理健康教育的目标是：形成、维护、促进受教育者的心理健康，从而为受教育者的全面发展提供良好基础。

要更好地了解心理健康教育的概念，必须把它放到整个概念体系中去分析其内涵。与心理健康教育相临近的概念主要有心理辅导、心理咨询和心理治疗等。

心理辅导是根据学生心理发展的特征与规律，在一种建设性的人际关系中，有关专业人员，运用心理学等专业知识技能，设计与组织各种教育性活动，以帮助学生形成良好的心理素质，充分发挥个人潜能，进一步提高心理健康水平的过程。心理咨询表示一种心理技术工作，即心理咨询服务，其含义是：运用心理学的理论和技术，借助语言、文字等媒介，与咨询对象建立一定的人际关系，进行信息交流，帮助咨询对象消除心理问题与障碍，增进心理健康，发挥自身潜能，有效适应社会生活环境的过程。心理治疗的含义是指在良好治疗关系的基础上，由经过专业训练的治疗者运用心理学的有关理论和技术，对当事人进行帮助的过程，以消除和缓解当事人的较严重心理问题和障碍，促进其人格向健康协调方向发展，恢复其心理健康。

"心理健康教育"一词在一定程度上涵盖了上述三者。因为仅使用三者中某一个概念来描述学校的心理健康教育是很不全面的，所以学校使用心理健康教育这一概念不仅是学术上的慎重选择，更是学校教育现实状况和实际需要的反映。对人心理问题的处理，目前大致有教育学模式和医学模式，前者重心理的预防和发展，后者重心理的治疗和重建。中学生心理健康教育更倾向于教育学模式，较多使用心理辅导和心理咨询，心理治疗较多应用于医学模式。

二、心理健康教育的发展历史

心理健康教育起源于西方19世纪末20世纪初，发轫于"人性关怀"思想。我国自20世纪80年代开始了对心理健康教育的关注。与西方国家相比，我国心理健康教育是建立在改革开放形势下对德育困境的反思基础上的，因而在发展过程中表现出了其独有的特征。

1999年，教育部成立了全国中小学心理健康教育咨询委员会，同年教育部印发的《关于加强中小学心理健康教育的若干意见》（以下简称《意见》），把中小学心理健康教育作为推进素质教育的重要措施。2001年，《中小学心理健康教育》杂志创刊，标志着内地中小学心理健康教育科研工作有了自己独立的学术刊物。2002年，教育部颁布了《中小学心理健康教育指导纲要》（以下简称《纲要》），对分层、逐步、有序推进中小学心理健康教育工作进行了系统的部署，提出了具体的要求，为中小学心理健康教育的发展指明了方向。

我国心理健康教育的发展大体可分为以下几个阶段：

1. 思想准备阶段（20世纪80年代初—90年代初）。1983年，林崇德教授在《中学生心理学》一书中提出培养学生良好心理品质；同年，燕国材教授提出了培养学生非智力因素问题。1986年，班华教授第一次提出"心育"概念，引起教育界的广泛重视。1989年，燕国材教授提出了加强心理教育、培养心理品质的问题。1991年，班华教授发表《心育刍议》一文，系统地阐述了与心育有关的问题。同年，郑日昌和陈永胜合著的《学校心理咨询》教材正式出版，该书对学校心理咨询的性质、任务、内容、形式及方法技术作了全面论述。1993年，郑日昌又在《人民教育》杂志发文《不可忽视对学生的心理健康教育》，在强调心育重要性的同时，明确提出了心理健康教育的内容、途径和方法，特别提出了心理健康教育课要以活动体验为主，而不要变成空洞的说教或心理学知识的传授。这些研究和讨论为中小学心理健康教育在基础教育领域的实践提供了必要的指导和支持。

2. 初步探索阶段（20 世纪 90 年代初—90 年代末）。中小学生心理健康状况得到了研究者的关注，对中小学生的情绪，行为问题进行了一系列调查，发现问题的严重性，引起各界人士重视。为进一步系统了解学生心理健康状况，原国家教委在“八五”、“九五”期间规划了多个重点课题，从不同角度入手，探讨学生心理健康教育问题。在具体实践基础上，心理健康教育的理论研究逐步深入，具体体现在研究课题开始指导实践领域。如郑日昌在此期间先后完成了教育部重点课题“青少年心理卫生与心理咨询研究”、“学生心理健康教育问题研究”，出版了学生心理健康教育文库（包括大、中、小学生心理卫生、心理诊断、心理咨询共 9 本）和学生心理健康教育活动课教材（包括从小学至高中各个年级的教师用书和学生用书共 36 册），在后来的“十五”期间又完成了“学生心理健康测评系统”研究，为心理健康调查提供了科学工具。

3. 政府推动阶段（1999 年底至今）。中小学心理健康教育从民间推动向官方主导发展，以教育部颁发《意见》（1999）和《纲要》（2002）为标志。中小学心理健康教育从基层探索到国家有计划地推进，我国中小学心理健康教育逐步走上了发展正轨。但从整体看来，发展还有些缓慢，在根深蒂固的应试教育阴影下，对心理健康教育的落实难度还很大。

目前，我国中小学心理健康教育发展还存在一些亟待完善和改进的问题，主要表现在：国家对学校心理健康教育工作缺乏统一的规范，心理健康教育的政策支持不到位，各级政府对心理健康教育师资配备的规定都是柔性的，师资培养基本上由地方负责，各地的水平不一，因此教师素质良莠不齐，而且在中高考指挥棒下，心理健康教育教师在中小学经常处于边缘地位，职称评定、工作性质等问题不清不明，难以吸引优秀人才从事学校心理健康教育工作。

第三节　中学生心理健康教育

一、中学生心理健康教育的意义

对中学生展开心理健康教育具有极大的现实意义和理论意义。

（一）开展心理健康教育，有利于学生身心健康，促进其全面发展

陶行知先生曾指出：健康是生活的出发点，也是教育的出发点。可见健康教育的重要意义。然而在现实生活中，人们对青少年的发展及健康的评价，往往只注意生理的或身体的健康，而极少注意精神的或心理的健康；只重视生理健康的教育与训练，而极少重视心理健康的教育与训练。

当今社会对中学生提出了很高的挑战。从家庭方面来看，离婚率不断升高，家庭对独生子女不当的管教方式，都会对青少年心理健康产生消极影响。据统

计，1/3 的学生在近 5 年内感到压抑，缺少目标和抱负。从学校方面来看，高考中考升学压力较大，频繁的考试，分数排位等导致竞争激烈，学生出现强迫、抑郁、多疑、敌对情绪等现象屡见不鲜。从社会方面来看，信息渠道的畅通、观念多元化，对学生的心理健康都产生冲击。面对这样的困境，只有开展心理健康教育，让学生学会应对压力、表达情绪和处理同伴关系，才能保证学生的健康成长。

（二）开展心理健康教育，有利于改进思想政治工作，提高德育的实效性

德育和心育作为培育人的两个子系统，在培养学生的过程中相辅相成，缺一不可。德育的方法解决学生的品德问题，心育的方法解决学生的心理问题，对于提高素质教育整体水平具有重要意义。原国家教委颁布的德育大纲第一句话明确提出：德育即政治、思想、道德与心理健康教育。明确地把心理健康教育作为大德育的一个重要组成部分。总体来说，德育与心理健康教育都要为实现育人目标服务，但是在目标层次上存在着差异。德育目标是“方向性”的，强调青少年与社会和谐发展，偏重社会集体的价值取向，旨在激励学生奋斗成长；而心理健康教育的目标更多体现在“保健性”，在强调个体与社会和谐发展时，偏重个人的成长与完善，旨在维护学生的心理健康。二者相互补充才能相得益彰。

二、中学生心理健康的影响因素

人的心理健康是一个具有相对独立且极为复杂的动态过程，因而制约心理健康，造成心理偏差、心理障碍或心理疾病的因素也是极其复杂多样的。从各种制约因素的性质不同类型来说，主要有生物因素、心理因素和社会因素。从各种制约因素的功能不同来说，可以分为本体因素与诱发因素两大类。

本体因素是一个人心理健康状况发生变化的内在原因，而诱发因素则是产生变化的外在原因。诱发因素通过本体因素而发生作用，它决定着人的心理健康状况变化的现实性。例如，紧张的学习生活，对于心理功能状况良好的学生来说，会激发更高的学习热情，投入更多的学习精力；而对于心理功能状况较差的学生来说，有可能引起过度焦虑，导致产生心理障碍。下面简要阐述本体因素和诱发因素对心理健康的影响，其中包含了对生物、心理、社会因素的讨论。

（一）本体因素

本体因素是个体自身所具有的一种内在的、主观的因素。主要包括个体的生物因素和心理因素。

1. 生物因素

生物因素的影响主要有遗传因素、病菌或病毒感染、脑外伤或化学中毒，以及躯体疾病或生理机能障碍等。

（1）遗传因素

一般讲，人的心理活动是不能遗传的。但是，一个人作为身心兼备的整体，

与遗传因素的关系又是十分密切的，特别是一个人的躯体、气质、智力、神经过程的活动特点等，受遗传因素的影响更为明显。调查和临床观察表明，在精神病患者的家族中，患精神发育不全、癫痫发作、性情乖僻、躁狂抑郁等神经精神病或异常心理行为表现的人占相当比例。

（2）病菌或病毒感染

临床研究证明，中枢神经系统的传染病，如斑疹伤寒、流行性脑炎等，由于病菌、病毒损害神经组织结构而导致器质性心理障碍或精神失常，它可以阻抑心理的发展，造成智力迟滞或痴呆。

（3）脑外伤或化学中毒

由于种种原因造成的脑震荡、脑挫伤等都可以导致意识障碍、遗忘症、言语障碍、人格改变等心理障碍；由于有害化学物质侵入人体，毒害中枢神经系统，如酒精中毒、食物中毒、煤气中毒、药物中毒等，亦可导致心理障碍或精神失常。

（4）严重躯体疾病或生理机能障碍

这方面的影响也是造成心理障碍和精神失常的原因之一。例如内分泌机能障碍中，最突出的如甲状腺机能混乱、机能亢进时，往往出现敏感、暴躁、易怒、情绪冲动、自制力减弱等心理异常表现；肾上腺素分泌过多会引起躁狂症，而肾上腺素分泌不足则可能导致抑郁症等。

2. 心理因素

心理因素主要包括认知因素、情绪因素和个性因素等。

（1）认知因素

认知是指人对客观事物的认识，反映客观事物的特性与联系，并揭露客观事物对人的意义和作用的心理活动。认知过程就是信息的获得、贮存、转换、提取和使用的过程。人类个体的认知因素涉及的范围极广，主要有感知、注意、记忆、想象、思维、言语等。

每一个体都具有各种认知因素。一旦某一认知因素发展不正常或某几种认知因素之间的关系失调，就会产生认知的矛盾和冲突。这种矛盾和冲突，会使人感到紧张、烦躁和焦虑，于是想极力减轻或消除。如果这种需要和动机长时间得不到满足，不能实现，则可能产生心理偏差或心理障碍。严重失调的认知，还会导致人格变态。

（2）情绪因素

人的情绪体验是多维度、多成分、多层次的。它是一个人机体生存和社会适应的内在动力，是维持身心健康的重要因素。

一般来讲，稳定而积极的正性情绪状态使人心境愉快、安定，精力充沛、适度，身体舒适、有力；相反，经常波动而消极的负性情绪状态则往往使人心境压抑、焦虑，精力涣散、失控，身体衰弱、无力。因此，培养良好的正性情绪，排除不良的负性情绪，有益于人们的身心健康。

(3) 人格因素

成就动机过强、追求绝对完美、争强好胜、急躁易怒的A型性格不但可能导致冠心病，还容易患强迫症；而有话不说、经常压抑情绪、遇事想不开的C型性格，不但可能导致抑郁症，还容易使人患癌病。

(二) 诱发因素

诱发因素是直接引起心理问题的外在的、客观的因素。主要包括：

1. 家庭因素

对中小学儿童的身心健康来说，家庭的影响很大。国内外大量研究表明，不良家庭环境因素容易造成家庭成员的心理行为异常。这些因素主要有：家庭主要成员不全，如父母死亡、父母离异或分居、父母再婚等；家庭关系紧张，如父母关系、婆媳关系、姑嫂关系、兄弟姐妹关系不和谐，家庭情感气氛冷漠，矛盾冲突频繁等；家庭教育方式不当，如专制粗暴、强迫压服，或溺爱娇惯、放任自流等；以及家庭变迁，出现意外事件等。

2. 学校因素

学校是学生学习、生活的主要场所，学生的大部分时间是在学校中度过的。因此，学校生活对学生的身心健康影响极大。学校因素主要有学校教育条件、学习条件、生活条件，以及师生关系、同伴关系等。这些条件和关系如果处理不当，就会影响学生的身心健康发展。例如，校风学风不振、学习负担过重、教育方法不当、师生情感对立、同学关系不和谐等，都会使学生的心理压抑，精神紧张、焦虑，如不及时调整，就会造成心理失调，导致心理障碍。

3. 社会因素

社会因素主要包括政治、经济、文化教育、社会关系等。这些因素对一个人的生存和发展起着决定作用。其中社会生活中的种种不健康的思想、情感和行为，严重地毒害着学生的心灵。特别在当前，人与人之间的交往日益广泛，各种社会传媒的作用越来越大，生活紧张事件增多，矛盾、冲突、竞争加剧。所有这些现象都会加重学生的心理负担和内心矛盾，影响身心健康。

总之，上述各种因素是相互制约的，对一个人的身心健康往往是综合起作用的。因此，我们在观察、分析、诊断心理失调、心理障碍或心理疾病时，务必要充分考虑到各种因素的作用，逐一考查、逐一排除，全面正确地作出诊断，采取有效的措施进行调适和治疗。

三、中学生心理健康教育的目标、原则与功能

中学生心理健康教育的总体目标：提高全体中学生的心理素质，充分开发他们的潜能，培养学生乐观向上的心理品质，促进学生人格的健全发展。

具体目标：使学生不断正确认识自我，增强调控自我、承受挫折、适应环境的能力，培养学生健全的人格和良好的个性心理品质，对少数有心理行为问题和心理障碍的学生，给予科学的心理咨询和辅导，使他们尽快摆脱障碍，调节自我，形成健康的心理品质，提高心理健康水平。

（一）教育性原则

教育性原则是指教育者在进行心理健康教育的过程中根据具体情况，提出积极中肯的分析，始终注意培养学生积极进取的精神，树立正确的人生观、价值观和世界观。

（二）全体性原则

全体性原则是指心理健康教育要面向全校所有学生，全体学生都是心理健康教育的对象和参与者，学校的一切教育特别是心理健康教育的设施、计划、组织活动都要着眼于全体学生的发展，考虑到绝大多数学生的共同需要和普遍存在的问题，以绝大多数直至全体学生的心理健康水平和心理素质的提高为学校心理健康教育的基本立足点和最终目标。

（三）差异性原则

差异性原则是指学校心理健康教育工作要关注和重视学生的个别差异，根据不同学生的不同需要，开展形式多样的、针对性强的心理健康教育活动，以提高学生的心理健康水平。人是有差异的，青少年学生也不例外，他们具有自己的个性特点，拥有不同的社会背景、家庭环境、生活经验和价值观念。学校心理健康教育不是要消除这些特点与差异，相反是要使学生的差异性、独特性最合适而完美地展示出来，也可以说，这是学校心理健康教育的精髓所在。

（四）主体性原则

主体性原则是指学校心理健康教育要以学生为主体，所有工作要以学生为出发点，同时要使学生的主体地位得到实实在在的体现，把教师的科学教育与辅导和学生的积极主动参与真正有机结合起来。主体性原则集中而直接地体现了学校心理健康教育的关键特征，主体性原则要求教育者的心理健康教育要充分尊重学生的主体地位，充分发挥学生主体作用。

（五）整体性原则

整体性原则是指学校心理健康教育过程中，教育者要运用系统论的观点指导教育工作，注意心理活动的有机联系和整体性，对学生的心理问题作全面考察和系统分析，防止和克服教育工作中的片面性。学校心理健康教育追求学生人格的整体性发展，最终达到提高学生心理素质和整体素质的目的。

（六）保密性原则

保密性原则是指学校在心理健康教育过程中，教育者有责任对学生的个人情况以及谈话内容等予以保密，学生的名誉和隐私权应受到道义上的维护和法律上的保障。保密性原则是学校心理健康教育极其重要的原则，是鼓励学生畅所欲言和建立相互信任的心理基础，同时也是对学生人格及隐私权的最大尊重。

中学生心理健康教育的功能如下：

第一，促进学生身心健康和全面发展。开展心理健康教育，有利于促进学生身心健康，有利于学生形成健全的人格，有利于提高学生适应能力。

第二，推进学校素质教育的全面实施。开展心理健康教育，有利于实现教育目标，有利于减轻学习负担，有利于实施创新教育。

第三，推动社会文明与进步。开展心理健康教育，有利于社会主义精神文明建设，有利于社会局面的安定与和谐。

【建议参考资料】

1. 刘视湘，马利艳．中学生团体心理辅导——心理游戏与心理剧［M］．北京：开明出版社，2009.

2. 曾玲娟，陈劲．学校心理健康教育教程［M］．北京：北京理工大学出版社，2009.

3. 黎龙辉，刘良华．我国中小学心理健康教育发展的历史与现状——基于文献研究的思考［J］．中小学心理健康教育，2006（5）：6－9.

4. 赵红，李桂萍．我国学校心理健康教育研究实践的发展趋势［J］．通化师范学院学报，2004，25（3）：76.

5. 姚本先．我国学校心理健康教育：现状，问题，展望［J］．课程教材教法，2003（2）：41－42.

6. 郑日昌．中学生心理辅导［M］．北京：团结出版社，2001.

【问题与思考】

1. 心理健康的含义是什么？

2. 你最认同的心理健康评价标准是什么？

3. 为什么在中学开展心理健康教育？

4. 学校心理心理健康教育的原则包括哪些方面？

5. 刘某，男，14 岁，初三学生，感到没人关心、理解自己，感到世界非常不公平，充满了残忍和血腥，父母关系一直不好，三年前离异。父母离异后自己住在奶奶家。他痛恨爷爷奶奶，认为是他们拆散了父母，将来自己长大了一定要报仇。平日无法坚持学习，看书时总是浮想联翩，例如思考“二战”时美国使用的原子弹，当时的场景是多么恐怖，为什么人类如此残忍。与同学关系很疏远，但清楚地记得哪些人伤害过自己，就把这些人列入黑名单，将来自己功成名就后一个一个地报复。初一开始喜欢一个女生，但是感到对方看不起自己。有时看到她与其他女生一起边说边笑，觉得她们在嘲笑自己。虽然非常记恨看不起自己的人，但是一旦有人对自己好，能理解自己就非常感激，产生万死不辞的想法。曾经同一个人聊过一次天，感到对方非常理解自己，因此痛哭流涕。

请分析上述刘某出现问题可能的原因是什么？诊断的依据是什么？

第二章　中学生心理健康教育的组织管理

【本章提要】

本章主要涉及心理健康教育的组织管理，包括中学生心理健康教育的组织机制、场地建设、档案建设和绩效评估。要在中学有效开展心理健康教育工作，需要有健全的组织机制，管理模式要有创新；要为心理健康教育教师提供开展心理活动的场所，建设有特色的心理辅导中心；要为学生建立心理档案，完善心理预警机制；要有绩效评估的方法和手段，及时巩固成果，及时总结。

【学习重点】

1. 中学生心理健康教育的法律法规
2. 中学生心理健康教育的管理模式
3. 心理辅导室的规划、设备与制度
4. 心理档案的建设
5. 绩效评估的含义、原则与过程

【重要术语】

全面渗透模式　心理辅导室　心理档案　绩效评估　4P 模式　心检系统

第一节　中学生心理健康教育的组织机制

一、关于中学生心理健康教育的法律法规

（一）《中共中央国务院关于深化教育改革全面推进素质教育的决定》

1996 年，《中共中央国务院关于深化教育改革全面推进素质教育的决定》明确指出，要“加强学生的心理健康教育，培养学生坚忍不拔的意志、艰苦奋斗的精神，增强青少年适应社会生活的能力”。

（二）《中共中央国务院关于进一步加强和改进未成年人思想道德建设的若干意见》

2004 年，《中共中央国务院关于进一步加强和改进未成年人思想道德建设的若干意见》出台，该文件指出：从规范行为习惯做起，培养良好道德品质和文明

行为。大力普及“爱国守法、明礼诚信、团结友善、勤俭自强、敬业奉献”的基本道德规范，积极倡导集体主义精神和社会主义人道主义精神，引导广大未成年人牢固树立心中有祖国、心中有集体、心中有他人的意识，懂得为人做事的基本道理，具备文明生活的基本素养，学会处理人与人、人与社会、人与自然等基本关系。

随后，教育部在《关于学习贯彻〈中共中央国务院关于进一步加强和改进未成年人思想道德建设的若干意见〉的实施意见》中指出，要“进一步加强中小学生的心理健康教育和青春期教育，有条件的中小学校要开设学生心理辅导咨询室，建立中小学心理健康专兼职骨干教师队伍，加强对心理健康教育骨干教师的培训，积极化解学生各种心理问题。”

（三）《关于加强中小学心理健康教育的若干意见》

1999 年教育部印发《关于加强中小学心理健康教育的若干意见》，该意见首先阐述了充分认识加强中小学心理健康教育的重要性：

当今世界科学技术飞速发展，国际竞争日趋激烈，我们要实现中华民族的伟大复兴，就必须努力培养同现代化要求相适应的数以亿计高素质的劳动者和数以千万计的专门人才。良好的心理素质是人的全面素质中的重要组成部分，是未来人才素质中的一项十分重要的内容。当代中小学生是跨世纪的一代。他们正处在身心发展的重要时期，大多是独生子女，随着生理、心理的发育和发展、竞争压力的增长、社会阅历的扩展及思维方式的变化，在学习、生活、人际交往和自我意识等方面可能会遇到或产生各种心理问题。有些问题如不能及时解决，将会对学生的健康成长产生不良的影响，严重的会使学生出现行为障碍或人格缺陷。他们的健康成长，不仅需要有一个和谐宽松的良好环境，而且需要帮助他们掌握调控自我、发展自我的方法与能力。

中小学心理健康教育是根据中小学生生理、心理发展特点，运用有关心理教育方法和手段，培养学生良好的心理素质，促进学生身心全面和谐发展和素质全面提高的教育活动；是素质教育的重要组成部分；是实施《面向 21 世纪教育振兴行动计划》，落实《跨世纪素质教育工程》，培养跨世纪高质量人才的重要环节。因此，对中小学生及时有效地进行心理健康教育是现代教育的必然要求，也是广大教育工作者所面临的一项紧迫任务。各级教育部门的领导和学校校长、教师、家长要充分认识加强中小学心理健康教育的重要性，要以积极认真的态度对待这项教育工作。

该意见还包括以下主要内容：

1. 开展心理健康教育的基本原则；
2. 心理健康教育的主要任务和实施途径；
3. 心理健康教育的师资队伍和条件保障；

4. 心理健康教育的组织领导；

5. 当前开展心理健康教育需要注意的几个问题。

（四）《中小学心理健康教育指导纲要》

2002 年，教育部印发《中小学心理健康教育指导纲要》（以下简称《纲要》）。这是继 1999 年《关于加强中小学心理健康教育的若干意见》以后的又一个进一步指导、规划全国中小学心理健康教育工作的重要文件。

《纲要》共 20 条，对中小学心理健康教育的指导思想、原则、任务与目标，不同年龄阶段的教育内容，开展心理健康教育的途径和方法，以及组织实施和实施过程中应注意的问题等，都作了明确的规定。《纲要》不仅具有较强的规范性，还具有可操作性。

针对当前中小学心理健康教育的实际，《纲要》规定了中小学心理健康教育的目标与任务。指出心理健康教育的总目标是：提高全体学生的心理素质，充分开发他们的潜能，培养学生乐观、向上的心理品质，促进学生人格的健全发展。心理健康教育的具体目标是：使学生不断正确认识自我，增强调控自我、承受挫折、适应环境的能力；培养学生健全的人格和良好的个性心理品质；对少数有心理困扰或心理障碍的学生，给予科学有效的心理咨询和辅导，使他们尽快摆脱障碍，调节自我，提高心理健康水平，增强自我教育能力。

《纲要》还根据小学低年级、中高年级、初中阶段和高中阶段等不同的阶段，确定了各自侧重的心理健康教育的内容，并就开展心理健康教育的主要途径和方法作了解释和规定，尤其强调要避免心理健康教育学科化、医学化倾向。

二、中学生心理健康教育的管理模式

加强心理健康教育是全面管理学校的重要内容，也是提高学校管理质量的重要举措。同时，心理健康教育工作需要一定的制度和组织领导机构作为保证，以提高心理健康教育的规范性、科学性和实效性。《教育部关于加强中小学心理健康教育若干意见》中明确指出："各级教育部门和学校要把中小学心理健康教育，作为深化教育改革，全面推进素质教育的一项重要工作"，"各级教育行政部门都应有专人负责或分管中小学心理健康教育工作"，"学校要逐步建立在校长的领导下，以思想品德和思想政治课教师、班主任和团队（专职共青团、少先队）干部为主体，专兼职心理辅导教师为骨干，全体教师共同参与的心理健康教育工作体制"。

经过十多年的探索，中小学心理健康教育的管理体制共有五种模式（姚本先，伍新春，2008）。

（一）教研组模式

教研组模式是较初级的心理健康教育管理模式。这种模式的特点是，心理教师与政治（或语文等其他学科）教师的身份合二为一，即政治或语文等学科教师兼任心理健康教育工作，或者专职心理健康教育教师同时兼任政治、语文等学科教学，由教师所属的教研组（政治组或其他学科组）直接管理，没有专门的心理健康教研组。

出现这种模式的原因在于：首先，心理健康教育刚刚开展的时候，学校缺乏对心理健康教育工作的管理经验，并经常将心理健康教育工作与德育工作简单等同起来；其次，我国最初开展心理健康教育时，缺乏专职心理健康教师；再次，当专职心理健康教师出现以后，相应的教师管理制度并没有得到相应的完善，由于晋升职称、评优、课时量、结构工资等需要，心理教师不得不兼任政治、语文等学科教学工作并隶属于相应的学科教研组。这种管理模式对于我国早期心理健康教育的开展起到了促进作用，但并不利于心理健康教育的深入全面展开。

（二）教科室模式

教科室，全称教育科学研究室，是在校长领导下，负责学校教育科研管理工作的中层机构。教科室模式是将心理健康教育工作置于教科室的管理之下，心理健康教师是教科室的成员。

这种管理模式比教研组管理模式更进一步，将心理健康教育工作上升到较高层面上有利于深化心理健康教育的各个领域；这种管理还可以借助教育科研的力量，开展心理健康教育的校本研究，有利于对学生的心理健康情况进行监控，有利于对心理健康教育进行评价。不足之处在于，心理健康教育的教科室管理容易将科研与教育混淆。当然，心理健康教育确实有很多待研究的课题，但科研毕竟只是一种手段，绝非目的；心理健康教育本质上是一种心灵与心灵的对话、传递以及陪伴，是以学生的精神世界为中心的一种教化，其教育目的最终是人的内心和谐、生活幸福。以教科室方式管理有其科学性，但容易忽略心理健康教育的教化本质。

（三）德育管理模式

德育管理模式是将心理健康教育工作置于学校学生处或政教处的管理之下。这种管理模式的前提假设是，心理健康教育工作是德育工作的一部分或是德育工作的补充。这种模式的另一种表现形式是班主任工作模式，即心理健康教育工作由政教处布置，由班主任完成，班主任成为兼职心理教师。

这种管理模式使心理健康教育工作更贴近学生生活与班主任工作，有助于心理健康教育的全面展开和渗透。心理健康教育工作与德育工作若能有机地结合在一起，可以提升德育工作的实效性，可以提升心理健康教育被重视的程度。其缺点在于传统德育工作与心理健康教育在内容、目的、方法、作用、观念和管理上有所不同，无法互相替代；此外这种模式也不利于心理健康教育在其他领域的渗透（如学科教育渗透）。

（四）独立模式

独立模式即设置独立的心理健康教育教研组（室），纳入学校整体教学管理之下。教研组的设置使心理健康教育课程具有与其他学科课程等同的地位，侧重于心理健康教育课程的实施，即认为心理健康教育工作的主要途径为课堂教学，有利于心理健康教育课程的规范化，也有利于适应特定文化特点的校本课程的开发。不足之处在于教研组在教学以外的其他方面没有权限，使得心理健康教育停留在课堂层面。而真正有效的心理健康教育是一项系统的、综合的全局性工程。

（五）全面渗透模式

姚本先、伍新春在总结以上四种管理模式的优缺点之后，提出第五种心理健康教育管理模式——全面渗透模式，即将心理健康教育工作提升到整个学校层面上来考虑。建立与学校其他处、室平行的心理健康教育中心（或处、室），由校长直接管理。该中心负责人与成员应该是经过学校心理学系统培训，具有相当的实践经验与一定学历的教师。其工作领域是整个学校，服务对象是学校所有学生、教师、家长、职工、管理者等。他们的任务包括：帮助存在身心缺陷的特殊学生，也帮助正常学生解决发展问题，为教师、学生、家长提供专业化的心理咨询；对学生的学习、个性、情绪等方面进行诊断与评估；研究学校管理中的管理心理学问题，对教师的教学策略与方法进行研究与指导；指导教师帮助学习困难、品行不良的问题学生；帮助教师、家长解决在教育学生中遇到的问题等。这种管理模式要求教育领导部门及学校的大力支持，包括教师的编制、工资、津贴、办公条件、职称等方面。

这种管理模式的局限在于需要学校投入大量的人力物力乃至继续教育资源，要求心理健康教育工作者具有较高的素质，心理健康团队中须要兼具擅长心理教育、心理测评与诊断、心理咨询与治疗以及教育心理、管理心理的专业心理学工作者。校长需给予心理健康教育中心较大的工作权限，并协调好心理健康教育中心与其他处、室的协作和互动关系，对校长要求较高。优点是将心理健康教育工作全面渗透到学校工作的各方面，极大地提高了心理健康教育工作在学校中的地位。心理健康教育的负责人在校长的领导下，可以将心理健康教育工作与其他教学、德育、科研、总务、咨询辅导等工作有机结合起来。这种管理模式符合心理健康教育工作在素质教育中的地位，有利于学校建设，有利于学生的全面成长和教师专业化的持继发展。

第二节　中学生心理健康教育的场地建设

为了保证心理健康教育工作有效开展，除心理教师队伍之外，还需要有相应的场地。标准化、规范化的场地是心理健康教育工作必不可少的硬件。我们一般将开展心理健康教育的场地称为心理辅导室。

学校心理健康教育工作要取得良好的效果，既需要有专业化的硬件设施，也需要有健全的管理制度。总的说来，心理辅导室的建设应遵循以下原则：

1. 科学性。心理辅导室不是简单的办公室、会议室，其建设除具备办公、会议等功能之外，还应有心理辅导的氛围。例如，应当有心理辅导的专门区域，要配备专门的心理辅导工具。

2. 生本性。以学生为本，以教师为执行者。心理辅导室的建设应从学生的角度充分考虑，关注他们的所思、所想、所喜、所爱。学生是心理辅导室的主体，教师应充分启发和调动学生的积极性，激发学生的参与热情。

3. 通用性。心理辅导室应面向全体学生，通过普遍开展团体辅导活动，使学生对心理健康有积极认识，使心理素质逐步得到提高。其建筑应通透流畅，适合开展团体活动。

4. 针对性。心理辅导室的建设应遵循学生的成长发展规律，符合学生的年龄特点。同时，关注学生的个体差异，针对不同特点的学生，开展不同形式的心理辅导。

5. 独特性。心理辅导室的建设不能千篇一律、千人一面。除具备基本的心理辅导功能外，每个学校都应当考虑心理辅导室建设的差异化和个性化，强调独特性。独特性可以根据本校心理教师的专长进行设计，可以从校长的办学理念引申，也可以是学生比较关注的方面，例如北京市第二中学的音乐心理辅导中心、北京市第十九中学的积极心理健康教育中心、北京市古城中学的潜能开发中心等。

一、心理辅导室的规划

（一）位置

心理辅导室地点的选择应本着安静和方便的原则，尽量避开教学区、学生活动区等热闹场所，去心理辅导室的道路也不应经过学校领导、班主任、学科老师的办公室。

心理辅导室地点的选择也要避免另一个极端，不能选择太偏僻的地方。如果某一条道路的唯一目的地就是心理辅导室，也会增加来访者的心理负担，因为来访者一般不愿意让同学和老师知道自己在寻求心理辅导。

心理辅导室最好邻近学校的图书馆、卫生医疗室等场所，这样既安静又便于寻找。

（二）面积和布局

心理辅导室的布局对整个心理辅导的气氛协调是有影响的。布局整齐、协调有助于提高辅导效果。

一般说来，中小学心理辅导室必须具备办公接待区（兼档案区）、团体游戏区、个别辅导区三个区域。有条件的学校还可以设置心检阅览区、社团生涯区、潜能开发区、中控督导区、艺术放松区、情绪疏导区等区域。这些区域也可以单独建室。如果单独建室，则可称为心理辅导中心。比较完善的心理辅导中心功能布局如图 2－1。

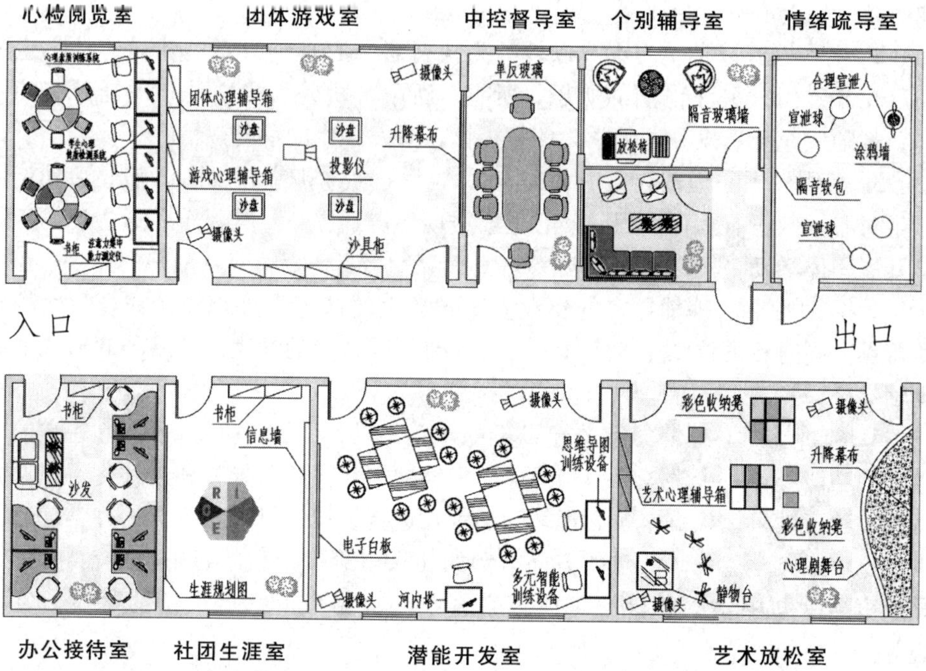

图 2－1　心理辅导中心功能布局图

1. 办公接待区（兼档案区）

办公接待区的设计有三个功能：第一，心理教师的办公场所；第二，接待来访者；第三，可以作为心理老师整理学生心理档案、保存心理档案的场所，为了便于管理和查找，提倡电子档案，不提倡纸制档案。

如果单独建室，办公接待室的面积一般应不小于 20 平方米，可供 1—6 名心理教师办公。

根据心理辅导室的面积大小，可考虑将心检阅览区合并到办公接待区。

2. 团体游戏区

团体辅导活动是中小学生心理健康教育的一个重要途径。团体游戏区以游戏、心理拓展为主要方式，利用沙盘、布偶、棋类、电子游戏、室内拓展器材等设备，来开展班级心理活动和小型团体辅导。团体辅导可以针对一个班级一个主题进行，也可以针对具有相同问题的团体进行。团体是一个神奇的圆圈，一群人围坐在一起，经过一段时间密集的活动，每个人都会产生一些改变，这是团体令人着迷的地方。在团体中，学生被接纳、被包容，有机会充分表现自己，练习人际行为，探讨认知的合理性，宣泄和整理情绪。在领导者的催化及成员的互动反馈下，学生的知、情、意得以伸展整合，成长的障碍获得排除，复原的力量得以充分展现。

针对中学生的心理发展特点，学生的团体活动多采用小组的形式，用秘密信或游戏进行，其中语言的交流占主导地位。

在设备选择方面，目前中小学较普遍使用沙盘游戏。沙盘游戏是根据荣格的分析心理学的心像和象征理论建立起来的一种心理治疗方法。沙盘游戏是针对情感丰富的适应人群设计的行为表达性辅导技术，借助沙盘，以游戏的方式呈现其内心的人际互动，进而了解内心情感与情绪的真实状况，并使之在游戏过程产生创伤愈合的效果。在中小学开展的沙盘游戏提倡以体验为主，不应以诊断和治疗为主要目的。

当然，沙盘只是游戏治疗的设备之一。除使用沙盘外，游戏治疗还可以使用其他的游戏设备，如象征性游戏器具（布偶、指偶、积木等）、自然媒介游戏器具（水、食物、泥土等）、棋戏器具（跳棋、象棋、围棋等）、电子游戏器具、感统玩具、室内拓展器材、益智玩具等。

如果单独建室，团体游戏室的面积一般不小于 40 平方米，可供一个班级的学生开展团体游戏活动。

根据心理辅导室的面积大小，可考虑将社团生涯区、潜能开发区、艺术放松区、情绪疏导区合并到团体游戏区。

3. 个别辅导区

个别辅导区是心理辅导室的一个重要区域，心理教师主要通过谈话、角色扮演、绘画、游戏等方式，采用认知、行为方面的心理咨询与辅导技巧，解决个别学生出现的心理困惑或问题。针对中学生心理特点，多采用艺术放松疗法、理情疗法、认知疗法等。中学个别辅导区对私密性要求相对较高。

学生心理问题大多由家庭引起，为了根本解决学生的心理问题，往往需要会同家长一起进行心理辅导。这就是家庭心理辅导的概念。所以，个别辅导区可兼顾家庭心理辅导，建立家校合作，共同关注学生的心理健康教育。

如果单独建室，个别辅导室的面积一般为 10—15 平方米，面积太小，会给来访者带来压抑的感觉；面积太大，会给来访者带来无法控制、不安全的感觉。

根据心理辅导室的面积大小，可考虑将中控督导区合并到个别辅导区。

4. 心检阅览区

心检阅览区有三个功能：第一，通过学生心理检测系统，普查学生的心理健康状况，建立学生心理档案；第二，根据测评结果，筛查个案，建立预警机制，对有心理困扰的学生进行重点关注，开展个别辅导；第三，根据测评结果，寻找有相同心理困扰的学生，进行小团体心理辅导；第四，评价教师心理健康教育的效果；第五，利用心理素质训练系统，对学生的注意力、思维能力等进行训练；

第六，为学生提供阅览场所，培养学生良好的学习和阅读习惯，通过图书的启迪和教育作用，提高学生的心理健康水平。

心理辅导室的阅览区要与图书馆有所区分。这种区别不仅仅表现在图书种类偏向于心理健康教育主题，而且在环境设计上要以轻松为主题，营造一种乐学的氛围。

如果单独建室，心检阅览室的面积一般不应小于 20 平方米，可供 10 人左右同时测评和阅览。

5. 社团生涯区

社团生涯区有两个功能：第一，为心理社团提供活动场所；第二，对学生进行生涯规划的教育与辅导。

社团生涯区应以学生自主管理为主，是进行同伴教育的场所。应当设置专门的信息区域张贴学生的感想和作品。

如果单独建室，社团生涯室的面积一般不应小于 20 平方米，可供 20 人以上同时活动。

6. 潜能开发区

目前，中小学普遍强调知识和技能的学习，对于潜能的开发不太重视。但是，要想获得成功，创造能力、逻辑思维能力等潜能起着更为重要的作用。所以，我们应当注重开发中小学生潜能，为他们将来的成功奠定基础。

在此区域可以进行多元智能的测评和培养，利用思维导图进行记忆、快速阅读等方面的训练。这些训练将有助于提高学生的学习成绩。学习成绩提高了，学生的自信心增强了，有些心理困扰也就迎刃而解了。

如果单独建室，潜能开发室的面积一般不应小于 40 平方米，可供一个班级的学生开展活动。

7. 中控督导区

心理教师的专业知识要实时提高，就需要专家进行督导。同时，心理教师自身的心理也需要及时调整，这也需要专家的帮助。督导区的建立，可以起到这些作用。

同时，心理辅导室的数字化是非常重要的。对团体辅导、个别辅导需要进行适当的录音和录像，以便于后续的分析和督导工作。当然，录音和录像是经过来访者同意的。中控区就起到了这样的作用。

如果单独建室，中控督导室的面积一般不应小于 20 平方米，进行中控和督导的同时，可召开小型研讨会议。

8. 艺术放松区

艺术放松区可以通过聆听舒缓和轻松的音乐，观看心理学影片，排演心理剧来缓解学生和教师的焦虑和紧张情绪，通过生理上的放松和心理上的放松，提高复原力，也利于咨询关系的建立。同时，可以在此区域内进行艺术心理辅导。

艺术心理辅导包括音乐、绘画、舞动、戏剧、书法等多种形式，因其轻松愉快的呈现方式，中小学生乐于接受。建议中小学广泛开展这种形式的心理辅导活动。

如果单独建室，艺术放松室的面积一般不应小于 40 平方米，可供一个班级的学生开展活动。

9. 情绪疏导区

德国社会学家齐美尔（G. Simmel）提出的心理宣泄理论认为，人的需要、动机、本能、行为等受到挫折后会产生消极情绪，给人造成心理压力，如果不能及时排解，心理压力就会转化为行为的反向动力，使人出现反常行为，如侵犯与攻击他人。情绪疏导区的作用就是将消极情绪及时排解，这样不但使学生当时的情绪得到了缓解，并且可以避免出现暴力侵犯。宣泄一定要与心理辅导相结合，寻找一个理性的、科学的、健康的情绪出口。了解情绪、压力背后的成因才是解决心理问题的根本。

如果单独建室，情绪疏导室的面积一般不应小于 20 平方米，可以让学生有充分的空间疏导和放松，如果过分局促，反而达不到预期的效果。

（三）环境

没有什么地方比心理辅导室更需要重视环境布置的了，因为心理辅导环境的布置不仅仅要考虑到心理辅导人员的工作状态，还需要考虑来访者的情绪和认知。来访者对心理辅导环境的感觉将在很大程度上影响辅导的效果，也将大大影响来访者是否再次来访。

心理辅导室建设的环境要素包括外环境和内环境。

1. 外环境

心理辅导室周围的环境应当比较整洁、幽雅和清静，不宜设在肮脏、污秽不堪的地方。

心理辅导室的外部环境要富有生机和亲切感，应适当放置一些花草植物、观赏鱼类等。室外应张贴一些轻松热情的欢迎标语和图示图标。

2. 内环境

心理辅导室的内部环境要温馨、健康、舒适，让来访者有足够的安全感，愿意再来。个别辅导等区域要有私密性。应当运用色彩心理学、光环境、心理声学等理论和技术进行设计、装修和装饰。

色彩心理是客观世界的主观反映。不同波长的光作用于人视觉器官而产生色感时，必然导致人产生某种带有情感的心理活动。事实上，色彩生理和色彩心理过程是同时交叉进行的。在有一定的生理变化时，就会产生一定的心理活动；在有一定的心理活动时，也会产生一定的生理变化。比如，红色能使人生理上脉搏加快，血压升高，心理上具有温暖的感觉。因此色彩的美感与生理上的满足和心理上的快感有关。色彩心理与年龄、性格、民族也具有重要的联系。如果能掌握色彩给人带来的影响，可以减少因色彩使用不当给人带来的困惑，从而更好地使用颜色。再进一步讲，还可以借助色彩的魔力来影响他人。根据色彩心理学理论，我们应根据学校特点和学生特点为心理辅导室配置不同的色彩，以求达到最好的效果。同时根据个体对色彩的感受，可以了解孩子的情绪和性格特征，为心理教师进一步辅导学生提供帮助。

光环境也叫视觉环境，指的是我们日常活动视线范围内的光环境，包括光的强度、颜色、照射方向、反射、物体形状、光的变化等综合因素。我们主要生活在一个人工视觉环境中，不论是学习、办公，还是住家、娱乐。由于之前大多没有注意视觉环保，所以很多环境达不到视觉环保标准，眼睛和身体容易疲劳。这也是近年来近视、青光眼、白内障等眼病急剧攀升，以及颈椎病、心情烦躁、身心疲乏等身心疾病激增的直接原因。如果我们注重视觉环境，使其达到一定的视觉环保标准，我们的视觉和身心的健康就会有保证。人生活在动态的环境中，总在接受环境的刺激，并因此引发一系列身心反应。这些外部信息，90%以上是通过眼睛来接收，所以在环境心理学中，光和色彩构成视觉光环境，对人的行为、情绪情感会产生很大影响，不好的视觉光环境不仅会带来视觉疲劳、大脑及身体疲劳，同时会引发烦躁、压抑等心理反应，从而加重躯体化反应。我们通过塑造好的视觉光环境能使来访者在心理状态不佳时更快安静下来。因为不当的视觉光环境不仅不减压，甚至会增加压力，所以，心理辅导室的光线运用要符合学生生理上和心理上的舒适、健康、卫生的要求。心理辅导室在设计之初就应当考虑光环境要素。合格的光环境对于学生生理和心理有很好的调节作用。

心理声学是指“人脑解释声音的方式”。声音听觉心理的主观感受主要有响度、音高、音色等特征。在心理声学方面，心理辅导室建设对声场的均匀度、声音的响度、清晰度、丰满度、亲切感、温暖感等方面都有一定的要求。声音与心理的关系既微妙又复杂。一般说来，声音可以包括音乐和噪音等。音乐是心理的外化。音乐通常表达一种意境，传递一种感情。它能在人的生理上、心理上引起一系列变化。例如，适当地播放音乐，不断变化节奏、节拍、旋律、调式等，能使人增强愉快感。而噪声则会使人烦恼，对人的健康有害。现代人抵抗都市生活的噪声要耗去很大的精力。如何消除噪声对心理的影响，也已成为一门学问。

综上所述，心理辅导室建设要充分考虑色彩心理学、光环境、心理声学等理论和技术。色彩要柔和，色彩以淡黄、淡橙、米色、粉红等暖色调为主，也可适当使用淡绿和淡蓝色；光线要适中，自然光、灯光的强度、颜色、照射方向要合理；声音要和谐，声场的均匀度、响度、清晰度、丰满度要合适，室内外的隔音要好，某些房间要适当使用隔音板和双层玻璃。

二、心理辅导室的设备

心理辅导室的设备包括心理学软件和硬件设备、通用设备、办公家具等。对于不同的区域，需要使用不同的设备。

（一）心理学软件和硬件设备

中学心理辅导室心理学软件和硬件设备的详细配置如表 2－1。

表 2－1　中学心理辅导室心理学软件和硬件设备配置

序号	设备名称	技术参数和规格
1	心理学软件	
1.1	中学生心理健康检测系统（局域网版）	一、心理学技术 1. 科学性 （1）拥有心理学量表完全自主知识产权； （2）拥有软件著作权； （3）通过国家一级心理学学术机构鉴定，如中国心理卫生协会鉴定； （4）通过相关质量标准认证，如 ISO 9000 国际质量标准认证； （5）有内在的理论架构，非零散量表堆砌而成。 2. 适应性 （1）符合中国学生特点，题目不是国外文化背景； （2）符合中学生特点，中学生量表题目不是小学生或成人表述方式； （3）报告以积极心理学为导向，不仅要包括结果解释，而且要有发展建议、培养建议等； （4）能够对学生、教师、家长不同角色进行测评。 3. 量表 （1）学生心理测评应包括心理健康、品德、情绪、性格类型、兴趣、创造性、学习态度、学习方法、考试焦虑等人格和能力量表； （2）教师和家长等成人心理测评应包括心理健康、职业倦怠、家庭教养方式、情绪、性格类型、兴趣、创造性等人格和能力量表； （3）常模近五年修订； （4）信度和效度符合心理测量学标准； （5）为了保证准确性，避免学生作假倾向，心理健康应当从学生、教师、家长三视角进行评价； （6）量表应设置测谎题； （7）可以自定义量表。 二、软件技术 1. 基本功能 （1）包括信息管理、测评管理、群体分析、心理咨询室、数据管理、网站建设等功能模块； （2）将使用者分为不同角色（如领导、班主任、心理教师、科任教师等），每个角色有不同权限； （3）包括足够进行心理分析的背景资料，心理教师可动态添加背景资料；

（续表）

序号	设备名称	技术参数和规格
1	心理学软件	
1.1	中学生心理健康检测系统（局域网版）	（4）B/S架构。 2. 数据安全 有数据备份功能。 3. 报告 （1）学生完成测试后系统可自动生成个性化的文字报告； （2）学生报告应区分阅读对象，分为学生、教师和家长等不同版本的报告形式，做到有针对性； （3）应采用同义词库，即使某些学生的结果相同，测试报告的文字表述也应不同，以增加新颖性，避免阅读报告时的枯燥乏味； （5）能够进行群体分析，包括描述统计、差异分析、相关分析等。 4. 学校管理便利性 （1）有学校心理预警机制； （2）满足心理咨询室无纸化办公需求，有预约、咨询记录、工作情况分析、网上咨询等功能； （3）有心理档案保存、查找功能； （4）满足学校建设心理网站的需要； （5）为了缓解机房压力，应提供纸笔测试数据导入功能； （6）有数据和档案导出功能。 5. 教委管理便利性 系统应具有群体分析功能，不但能分析单个学校的数据，还能对全区的数据进行分析，有助于教委合理配置心理教育资源，帮助学校全面发展。
1.2	心理学设备管理系统	1. 能针对心理咨询室标准配置的沙盘、团体心理辅导箱、艺术心理辅导箱、放松椅、游戏心理辅导箱、合理宣泄人等硬件进行管理； 2. 能针对使用情况进行统计分析； 3. 能进行日常的库存管理； 4. 可上传视频和图片； 5. 可与“学生心理健康检测系统”对接； 6. 产品通过相关质量标准认证，如ISO 9000国际质量标准认证。
1.3	心理素质训练系统	1. 能够训练注意力、思维品质、记忆力、阅读能力等心理素质； 2. 产品通过相关质量标准认证，如ISO 9000国际质量标准认证。
2	心理辅导辅助器具	
2.1	沙盘	1. 团体沙盘：内侧的尺寸为910×910×80mm，高度为860mm，实木喷漆，外侧涂木本色，内侧涂海蓝色； 2. 个体沙盘：内侧的尺寸为720×570×70mm，高度为860mm，实木喷漆，外侧涂木本色，内侧为海蓝色；

（续表）

序号	设备名称	技术参数和规格
2	心理辅导辅助器具	
2.1	沙盘	3. 沙子为黄色、白色或茶色环保安全的专用水洗沙； 4. 沙具按一定的分类标准，可分为九大类43小类； 5. 产品通过相关质量标准认证，如ISO 9000国际质量标准认证。
2.2	艺术心理辅导箱	1. 音乐心理辅导器具，包括有旋律的和无旋律的奥尔夫乐器、活动音乐等，适合团体和个别心理辅导使用； 2. 绘画心理辅导器具，包括各种纸张、各种画笔、各种颜料、画板、画架、调色盘、橡皮等，适合团体和个别心理辅导使用； 3. 舞动心理辅导器具，包括蹦床、舞动游戏、跳舞毯、绸子、皮筋、瑜伽球、瑜伽垫等，适合团体和个别心理辅导使用； 4. 还包括戏剧心理辅导器具、书法心理辅导器具等； 5. 产品通过相关质量标准认证，如ISO 9000国际质量标准认证。
2.3	团体心理辅导箱	1. 包括围绕心理健康教育的主要内容（例如自我成长、情绪管理、人际交往、学习管理、生涯规划等）设计的团体活动所必须用到的器具； 2. 产品通过相关质量标准认证，如ISO 9000国际质量标准认证。
2.4	游戏心理辅导包	1. 象征性游戏器具，包括布偶、指偶、积木等，适合团体和个别心理辅导使用； 2. 自然媒介游戏器具，包括沙、水、食物、泥土等，适合团体和个别心理辅导使用； 3. 棋戏器具，包括跳棋、象棋、围棋等，适合团体和个别心理辅导使用； 4. 电子游戏器具，适合团体和个别心理辅导使用； 5. 产品通过相关质量标准认证，如ISO 9000国际质量标准认证。
2.5	放松椅	1. 满足心理放松的要求； 2. 产品通过相关质量标准认证，如ISO 9000国际质量标准认证。
2.6	合理宣泄人	1. 包括人形设计、脸谱、拳击手套、合理宣泄棒、护腿、护面等； 2. 产品通过相关质量标准认证，如ISO 9000国际质量标准认证。
2.7	心灵加油站	1. 硬件支持系统（主机、立式触摸屏、机壳）； 2. 心理内容系统（心理知识、心理影片、放松音乐、悦心图片、心理诊所、心理调节方法等）； 3. 产品通过相关质量标准认证，如ISO 9000国际质量标准认证。
2.8	涂鸦板	1. 满足绘画、涂鸦功能； 2. 产品通过相关质量标准认证，如ISO 9000国际质量标准认证。
2.9	心理信箱	1. 卡通外形，安全便易； 2. 产品通过相关质量标准认证，如ISO 9000国际质量标准认证。
2.10	益智类玩具	1. 开发多元智能、培养积极心理品质； 2. 产品通过相关质量标准认证，如ISO 9000国际质量标准认证。
2.11	哈哈镜	产品通过相关质量标准认证，如ISO 9000国际质量标准认证。

（续表）

序号	设备名称	技术参数和规格
3	心理学专用仪器	
3.1	潜能检测仪	1. 可进行多元智能的检测； 2. 以皮质脑科学为依据； 3. 通过手指指纹、皮纹、生物磁等的识别，再比对计算机中存储的上亿笔皮纹数据库； 4. 产品通过相关质量标准认证，如 ISO 9000 国际质量标准认证。
3.2	注意力集中能力测定仪	1. 可进行视觉动作学习和注意力品质的测验； 2. 可用于射击等体育运动的心理训练和测试，以达到培养运动员的注意力、集中能力以及抵抗外界干扰的能力； 3. 能研究和测定各类职业人员的注意力集中水平； 4. 适用于儿童多动症等临床医学的测试； 5. 产品通过相关质量标准认证，如 ISO 9000 国际质量标准认证。
3.3	记忆广度测试仪	1. 通过数字递增来检测被试者的再现能力，以此判断个体的短时记忆能力； 2. 适用于记忆广度的心理实验和提高记忆力的训练； 3. 可用于对视觉、记忆、反应速度三者综合能力的测量； 4. 产品通过相关质量标准认证，如 ISO 9000 国际质量标准认证。
3.4	河内塔	1. 训练思维方向与运用策略； 2. 包括圆盘、小柱等器具； 3. 产品通过相关质量标准认证，如 ISO 9000 国际质量标准认证。
4	心理学图书视听资料	
4.1	心理学图书、杂志	1. 适合于学生阅读的心理学、教育学图书和杂志； 2. 适合于心理教师阅读的比较专业的心理学、教育学图书和杂志； 3. 适合于一般教师阅读的通俗的心理学、教育学图书和杂志。
4.2	心理学挂图	1. 管理类：心理辅导室规章制度、教师守则、开放时间等； 2. 心理学类：心理双歧图、幽默图片、格言警句等； 3. 资料类：如风景图片、学生作品等。
4.3	心理学视听资料	1. 心理电影类：有心理学内涵的国外、国内知名电影； 2. 心理音乐类：放松音乐、团体活动素材等； 3. 资料类：团体心理活动示范课、个别辅导案例、专家讲座等。

（二）通用设备

通用设备包括电脑、传真机、复印机、打印机、扫描仪、投影仪、电子白板、电视机、影碟机、组合音响、摄像机、照相机、视频音频监控设备、空调机、录音笔、电话机、秒表、饮水机、石英钟、隔音设备等。

（三）办公家具

办公家具包括办公桌、办公椅、电脑桌、电脑椅、操作台、柜子、期刊架、书架、置物架、收纳箱、沙发、茶几、坐垫、垫子、抱枕、办公用品、木地板、软包装修等。

三、心理辅导室的制度

（一）行政制度

各级教育行政主管部门应重视心理健康教育工作。地方教育局可成立心理健康教育指导小组，负责将学校心理健康教育纳入到学校教育工作的考核、评估中来，以促进心理健康教育工作的开展。

学校心理健康教育应由校长直接负责，成立与学校其他管理部门平行的学校心理健康教研室，教研室主任由分管副校长兼任，副主任由心理教师担任，教研室成员由教导主任、德育主任、年级组长、班主任、少先队辅导员、共青团干部以及心理教师等组成，这样的组织结构有利于将心理健康教育工作渗透到学校工作的方方面面。

学校心理健康教育工作必须纳入学校的总体工作计划，并给予必要的课时保证。中小学可适当利用班、队、团会和其他课外活动时间开展心理健康教育课，原则上每周保证 1 课时。

学校心理教师的待遇平时以工作量为基本考核标准，年度考核参照学科教师和班主任奖励制度进行。学校每年应列出心理健康教育专项经费，保证专款专用，以满足师资培训、添置设备等需要。

（二）专业制度

心理辅导室应有专业制度，包括心理辅导章程、心理教师工作守则、心理辅导室值班制度、心理档案管理规定等。

心理辅导章程包括心理辅导宗旨、原则、内容、途径等方面，是心理辅导室的纲领性文件。

心理教师有其职业伦理，主要包括平等性原则、告知性原则、保密性原则、中立性原则、责任性原则。心理教师要善于把握“教学”和“咨询”的不同角色，有机统一，不可偏废。

心理辅导室的开放时间每周应不少于 10 小时。应当有明确的值班制度，并公之于众。

心理档案的管理工作是十分重要的，因为心理档案有一定的保密性，不能随意借阅。心理档案要有明确的管理规定，心理健康教研室的所有工作人员必须严格遵守。

第三节　中学生心理健康教育的档案建设

随着学校心理健康教育的开展，发展性、预防性的心理健康教育模式得到了学校心理健康教育工作者的普遍认可，建立学生心理健康教育档案，逐渐成为开展学校心理健康教育的重要内容之一，作为一种面向全体学生、主动预防的工作模式的主要体现，为学校心理健康教育工作形成有力的支撑。

从起始年级做起，掌握学生整体的心理状况，提早甄别心理困惑、心理问题较为严重的学生，开展有针对的指导性的心理健康教育是十分必要的。在学生心理咨询过程中，心理咨询教师们也发现应该更多地掌握学生家庭、身心状况的资料，以便提供更加准确、系统的心理健康服务。

一、心理健康教育档案的含义与功能

（一）学校心理健康教育档案的含义

学校心理健康教育档案有广义和狭义之分，狭义的学校心理健康教育档案是指个体心理发展变化特点、心理测验结果、学校心理咨询与辅导等材料的集中保存，这些材料按照一定的程序组成一个有内在联系的体系，如实反映学生的心理面貌。它是学校为了更好地开展心理健康教育工作，为每个学生在心理健康方面建立起来的档案材料。

而广义的学校心理健康教育档案还包括学校心理健康教育活动的有关资料，如学校心理健康教育的计划、课程开设、活动安排、教研活动、研究课题及成果、效果评估及管理工作等的记录。

（二）学校心理健康教育档案的功能

学校心理健康教育档案的建立，极大地促进了学校心理健康教育科学化，具体有以下几个方面的功能：

1. 学校心理健康教育档案可以为学校的科学管理提供宏观的决策依据

通过为学生建立心理健康教育档案，能及时准确地掌握和了解全校学生的心理发展规律、特点及现状，从而为学校的科学管理提供心理学依据。如可以从中寻找导致某一部分学生发生心理障碍的原因，并从宏观上寻找教育、预防和干预的方法；可以为学校的分班教学、个别化教学提供前提条件；可以为需要特别关注的学生提供鉴别、筛选和培养的措施；通过心理健康教育档案所反映出来的学生兴趣爱好的信息，可以为丰富课外活动、满足学生的正当心理需求提供决策依据。

2. 学校心理健康教育档案可以提高教师的教育教学质量及科学研究的水平

中学生心理健康教育档案的建立有助于教师更好地贯彻因材施教的原则。教师要提高教育教学质量，必须了解学生个体间的心理差异，以贯彻落实因材施教的原则。建立学校心理健康教育档案，能直接为教师提供学生目前的心理状况，可以使教师了解每个学生的能力差异、个性特点、心理需求、学习心理等，为教师科学地管理和教育学生提供了直接的方法，从而使教师在教育工作中能有的放矢，减少盲目性，提高针对性，进而提高教育教学质量。

学校心理健康教育档案还有助于教师加强青少年心理的研究，提高科学研究的水平。通过建立学校心理健康教育档案，可以了解到在一定社会和教育条件下，不同年龄阶段的青少年的心理发展特点和青少年所共有的心理特征，归纳出学生存在的心理问题和产生原因，从而提出适合学生心理特点的教育方法。

3. 学校心理健康教育档案有利于加强学校的德育工作，有利于学校心理健康教育工作的开展

面对新的形势和当代中学生的思想、个性特征的新变化，迫切需要建构一套新的、科学的、行之有效的德育工作内容和方法体系。近年来的教育实践证明，心理学方法是一种行之有效的德育方法，心理健康教育已成为德育中十分重要的内容之一。学校心理健康教育档案的建立有利于加强学校的德育工作，主要表现在：它可以有助于教师了解学生的心理特点和个别差异；可以有助于教师发现和诊断中学生个人或班集体存在的心理障碍与行为困扰；可以有助于教师客观地了解中学生在道德认识和道德情感及行为上的发展水平，以便采取恰当的方法进行教育与管理工作；可以帮助教师有效地了解中学生在特定社会环境下的政治态度、思想问题和意见要求。

4. 学校心理健康教育档案的建立为学生心理健康发展提供了动态监测手段

学校心理健康教育档案从纵向看，为学生个人心理健康发展提供了十分重要的条件。它是每一个学生心理成长的轨迹，学生可以通过心理健康教育档案了解自己的心理状况，在发现自己有心理问题时，就可以积极寻求心理辅导和心理咨询，通过一段时间的调整或矫治，还可以通过心理健康教育档案考察效果，因此它能对每位学生个人的心理成长、心理潜能开发提供帮助，它为心理辅导和心理咨询解决学生心理问题和心理障碍提供了重要保证。从横向看，中学生心理健康教育档案可以揭示教师教育教学工作中的问题，揭示学生共性心理品质的问题，它能促进学校和教师更新教育观念、转变教育思想、改革教育方法，创设良好的学校心理环境，设法通过各种手段去进行教育和训练，从而提高学生的共性心理品质，促进学生心理的健康发展。

二、心理健康教育档案的内容与建设方法

（一）学校心理健康教育档案的内容

学校心理健康教育档案的内容指能从中揭示或了解到的有关学生心理状况、心理特点等的材料。学校心理健康教育档案的内容，应尽可能全面地反映中学生的心理特点，从而为学校教育提供可靠准确的信息。学校心理健康教育档案一般包括两大方面：一是影响学生心理发展的基本资料，亦即学生的基本情况，主要包括个人基本情况、家庭生活情况、学校学习生活情况及对个人生活有影响的重

大社会生活事件等。二是反映学生心理状况和心理特点的资料，主要包括智力水平、个性特征、心理健康状况、学习心理特征、职业能力倾向类型等。具体内容解读如下：

1. 学生基本情况

学生基本情况主要是提供一些背景资料，以帮助教师深入分析学生心理，正确诊断学生问题产生的原因。主要包括如下几个方面：

其一是个人简介。主要包括姓名、性别、出生年月、籍贯、民族、政治面貌、就读学校、年级、家庭住址、爱好特长等。

其二是身体状况。主要包括一般健康状况、身体发育状况、生理缺陷、个人病史等。

其三是家庭生活环境。主要包括家庭成员的工作性质及职务、文化程度、家庭的组织结构、家庭的居住环境、家庭的经济状况、家庭气氛、家长的教育方式与态度、亲子关系、是否独生子女、家中排行等。

其四是学校学习生活情况。主要包括学生的学习成绩、学习态度、学习习惯、思想品德、行为习惯、体育运动、交际水平（含师生关系、同伴关系）、担任班干部情况、获奖情况等。

其五是对学生个人生活有影响的重大社会生活事件。如家庭成员的死亡、父母离异、与教师同学关系紧张、生活条件改变、影响生活的重大挫折等。

2. 心理测评资料

（1）能力状况及其教育建议

主要是指学生的言语能力、数学能力、推理能力、音乐能力、创新能力等一般能力和特殊能力的水平，能力倾向鉴定及针对性的教育建议等。

（2）人格特征分析及培养建议

主要是指学生的性格类型及特征、气质类型及特征，个性心理有哪些特征，个性心理中有哪些良好或不良的品质，怎样进行教育，学生的兴趣、态度、人际关系及品德的特点等。

（3）心理健康状况及辅导策略

主要是指学生的心理健康水平鉴定，有无心理问题或心理障碍，程度如何，怎样进行教育或矫治。

（4）学习心理分析及教育对策

主要是指学生的学习态度、学习方法、学习动机、学习意志力、考试心理、学习困难的诊断，学习认知因素分析、学习动力状况分析、学习社会因素分析，怎样优化学生的学习心理等。

（5）生涯发展倾向类型分析及指导

主要是指学生生涯发展兴趣、能力、性格、价值观等的评估，分析其具有从事哪一类别工作的潜质，从而为学生升学与就业指导提供依据。

3. 心理健康教育活动记录及相关作品

心理健康教育活动记录是指学生进行个体心理辅导和团体心理辅导的记录，个体心理辅导记录包括问题表现、原因分析、诊断、时间与次数、方法与过程、辅导效果、追记等；团体心理辅导记录包括团体人数、辅导主题、辅导时间、辅导方法和过程、辅导效果等。

此外，心理健康教育工作中，有时会通过对各种学生作品的分析来了解其心理特征与心理健康状况，因此，在学校心理健康教育档案中，还可以包括学生的各种作业、试卷、箱庭—沙盘作品照片，甚至学生的日记、作文、自传等资料。

以上是学校心理健康教育档案的一般内容，但是在建立学校心理健康教育档案过程中，可以根据本校实际选择其中的内容。

（二）学校心理健康教育档案的建设方法

1. 学生资料的搜集

确定了学校心理健康教育档案的内容后，就要搜集反映这些内容的资料和信息，这是建立心理健康教育档案的关键。学生资料的搜集方法主要有观察法、自述法、谈话法、问卷法、作品分析法和心理测验法等。下面作一简要介绍：

（1）观察法

观察法是有目的、有计划、有系统地获取处于自然条件下学生资料的方法。按心理辅导教师是否参与学生活动，可将观察法划分为参与性观察法和非参与性观察法；按心理辅导教师在观察时是否借助于仪器，可将观察法划分为直接观察法和间接观察法。

（2）问卷法

问卷法是心理辅导教师运用统一设计好的问卷向学生了解情况和征询意见的方法；问卷是按一定的理论假设设计出来的，由一系列指标、变量所组成的搜集资料的工具。采用自编的问卷调查，如用书面问题、表格让学生回答、填写，可了解学生的一些基本情况，了解他们的心理活动。

（3）作品分析法

作品分析法是指借助学校的各种评定和记录以及学生的作品来获取信息的方法。如通过对学生的日记、周记、信件、作文、自传、各种作业、试卷、模型和其他创作作品等的分析，可了解学生的心理活动。其中，自传分为主题式自传和综合式自传。主题式自传的内容限于个人生活的某一方面，如“我的家庭生活”、“我的学校生活”等。在对学生自传进行分析和解释时，要考虑以下问题：自传反映了学生什么样的一种情绪基调？自传中提及到哪些重大经历和重要的背景资料？在按时间顺序记载个人经历时有无明显的时间中断？有无逃避敏感性问题的意向？等等。

（4）谈话法

谈话法是指心理辅导教师与学生或其较亲近的人通过直接谈话的方式来了解

和研究学生心理的一种方法。通过谈话法，可了解学生真实的心理背景、过去的心灵创伤等。

（5）心理测验法

心理测验法是建立心理健康教育档案中最主要和最为常用的方法，其关键是选择合适的测评工具进行施测。在选择合适的测评工具时首先要考虑选择标准化测验，其次要明确测验的目的、功用及适用范围。

2. 结果解释和建立档案

在搜集了学生资料后，就要对每一种资料，尤其是心理测验的结果进行解释，并结合学生的基本情况提出教育培养上的建议，然后再建立学校心理健康教育档案。

（1）统计及结果解释

心理辅导教师要按照每一测验所提供的计分标准进行统计，并要将原始分转换成标准分。在计分统计过程中一定要实事求是、客观公正。其次是将统计出来的分数赋予一定意义并将有意义的信息传递给学生或其他教师及家长。在进行分数解释时，要参考常模资料、效度资料，还要考虑测验情境等其他因素。在向学生或其他人报告时，一般只需告诉测验结果的解释，并应注意以下几个问题：

①用学生所能理解的语言；

②保证学生知道这个测验测量或预测什么；

③使学生知道他是和什么团体进行比较；

④提出科学的有针对性的建议。

（2）提出教育培养建议

根据结果解释，围绕如何发展能力、培养创造力、优化人格、促进心理健康、提高学习成绩以及指导升学或就业等方面来提出教育培养建议，这是建立学校心理健康教育档案的目的所在。因此，我们要根据结果解释，并结合学生各方面的情况，首先分析其形成原因，然后要科学地、有针对性地提出教育培养建议或辅导策略。

（3）建立学校心理健康教育档案

建立学校心理健康教育档案，可以保证对学生资料的科学管理、妥善保存和有效利用。首先要选择心理健康教育档案的形式。其形式主要有文本式和电脑软件式，文本式又有档案袋和专项卡片两种方式。电脑软件的形式，可以减少差错，防止资料丢失，保证资料管理的准确规范、安全可靠，进而提高工作效率。其次是将信息填写或录入。这样，一份完整的档案就建立起来了。

三、心理健康教育档案的应用与管理

（一）心理健康教育档案的应用

建立学校心理健康教育档案的目的是促进学生心理发展和人格健全，维护学生心理健康，提高学生心理素质，提高学校教育教学效果。为此必须正确应用学校心理健康教育档案。在应用中学生心理健康教育档案时要结合学校、年级、班级和学生本人的特点来进行，要把学校心理健康教育档案看做是一个相互联系的系统，因为学校心理健康教育档案的各方面内容是相互联系、相互影响、相互促进的。具体说来，在应用学校心理健康教育档案过程中有以下要点：

1. 根据学校心理健康教育档案反映出来的不同年级的能力、人格、心理健康等方面的特点来进行分班、分组，选拔学生干部，制定教学计划，开展心理健康教育活动，从而提高教育教学效果。

根据学校心理健康教育档案，可以研究每个年级的学生在能力、人格、心理健康方面的总体状况和特点，在进行年级分班或班级分组时，可按照能力水平、人格特点等因素来进行分班编组。在选拔学生干部时，也可根据其个性特点来进行有针对性的培养锻炼。在制定年级教学计划或班级教学进度时，也要结合各年级或各班的实际情况和能力特点来进行，这样才能有的放矢。对于各个年级或班级中存在的一些共性或倾向性的心理问题，则要开展全校性或班级的心理健康教育活动来进行团体辅导。

2. 根据学校心理健康教育档案中所提出的教育培养建议，积极地有针对性地做好个体辅导工作。

每份学校心理健康教育档案，都提供了学生的能力、人格、心理健康、学习心理及职业能力特点等方面的较为具体的教育建议或培养策略，我们可以根据这些建议对该生进行个体辅导。由于个体辅导工作量大，所费时间长，因此在进行个体辅导时，主要是针对那些问题较多或较严重的学生进行，如果条件允许的话，也可以对每个学生进行个体辅导。此外，在进行个体辅导时，可以是针对学生的某一方面问题进行辅导，也可以是多方面或全方位地进行辅导，这要视学生的实际情况而定。

3. 根据学校心理健康教育档案所提供的信息，进行教育科学研究工作。

由于我们所建立的学校心理健康教育档案是一个动态发展的档案，它反映了学生心理的成长轨迹。从学生心理健康教育档案中不仅可以了解学生心理发展的轨迹，而且可以考察我们教育措施的效应，因此可以借助学校心理健康教育档案来加强对青少年心理及其他教育的科学研究工作。此外，从横向来看，我们可以通过学生心理健康教育档案提供的资料来研究某种心理品质的发展水平、影响因素及各种心理品质之间相互作用的机制等。

（二）学校心理健康教育档案的管理

对档案的妥善保存和有效利用，有赖于对学生资料的科学管理。学校心理健康教育档案的形式主要有文本式和计算机软件式两种。

相对来讲，文本式心理健康教育档案建档工作过程繁杂，在管理与使用上仍然存在诸多不便，大量文本资料占用储存空间且不易保存，查阅资料、重新统计评估结果极为费力。因此，现在更多学校使用计算机系统建立与管理学校心理健康教育档案。与传统文本式心理健康教育档案相比，计算机软件式具有以下优点：减少差错、便于查询、减少物理储存空间、防止资料丢失及损毁、提升规范性、提高工作效率等等。

第四节　中学生心理健康教育的绩效评估

一、绩效评估的含义

绩效评估又称绩效考核，是指评估者对有关的绩效信息进行观察、收集、组织、储存、提取、整合和实际评价的过程。虽然人们普遍把绩效与绩效评估放在管理学中去研究，但是从绩效的结果论和行为论的定义看，绩效是一种行为或行为的结果。心理健康教育绩效是可进行衡量的心理健康教育行为以及在这一行为上生产出的结果记录。学校心理教育绩效评估是指对有关的学校心理教育绩效信息进行观察、收集、组织、储存、提取、整合和实际评价的过程。

学校心理教育绩效评估是学校心理教育工作中十分重要的一环。对于上级教育行政单位来说，通过对心理教育绩效的评估可以了解教育目标的达成情况，了解下一步的教育重点，决定下一步的工作或活动，改进工作方法，提高教育成效。对于学校自身来说，通过评估，一方面可了解工作的困难，获得更多的支持；另一方面，可使学校工作人员获得理论探讨的机会，促使课程、教材、教法得以不断改进。同时，评估工作的集体参与过程，往往还能促进校内各部门工作人员的分工与合作，为日后工作的进一步开展打下良好的基础。对于学生来说，通过评估和学校、教师、自身的努力，可改善他们的心理健康状况，间接地为他们的日常生活、学习打下良好的心理基础，促进他们全面发展。

二、绩效评估的原则

为了更有效地促进学校心理教育绩效评估工作的展开，应该从宏观上设计出评估体系，为评估工作提供实施的框架，从而提高评估工作的可行性。在设计学校心理教育绩效评估体系时应遵循以下原则：

客观原则。应根据所拟定的评估计划，设定客观的评估标准与明确的评估步骤，来客观评价心理教育工作的成效。不应有主观的偏见，或受到以前评估结果以及其他因素的影响而产生“晕轮效应”。

动态原则。随着时间和环境的变化，学校心理教育工作绩效也在变化、发展。评估心理教育的绩效指标要与时俱进，要随着时间和环境的变化给予切合实际的评价，避免旧的印象观念或偏见的干扰。当然，一套比较科学的评估指标在一段时期应保持其相对稳定性，使学校心理教育能按照一定的方向努力。

反馈原则。即评估系统必须提供一个连续回路，使评估自如地通过反馈、总结、调整、改进以达到评估的目的。没有反馈的绩效评估容易流于形式，达不到评估的目的。而且，实行绩效评估的反馈原则，更有利于完善评估过程，提高学校心理教育的实效。

三、绩效评估的过程

学校心理教育绩效评估包括评估指标体系设计、评估方法的选择与应用、评估的实施以及评估结果的分析评价与结果的反馈几个步骤。

(一）评估指标的设计

设计评估指标是学校心理教育绩效评估的第一步，也是进行绩效评估的前提。在确定学校心理教育绩效评估指标时，必须遵循可操作性原则。例如，我们通常谈到，心理教育的终极目标是学生心理的健康成长，包括潜能的充分开发和人格的健全完善，但将这作为评价心理教育绩效的标准就显得过于抽象而难以操作，为此有必要制定具体而可操作的评估标准。设计评估指标时不仅要从外在的形式和条件上来判断其优劣，更要考虑心理教育的内在特征，即从外在和内在两个方面来确定评估指标。各种心理教育活动的开展能否符合学生的需要？学生的心理困扰是否有所减少，其程度有无下降？通过心理教育能否有效地预防学生心理问题的产生？事实上这些才是开展心理教育更为实质的目的。只有外在体系和内在体系二者兼顾，心理教育绩效评估指标体系才能日臻完善。

目前，部分省市教育行政部门设计了心理健康教育的评估指标，在所辖范围内使用。这些评估指标各有特点，但没有统一标准。这里，我们介绍心理健康教育开展和评估的“4P 模式”。根据多年的实践经验，我们认为心理健康教育的开展和评估应当从四个方面入手：心理教师（person)、心理辅导室（place)、辅导过程（process)、辅导成果（product)。因为这四个方面的英文都是以 P 开头，所以称之为“4P 模式”。如图 2－2。

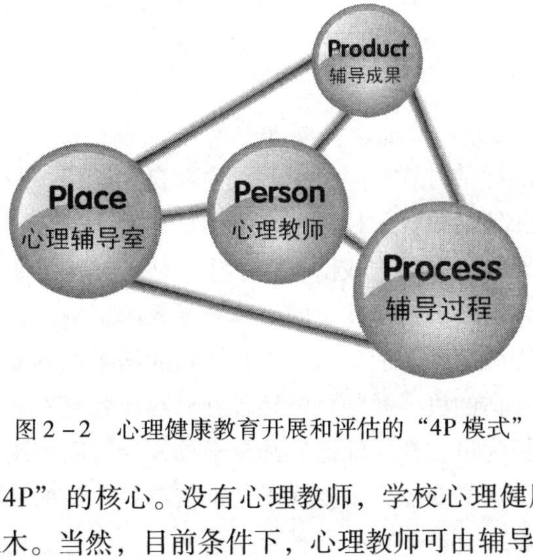

图 2－2　心理健康教育开展和评估的“4P 模式”

心理教师是“4P”的核心。没有心理教师，学校心理健康教育工作就成了无源之水，无本之木。当然，目前条件下，心理教师可由辅导员、班主任、学科教师兼任。心理教师要注重资格和专业成长。在进行评估时，不但要考察心理教师的数量，而且要考察心理教师的质量。

心理辅导室是心理教师的阵地，是开展心理健康教育的场所。因此，其规划、设备、制度的健全都应当纳入评估指标，进行考核。

心理教师有了心理辅导室这一阵地之后，就需要开展心理健康教育工作。心理教师的职责就是要规范辅导过程。辅导过程包括心理辅导的内容、途径和管理，这些都是绩效评估的内容。

辅导成果是指教学和科研成果，涉及到评估的内在指标。我们可以辅以心理检测的方式进行评估，考察心理健康教育开展之后的实际效果。

“4P 模式”的含义与内容详见表 2－2。

表 2－2　“4P 模式”的含义与内容

方面	含义	内容
心理教师（Person）	资格	特质、知识、职责、伦理
	专业成长	专业技术、团队建设
心理辅导室（Place）	规划	位置、面积、布局、环境
	设备	心理学软件和硬件设备、通用设备、办公家具
	制度	行政制度、专业制度
辅导过程（Process）	内容	自我意识、人际交往、学习管理、生活适应
	途径	专门途径、渗透途径
	管理	组织机制、预警机制
辅导成果（Product）	教学	心理档案、校本课程、实际效果
	科研	科研成果、校园文化

（二）评估方式与方法的选择与应用

心理健康教育的评估方式一般采用学校内部自我评估、校际间相互评估、由教育领导部门主办的评估等。学校内部自我评估是由学校负责心理教育的人员进行自评，由学校领导进行评估，或由本校学生评估。其优点是：评估计划的制定有助于心理教育工作者对自己所从事的工作有深入的了解；评估的过程有助于增进全校教职工对心理教育工作的认识；自我评估的结果能够促进心理教育工作者的自我改进；借助评估的机会教师可整理各种材料使其更有效地发挥作用；自我评估的结果，还可作为班主任、任课教师及学校领导协助解决问题的参考。但是这种评估方式也有一定的缺点，主要在于各学校自我评估的标准不同，较难进行比较与对照，难以看出自己学校心理教育工作开展的优劣之处；其次由于评估人员不是这方面的专家，对某些问题的评估可能较主观。

各校之间相互评估，是由几个学校联合起来，相互参观、相互评估。其优点在于：评估的结果涉及到学校的荣誉，因此，平常的工作容易得到学校各方面的支持；借着相互评估的机会，可以充分学习其他学校的长处；通过相互评估，可缩短校与校之间的工作差距，加强校际联系。但这种方法与自我评估相类似，由于评估人员训练有限，评估标准的制定常常可能不够公正客观；并且碍于校与校之间的关系，有时无法作出客观的评价。

由教育领导部门主办的评估一般是聘请有关专家学者对各学校的心理教育工作进行评估，其优点是评估结果较为客观，评估所提出的建议具有较高的价值，并且容易被学校所接受，从而减少心理教育工作推行的阻力。同时由于评估结果会给予公布，因此可以引起各级学校高度重视，积极工作。但由于专家小组评估时间太短，常无法作更深入的调查，评价有时会流于表面。

评估可采用的方法有测验评价和非测验评价两大类。测验评价主要是借助于各种标准化的心理测验作为测量工具，准确地评价学生的各种心理特征，从而在一定程度上完成对心理健康教育绩效的评估。学校所使用的测验主要有智力测验、成就测验、性向测验、兴趣测验、人格测验等五大类。非测验评价是测量个人的内隐性行为，如动机、情绪及个人如何处理这些内在行为等。这种测量方法与测验评价相结合，两者互为补充，即从内隐和外显两方面更有效地评估心理教育绩效。观察法、轶事记录、评定量表、学生资料调查表、会谈、个案研究等构成了非测量方法。

（三）评估活动的执行

在评估的具体执行环节中，首先学校动员，明确评估的目的和意义；其次评估委员会公布评估指标体系及评估方法和评估程序；再次，评估前准备，包括依据评估指标体系编制评估表、通过听取汇报、实地观察、会谈、问卷调查、测验、查阅有关资料等方法收集资料；最后，进行评估并对评估结果进行整理。要特别注意避免以下几种常见的评估误差：

严格误差——在评估时吹毛求疵、多方挑剔、给分过严。

宽容误差——对任何一个受评估对象都选用较优的评语。给分过宽，不愿给人作出不好的评定，使分数集中在较高的一端。

趋中误差——把被评估者放在量表的中间，尽量避免作出极端的评定。

逻辑误差——有些评估者把自己认为相互联系的特质都作同样的评定。

光环效应——对某一方面的强烈看法影响了对其他方面的评估。

（四）评估结果的分析与反馈

1. 评估结果的分析。对绩效评估的结果进行定量分析和定性分析，可以比较全面准确地反映学校心理教育的工作绩效。在进行定量分析时可主要采用模糊评价法和关系矩阵法，通过确定指标体系和权重体系、单项评价和综合评价等过程使评价的过程更合理和科学。具体方法在此不加赘述。

2. 绩效评估结果的反馈。通过对评估结果的分析，绩效评估小组可以将最后确定的评估结果通知参与心理健康教育的所有成员。主要让他们了解心理教育工作的状况以及学生心理健康的发展情况，并和他们一起讨论今后的发展目标，确定下一个评估期限的目标，指出他们在绩效评估中反映出的问题和不足，帮助他们加以改正和克服，同时对他们在工作中的突出表现加以表扬，以激励他们的进取心。学校心理教育绩效评估委员会将对学生的评估结果归入其本人的心理档案，作为今后对他们进行更有效的心理教育的依据，从而有助于达到绩效评估的最终目的。

综上所述，学校心理教育绩效评估是一项系统且复杂的工作，建立绩效评估体系使学校有步骤地、有目的地从事心理健康教育，有助于心理教育绩效评估工作的顺利进行，同时也会更有效地促进学生的心理健康。由此可见学校心理教育的绩效评估是教育评价中不可缺少的部分，相信它会引起人们日益广泛的重视。

【建议参考资料】

1. 郑日昌，刘视湘．中小学心理健康教育［M］．武汉：武汉大学出版社，2010.
2. 陈国鹏．心理测验与常用量表［M］．上海：上海科学普及出版社，2005.

【问题与思考】

1. 心理辅导室如何规划？
2. 心理辅导室配置的基本设备有哪些？
3. 学生心理健康教育档案建立的目的是什么？
4. 如何进行有效的绩效评估？
5. 简述 4P 模式的主要内容。
6. 请结合所在学校具体特点，设计一份适合学校的学生心理健康教育档案建档方案。

第三章　中学生学习心理的教育与辅导

【本章提要】

本章主要涉及与学习心理相关的三个方面，即学习动机、学习策略与考试焦虑；分别从其含义与功能入手，了解它们在中学生学习过程中的作用；进而通过综合不同研究者的研究来探究我国中学生学习动机、学习策略、考试焦虑的现状、成因、发展特点与发展规律，并针对目前中学生学习动机、学习策略、考试焦虑等方面出现的问题提供了相应的训练与干预建议。

【学习重点】

1. 中学生学习动机的发展特点
2. 中学生学习动机的培养与激发
3. 学习策略的含义与功能
4. 中学生学习策略的发展特点
5. 中学生元认知学习策略的训练
6. 考试焦虑的含义
7. 中学生考试焦虑的成因
8. 中学生考试焦虑的调适与预防

【重要术语】

学习动机　耶克斯—多德森定律　认知策略　元认知策略　考试焦虑

第一节　中学生学习动机的教育与辅导

一、学习动机的含义与功能

人为什么要学习，或者学习是为了什么？为什么还要不断地去学习，甚至终生学习？学习究竟是痛苦的，还是快乐的？分析学习背后的心理与动机是回答这些问题的关键。

（一）学习动机的含义

学习动机指的是学习活动的推动力，又称“学习的动力”，是激发个体进行学习活动、维持已引起的学习活动，并致使个体的学习活动朝向一定的学习目标的内部启动机制；是推动学生进行学习活动的内在原因，是激励、指引学生学习的强大动力。如，对部分学生的学习动机进行访谈分析发现，有部分学生学习是因为学习本身很快乐，能在学习的过程中体会到很多快乐，知识带给自己的快乐，同学带给自己的快乐，老师带给自己的快乐等等；有些学生是为了自己将来有更好的前途，更理想的生活；有的学生学习则是由于其他人都在学，自己不学压力就会很大，所以，在竞争压力下去学习；也有学生声称不学习或学习不好是件很丢人的事情，会在父母和亲朋好友面前抬不起头来，所以，也要努力去学；有些学生的家长或者亲朋好友会为学生的学习设立诱惑性的奖励，如通过出国旅行、买理想的礼品等方式来激励学生的学习，学生为了获得想要的礼物或者其他条件等也努力地学习；还有些学生感到学习是件痛苦的事情，自己没有目标，没有动力，也不在意家长和老师、同学、亲朋好友怎么看自己，但不学习又不知该做什么，在这部分学生当中，也有一些是被老师、家长等强制去努力学习的；还有些学生似乎把学习看成是和吃饭一样的正常事情，是一种自然的需求。

（二）学习动机的结构

学习动机并不是某种单一的结构。学生的学习活动是由各种不同的动力因素组成的整个系统所引起的。其心理因素包括学习需要和学习期待；学习需要是个体在学习活动中感到有某种欠缺而力求获得满足的心理状态，是个体从事学习活动的内驱力和最根本动力，学习需要包括：对学习的必要性的认识及信念（对知识价值的认识，知识价值观）；学习兴趣、爱好或习惯等。从事学习活动，除要有学习需要外，还要有满足这种需要的学习目标。学习目标指引着学习的方向，可把它称为学习的诱因或学习期待。它是个体对学习活动所要达到目标的主观估计，包括对自身学习能力的认识（学习能力感）、对学习成绩的归因（成就归因），以及由此给自己设定的长远目标或短期目标，远大目标或具体目标，内在目标或外在目标等。

学习目标或学习期待同学习需要一起，成为学习动机的重要构成因素，两者协同作用，使学习活动得以发动、维持和完成，并通过推力、拉力与压力三种形式表现出来。推力是发自个体内心的学习愿望和需求，它可以通过学生对学习必要性的认识、对学习的求知欲、对未来的理想等产生，表现为主体的一种学习需要。拉力指外界因素对学习者的吸引力，使学生从事学习活动，表现为主体的学习期待，学位、社会地位等可对学生的学习活动构成拉力。压力指客观现实对学习者的要求，迫使其从事学习活动，考试、家长与学校要求、社会现实都可以成为压力。作为学习动力因素的推力和拉力都可以独自而长久地发挥作用，推动个体的学习；但压力对个体学习的动力作用，却往往难以独立、持久地起作用，必须真正地转化为推力或拉力才能发挥其动力作用。

（三）学习动机的分类

学习活动中动机的作用是复杂的。了解和掌握学生学习动机的类型和特点，有利于进行有效的教学。

根据学习动机的内容指向可分为直接学习动机和间接学习动机。直接学习动机直接指向学习活动本身，是由对学习的直接兴趣以及对学习活动的直接结果的追求所引起的，如学生感到学习是快乐的，是实现自己目标的途径等；间接学习动机则是与社会意义相联系的动机，是社会要求在学习上的反映，如学生为获得奖励、荣誉，或被家长、教师强制要求学习。无论是直接学习动机还是间接学习动机对个体的学习都具有非常重要的动力作用。虽然直接学习动机多导致更高的学习成就，但是由于间接学习动机可以缓解个体的内心压力，其作用有时甚至强于直接学习动机的作用。因而，教学中要注意激发学生不同的学习动机。

根据学习动机在学习活动中所起作用的不同，可将之区分为主导性学习动机和辅助性学习动机。主导性学习动机是指一个学生的几种学习动机中起主导作用的学习动机；辅助性学习动机则是在几种学习动机中不占主导地位的学习动机。辅助性学习动机有的能促进主导性学习动机，因而会与主导性学习动机同时并存；有的则不能促进主导性学习动机，因而会被抑制甚至完全克服掉。如利用外部奖励的方式作为辅助性学习动机时，在物质和金钱贫乏的学生、家庭和地区，效果就会很好，能促进学生的主导性学习动机（学习改变命运等）；对于物质和金钱相对富裕的学生、家庭来说，一般则微不足道，很难促进学生的主导性学习动机（如学习实现自己的理想与抱负）；而对于物质和金钱方面非常富有的学生、家庭来说，奖励的作用有时不但不能促进其主导性学习动机（学习赢得奖励），反而会抑制其主动性学习动机（如奖励还不如学生一个月零花钱的零头，学生感觉获得那点奖励很丢面子）。因而，无论是物质奖励还是精神奖励或其他方面的奖励，都应该综合考虑奖励对象的特点，适时改变奖励策略，促进其良好学习动机的形成。

根据学习动机的来源，又可将之划分为内部动机和外部动机。学习的内部动机来源于学生自身的兴趣、爱好等，它较为持久，且使学习者处于一种主动积极的学习活动状态。学习的外部动机则是由外界的诱因所决定的，它往往较为短暂，被这种学习动机所推动的学习活动也往往处于一种被动状态。但不能由此就断定外部动机的作用强度一定不如内部动机，因为对于短期的目标而言（期末考、中考、会考、高考），外部动机的短时激发作用甚至会强于内部动机；对于长期的目标和努力而言，内部动机要优于外部动机。

奥苏贝尔指出有三种主要的动机促使个体追求成功与成就：即认知的内驱力、自我提高的内驱力和附属的内驱力。认知的内驱力是一种要求理解事物、掌握知识、系统地阐述并解决问题的需要，源于个体内在的好奇心与求知欲；自我提高的内驱力是个体为提高自己的地位、成就感、威望等的需要；附属内驱力则是指个体为了获得重要他人的赞许而表现出来的把学习搞好的一种需要。这三种动机可以相互补充，共同促进个体的学习行为。

（四）学习动机的功能

学习受多方面因素的影响，其中主要还是受学习动机的支配。学习动机具有启动、维持学习活动的功能，指向学习目的的功能，以及调节、强化学习行为的功能。

1. 激发功能，学习动机能激发个体产生某一学习行为。在这里，学习动机是引起某种学习行为的原动力，对学习行为起着始动作用。例如，一位学生知道自己的外语听力比较差，产生要训练听力的动机，他便会在这一动机的驱动下，出现相应的行为——收看电视中播放的国外原版片。

2. 指向功能，学习动机能使个体的学习行为指向某一具体目标。在这里，学习动机是引导某种学习行为的指示器，对学习行为起着导向作用。在上例中，那位学生会在要训练听力的动机引导下，将激起的收看原版片的行为明确指向训练听力这一目标，把注意力集中于原版片中人物的对话上。

3. 调节功能，学习动机能调节个体学习行为的强度、时间和方向。在这里，学习动机是调节某种学习行为的控制器，对学习行为起着调控作用。在上例中，那位学生在收看原版片时把注意力集中于人物对话这一行为的强度、维持时间的长短，都受到该学习动机的制约。如果这一行为活动未达到训练听力的预定目标，该学习动机还会驱使他转换行为活动方向，或改换收看的原版片，或收听外语录音训练磁带，以达到既定目标。

学习动机和学习的关系是辩证的，学习能产生动机，而动机又推动学习，二者相互关联。动机具有加强学习的作用，高动机水平的学生，其成就也高；反之，高成就水平也能导致高的动机水平。一般说来，动机并不是直接地卷入认知的相互作用过程之中，也不是通过同化机制发生作用，而是通过加强努力，集中注意和对学习的立即准备去影响认知的相互作用过程。动机过强或过弱，不仅对学习不利，而且对保持也不利。并且，在难度不同的任务中，动机的强度影响解决问题的效率。心理学家耶克斯和多德森（Yerkes & Dodson，1908）的研究表明，各种活动都存在一个最佳的动机水平。动机不足或过分强烈，都会使学习或工作效率下降。研究还发现，动机的最佳水平随任务性质的不同而不同。在比较容易的任务中，学习或工作效率随动机的提高而上升；随着任务难度的增加，动机最佳水平有逐渐下降的趋势。也就是说，在难度较大的任务中，较低的动机水平有利于任务的完成。这就是著名的耶克斯—多德森定律。

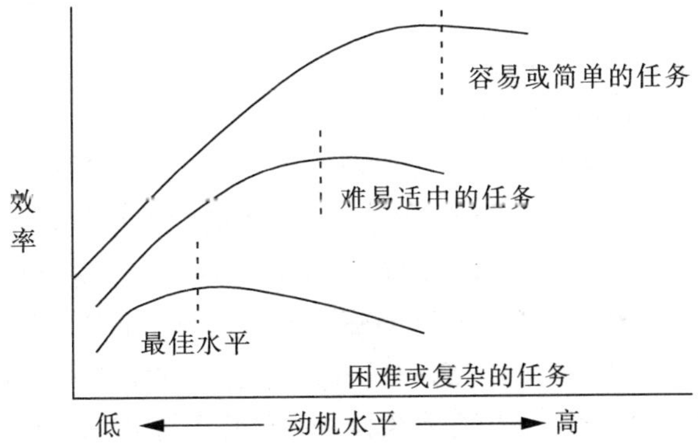

图 3－1　耶克斯—多德森定律

二、中学生学习动机的发展特点

学习动机是学生学习的内部驱动力，反映着他们的需要、追求和目标。学生在学业上达到的水平不仅与智力水平有关，而且还会受到其他非智力因素的影响，其中，主要是受学习动机的支配。学生的学习动机是在社会生活条件和教育的影响下逐渐形成的，不同的社会和教育对学生的学习有不同的要求。随着经济和社会的发展，越来越需要通过把握当代中学生具体的学习动机来促进教学。

（一）中学生学习动机发展的整体特点

1982 年，少年理想、动机、兴趣研究协作组对全国初高中学生学习动机的调查显示，从小学、中学到大学的十几年，学习动机是从小学的近景性动机占主导逐渐向大学时远景性动机占主导推进，在初中后期发生质变；从小学、中学到大学，学生的学习动机与理想密切相关，二者之间互相影响。其中，无动机的占 14. 12%，为履行社会义务的占 17. 14%，为个人前途的占 24. 11%，为了国家与集体利益的占 44. 13%。2000 年 6 月共青团北京市委员会和中国科学院心理研究所共同策划、进行了“未成年人状况调查”（石绍华，2002），对中学生学习动机类型的调查显示，57. 6% 的中学生选择学习是为了就业（2 371 人），46% 选择学习是为了祖国现代建设（1 888 人），3. 86% 的学生选择学习是为了升学（其中高中生选择此项的占 42. 7%）；32. 1% 的学生选择学习是为了实现家长的愿望，30. 9% 的学生选择学习是对学习本身感兴趣；选择学习是为了争取入队、入团或做优秀生的占 20. 5%（842 人），选择缺乏学习动机的占 19. 4%（814 人），选择学习是为了保持个人在同学中的地位或声望的占 15. 3%（631 人），14. 7%（606 人）的学生选择学习是为了维护集体荣誉，9. 3% 的学生（383 人）选择学习是为了受到表扬、避免责备。合并相关类别项目后，无动机的占 19. 14%，为履行社会义务的占 32. 11%，为个人前途的占 57. 16%，为祖国和集体利益的占 46. 10%。由此可以看出，随着社会发展变化，由于独生子女增多，很多父母把全部希望寄托在这一个孩子身上，于是就有很多孩子为了实现父母的愿望而学习。由于下岗、失业等政策的实施，不同行业报酬差距拉大，社会上为了得到工作，特别是高报酬工作所进行的竞争日益激烈。自我取向的价值观念正在冲击着社会取向的价值观念，实现个人的远大理想和抱负，成名成家，已经不再被看做是自私自利。为了适应这个社会的现实，中学生的学习动机也随之发生了变化。所以，30.9%的学生拥有内部动机，而70%的学生学习却仅仅是外部动机驱动的。中学生目前学习的动因不是非常明确，中学生的外部学习动机要显著高于内部学习动机，具有相对突出的内部动机和外部动机的学生所占比例是比较小的(923/11 855)，这种情况在男生和女生两个群体中是基本一致的，虽然获取知识因素女生高于男生，挣大钱和执行老师要求因素男生高于女生（王有智，2003），其他研究者所进行的大量研究也都证实了这个结论。很多中学生可能并不知道自己是为了什么而学习，而又有相当一部分学生学习的动机不是发自内心的对知识的渴望，而是由于外部的其他原因促使他们进行学习。中学生为什么会出现外部学习动机强的特征呢？部分原因是当今的中学生面临着严峻的中考和高考的压力，在他们的心目中，考上理想的高中和大学是学习的唯一目的；至于要获得知识，或者是要对知识进行探索，那是将来的事情。这种情况是我们国家的应试教育制度的产物，和现在提出的素质教育目标以及方针是完全相违背的。要改变这种情况，需要我们教育者探索出更有效的处理升学压力和教学内容之间矛盾的途径，只有这样，学生的学习目的和动机才会发生改变。

（二）中学生学习动机发展的性别差异

有关学习动机发展的性别差异，不同的研究得到的结论并不一致，大致可以分成三种情况。一种观点认为男女生之间的学习动机并无显著性的差异（成强，张巧明，2007），如上文中1982年的研究所得到的结果；一种观点认为男生的学习动机要普遍高于女生，如，王有智等人的研究显示，男生的竞争性、新奇性高于女生，成功性低于女生（王有智，2003）；此外还有一种观点认为，男女生的学习动机整体上并无显著性的差异，只是在学习动机的某些方面，男生可能高于女生，在另外一些方面，女生则可能高于男生。如，有研究认为，从整体上看，男生比女生更喜欢挑战性的学习任务，这一性别差异主要存在于中学阶段，而女生的学习兴趣、独立性和内在动机高于男生。男生更喜欢挑战性的学习任务可能与男生较高的冒险倾向有关。心理学家斯洛维克（P. Slovic）等人的研究发现，自青春期开始，男女两性的冒险倾向开始出现差异，男孩比女孩更加愿意冒险，更加不愿意满足于已知的事情（李夏，2002）。还有研究进一步指出，男生在学习成功动机、运动成功动机、社会成功动机、成功动机整体水平、责任性和要求水平上与家庭经济状况的关系比女生更密切；女生在技能成功动机和促进紧张方面与家庭经济状况的关系比男生更密切（周蜀溪，郭英，2009），获取知识因素女生高于男生，挣大钱和执行老师要求因素男生高于女生（王有智，2003）。虽然不同的研究者在学习动机的性别差异方面的观点不尽相同，但是，学者和普通大众似乎都有一种刻板性（如在性别差异未完全得到证实的情况下）的印象，那就是从整个群体来看，即便男生的学习动机不比女生高，也不会比女生低。这或许是由于男、女孩出生后，首先受到来自家庭，以后则是受到来自学校以及其他社会环境等方面的不同期望、要求与训练，于是性别之分不再含有原先纯粹的生理之别，而往往被打上了社会影响的烙印，表现为不同的社会性别角色。男孩从小就被灌输“要做社会‘第一性’”的观念和思想，在成长过程中男孩往往被教育为具有好强、刚毅、果敢、积极进取等社会性别特征，时时处处都要显现出自己争强好胜的本色，不断追求成功的满足。因而，在学业方面，男生表现出比女生更强烈的成功动机。女孩则很早就养成了温顺、稳重、遵从社会期望的习惯，同龄的女生比男生成熟又早些，看问题更全面些，有着更强的自律性，更多地关注自身能力的发展，因此，女生在学习中表现出较男生更积极的成败归因（马翠凤，2005）。

（三）中学生学习动机发展的年龄变化

有关中学生学习动机随年龄发展的变化，不同研究得到的结论不尽相同，大致有三种主要的观点。一种观点是中学生的学习动机随年龄增长、年级升高而变高，因为中学生慢慢懂得了学习的意义和明确了自己的价值追求，学习的动机随之增强。在成就动机上，初三与初一、初二学生，高一与高二、高三学生之间的差异极其显著，高二与高三学生差异显著。之所以出现这种情况，可能是因为低年级学生刚进入中学学习，对自己未来前途的思考较少，还没有意识到现在的学习对将来人生的重要意义，而中学高年级学生，尤其是三年级学生面对升学压力，体会到了学习对自己人生的影响和意义，因此，求知欲和上进心更加强烈（韦光敏，冯维，2009）。一种观点是中学生的学习动机随年龄增长、年级升高而变低，学生对学习的挑战性喜好、兴趣及独立性呈下降趋势（李夏，2002）。王有智对西北地区中学生研究发现，随年级升高，动机总强度除在高一有上升外，其余均为下降，初一高于初三，高一高于高三。成强等人的研究表明，中学生学习动机总体趋势是下降的，初中年级学生追求成功的动机明显强于高中生。此外还有一些研究发现中学生学习的内、外在动机呈现出以下发展趋势：挑战性、内部兴趣和独立性随年级的增长而不断下降，内在动机和自我性外在动机随年级的增长而缓慢提高，社会性外在动机则随年级的增高而微弱下降。另外一种观点是中学生的学习动机整体上没有显著的年级差异，但在具体方面表现出不同的差异。如在学习动机的竞争性方面，初中和高一高于高二、高三，新奇性方面高三低于其他年级，社会影响力因素方面初一、初二高于其他年级，他人尊重方面，高中年级显著高于初中年级，提高能力因素高中段高于初中段，个人前途因素随年级上升而提高，为父母争光和执行老师要求高中高于初中，建设国家因素初中高于高中，为分数和挣大钱因素高中高于初中（王有智，2003）。中小学生学习的内、外在动机的总体发展趋势是：挑战性、内部兴趣和独立性随年级的增长而不断下降，内在动机和自我性外在动机随年级的增长而缓慢提高，但社会性外在动机则随年级的增高而微弱下降（李夏，2002）。低年级的学生在承担责任、充实自己、社会赞许方面更为明显，他们努力学习主要是为了实现教师和家长的期望并得到他们的赞许，而高年级的学生更加关注自己的具体要求和目标。青少年期是一个思考未来，向成年过渡的时期，是一个集中建构新思想、新观念、兴趣、责任、自我信念以及确定价值观的时期，这一时期父母在约束青少年行为上遵从传统。在正确的教育下，初中学生逐渐认识到自己的学习和祖国建设的密切联系，进一步明白了学习的社会意义，从而加强了自己的学习动力和学习责任感。同时初中生具有强烈的求知欲和探索精神，兴趣广泛，思维活跃。因此，初中生在第一个因素上的得分较高。而高中生随着社会接触的扩大，生活阅历的积累及文化知识的增长，价值观的确立，逐渐学会将个人的生活目标与社会发展的总体方向相联系，即不仅要说明自己对于社会的意义，而且还要找到社会对自身的意义，他们面临着各种机会，同时需要作出自己的抉择，比如升学或工作的抉择。压力越大反而动机下降了，符合耶克斯—多德森定律的倒 U 型曲线，使得他们在第一因素水平上得分相对低些。但不能说高年级的学生在这方面落后了，他们只是在一个相对的水平上，说明低年级在这一方面更加关注而已。在社会赞许因素上，低年级的中学生要高于高年级的得分，原因在于初中阶段是个体发育的鼎盛时期，生理上的成熟使初中生在心理上产生了成人感，他们希望能获得成人的某些权力，找到新的行为标准并渴望变换社会角色（成强，张巧明，2007）。

（四）中学生学习动机发展的其他差异

此外，处于不同地区、不同类型学校、独生子女与非独生子女的学习动机也存在一定的发展差异；在城乡学生的学习动机比较研究中，大多会发现农村学生的学习动机强于城市学生。相关研究进一步指出，在城乡差异上，农村中学生的学习成功动机、社会成功动机、成功动机整体水平和自己责任性与其家庭经济状况的关系比城市中学生更密切，城市中学生的技能成功动机、运动成功动机和要求水平与其家庭经济状况的关系比农村中学生更密切（周蜀溪，郭英，2009）；农村生学习受成就性、认知性动机支配作用大，城市生较多受附属性、威信性动机支配（王有智，2003）。省市重点中学学生的得分显著高于区重点中学和非重点中学学生的得分，省市重点中学大部分都是相当优秀的学生，学习成绩好的学生在学习过程中有明确的目标，并且能坚持自己的目标，因此他们的学习动机强度要明显高于学习成绩不好的学生。从动机的角度看，独生子女的内部动机要显著高于非独生子女，这或许是由于独生子女比非独生子女更加关注自己，独生子女也少了非独生子女学生人群所存在的责任分散因素（蔡琼华，2008）。

中学生学习动机的发展特点，可能既反映了中学生学习动机的发展规律，也同样可能反映了中学生学习动机发展中出现的问题，应引起家长、教师等的重视。

三、中学生学习动机的培养与激发

学习动机的激发是指在一定的情境下，利用一定的诱因，使已经形成的学习需要由潜在状态变成活跃状态，形成学习的积极性。包括帮助学生正确认识自己的能力，认识成就动机对学习的重要性，进而确立恰当的抱负水平。培养和激发学生的学习动机，具体策略如下。

（一）学习兴趣培养的辅导

美国心理学家布鲁姆认为，最好的学习动机莫过于对所学知识本身具有内在的兴趣。所以我们在教学过程中，要努力让学生从内心愿意学、想学。常言道“亲其师，信其道”，教师应加强与学生的感情交流，增进与学生的友谊，关心、爱护他们，热情地帮助他们解决学习和生活中的困难，做学生的知心朋友，使学生对教师有较强的信任感、友好感、亲近感，这样学生自然而然地就会喜爱你的学科，愿意跟着你学。

兴趣是人对客观事物的选择性态度，它表现为人力求认识和获得某种事物，并且力求参与相应的活动。兴趣通过情绪反应来影响一个人的行为积极性，即凡是从事自己感兴趣的学习和工作，人就会觉得心情舒畅和愉快，效率也较高。相反，如果是从事自己不感兴趣的事，则可能心理动力不够，缺乏激情，效率也就较低。例如对于中学生来说，他们的学习在很大程度上要受兴趣和情绪的左右，因此，培养学生学习的兴趣，有助于提高学生的学习积极性，从而增进其学习的效率。心理辅导的目标是让学生了解兴趣对学习的影响作用，了解自己的学习兴趣情况，培养对各学科知识学习的兴趣。辅导方式采用讲述故事与讨论，自我测查与团体活动等。通过活动，师生共同得出结论，兴趣并非与生俱来，真正的兴趣是后天培养而得来的。同学们对于自己喜欢的课程或活动要经常去从事；对于自己不喜欢的课程或活动，也要尝试和参与，逐步培养兴趣，使学习获得更大的进步。实施激发学生学习兴趣的最好方式莫过于教师创造良好的课堂学习环境和班级学习环境，创设适宜问题情境进行启发式教学，让学生从中体会到乐趣，体会到成就感。启发式教学与传统的“填鸭式”教学相比，具有极大的优越性。而要想实施启发式教学，关键在于创设问题情境。所谓问题情境，指的是具有一定难度，需要学生努力克服，而又是力所能及的学习情境。

要想创设问题情境，首先要求教师熟悉教材，掌握教材的结构，了解新旧知识之间的内在联系；此外要求教师充分了解学生已有的认知结构状态，使新的学习内容与学生已有水平构成一个适当的跨度。这样，才能创设问题情境。问题情境创设的方式多种多样，并应贯穿在教学过程的始终。

（二）学习动机增强的辅导

动机是推动学习活动的动力，它决定了学生的学习是否有成效：它能激起学生的学习行为，将学生的学习行为引向某一特定目标，维持、增强（或制止、减弱）学习行为。可见，动机对学生的学习有着非常重要的作用。学生的学习动机由成就动机、交往动机和求知欲所构成，增强学习动机就意味着树立正确的理想抱负、建立良好的人际环境和培养良好的学习兴趣。心理辅导的目的就是为了让学生了解成就动机对学习的影响，了解自己的能力与抱负水平，树立恰当的抱负水平，激励学习动机。心理辅导方式采用教师进述故事与学生讨论、学生角色扮演与自我测验。通过活动，学生明白了要保持适当、较强的成就动机，必须建立适当的抱负水平，即抱负水平必须比自己的一般水平要高一些，这样才能激发自己的潜能，取得成功感；但抱负水平不能只求远大、宏伟而脱离自己的实际，这样只会使理想成为幻想，或使自己经常遭受失败和挫折的打击，反而会因此削弱自己的成就动机。

有研究通过访谈教师分析了为什么学生的学习动机不强、学习兴趣不高。结果发现，在被访谈的教师中，只有24.5%的人认为儿童的学习兴趣随着年级的升高而降低。他们提到的造成儿童学习兴趣不高的原因主要集中在学习负担过重、竞争激烈、教材的编排、家长过度的控制以及学习挫折的积累（李夏，2002）。由此可见，对学生学习动机增强的辅导关键还是要减轻学生的负担，加强对其学业的规划，使其认识到自己的学习目标，自己是学习过程中的主人，只有自己亲自参与新知识的探索和问题的独立解决，才能真正锻炼自己的思维、开发自己的智力。在明确学习目标后，我们还要注意给学生制定短期、适当的学习期望，使学生有个努力的方向与目标，从而激发学生积极进取的精神。

（三）端正学习态度的辅导

态度是个人对他人、对事物的比较持久的肯定或否定的内在反应倾向。学习态度则是学生对学习所持有的肯定或否定的内在反应倾向，它影响着学生对学习的定向选择。对学习持肯定态度的学生，有较强的学习愿望，总是积极参与各种学习活动，自觉地学习，从而获得较高的学习效率；对学习持否定态度的学生，则对学习没有积极性，不能自觉地认真学习，而总是比较消极地接受学习。培养正确的学习态度，辅导方式采用老师讲述故事与讨论、自我测查与角色扮演。通过各种活动总结出消极、被动、依赖、马虎的学习态度都不利于学习效率的提高；只有积极、主动、独立、认真的学习态度，才有利于高效、深入地学习，并掌握所学的知识。端正学习态度辅导，非常有效的方法之一为归因训练方法，通过引导学生对自己的行为及结果进行合理归因与解释，帮助其端正学习态度。学生对学习结果的归因对以后的学习行为会产生影响。

就稳定性维度而言，如果学习者把成功或失败归因于稳定因素（能力、任务难度），则学习者对未来的学习结果也会抱成功或失败的预期，并会增强他们的自豪感、自信心或产生羞耻感、自卑感；相反，如果学习者把成功或失败归因于不稳定因素（努力、运气、身心状态、外界环境），则不会影响他们对未来成功或失败的期望，其成败体验也不会影响到将来的学习行为。

就内在性维度而言，如果学习者将成功或失败归因于自身内在的因素（能力、努力、身心状态），学习者会产生积极的自我价值感，进而投入到未来的学习活动中去，或形成消极的自我意象，从而避免参与成就性任务；相反，如果学习者将成功或失败归因于机体外在因素（任务难度、运气、外界环境），则学习结果不会对其自我意象产生什么影响。

就可控性维度而言，如果学习者把成功或失败归因于可控因素（努力），学习者会对自己充满信心或产生一种犯罪感；反之，如果学习者把成功或失败归因于不可控因素（能力、任务难度、运气、身心状态、外界环境），则会产生感激心情或仇视报复情绪。

既然不同的归因方式会影响到主体今后的行为，也就可以通过改变主体的归因方式来改变主体今后的行为。这对于学校教育工作是有实际意义的。在学生完成某一学习任务后，教师应指导学生进行成败归因。一方面，要引导学生找出成功或失败的真正原因；另一方面，教师也应根据每个学生过去一贯的成绩的优劣差异，从有利于今后学习的角度进行归因，哪怕这时的归因并不真实。一般而言，无论对优生还是差生，归因于主观努力的方面均是有利的。因为归因于努力，可使优等生不至于过分自傲，能继续努力，以便今后能继续成功；使差生不致过于自卑，也能进一步努力学习，以争取今后的成功。

（四）良好学习习惯的养成辅导

学习习惯是指学生在学习过程中逐步形成的比较稳定的学习行为方式，如学习中的注意力倾向、记忆的习惯方式、思考问题和解决问题的心理定势、作业和复习的行为习惯等。学习习惯有好坏之分：好的学习习惯符合学习心理规律，有利于提高学习效果，而不好的学习习惯则偏离学习的心理规律，会妨碍学习的效果。心理辅导的目的是：1. 了解学习习惯对学习效果的不同影响；2. 了解自己的学习习惯并进行自我分析；3. 掌握改进不良学习行为的方法，养成好的学习习惯。辅导方式上采用剧情表演与分析、自我测查、团体活动等。特别就“如何改正自己不良的学习习惯，如何养成良好的学习习惯”，教师将学生分成几个小组，要求每个小组针对这个问题进行讨论。小组讨论完后，每个小组派出一名代表将小组意见在班上发表，最后由教师归纳总结，并布置每个学生一周内写出改进自己学习习惯的具体措施和计划，通过活动使学生认识什么是良好的学习习惯，什么是不良的学习习惯，学习习惯与学习效果有什么关系，自己的学习习惯有什么特点、优点和问题，如何改进自己的学习习惯等。在这些问题上学生有了正确认识，就为改进自己的学习习惯打下了一个良好的基础。严格要求学生，让学生按改进自己学习习惯的计划长期坚持训练，就会逐渐养成良好的学习习惯，而良好的学习习惯则有助于学习动机的维持。

良好的学习习惯包括：按计划学习的习惯；专时专用、讲求效益的习惯；独立钻研、善于思考的习惯；自学的习惯；合理把握学习过程的习惯。良好的学习习惯，有利于激发学生学习的积极性和主动性；有利于形成学习策略，提高学习效率；有利于培养自主学习能力；有利于培养学生的创新精神和创造能力，使学生终身受益。

（五）学习方法指导的辅导

学生学习动机的发展最主要是让学生在学习中体验到一种需要，一种成就感。而不停地历经挫折，只会降低学生的学习动机。因而，针对学生学习方法的辅导也是帮助学生树立学习动机的重要方式之一。长期以来，人们一直假定学习能力反映了一个人智力的一般水平。一个人越聪明，获得新知识越快，掌握越牢固。但是，最近的心理学研究表明：有效的学习不是依靠天生的、一成不变的学习能力，而是主要依靠一系列必要的学习方法和技能。如果对学习不好的学生，教师不给予学习方法和技艺的指导，他们学习效率很难得到提高。目前，在我们的学校中，很少有人系统地教学生如何学习，因此学校中有如此多的差生是可以理解的。那些缺乏有效学习方法的差生，不断犯错误，学习成绩差，不断受到挫折和批评，因此很可能丧失信心，对所有的学习活动畏惧或焦虑不安。一些优生虽然通过自己的摸索掌握了某些有效的学习方法，但他们仍然没有充分有效地使用自己的大脑。更多的学生由于没有掌握充分可靠的学习方法，使自学和以后的终身学习出现了拦路虎。因此在学校中系统教授学生学习方法是非常必要的。

而心理学有关学习方法导致不同学习结果对个体自我效能感（对自己能否完成任务的能力的信念）的研究揭示，个体在经历多次的失败后，会影响其自我效能感，甚至会发展为习得性无助，影响个体活动的选择、努力的程度与坚持性，以及自己的情绪和结果等。而个体在多次获得相应的成功体验后，则能显著提高其自我效能感，甚至形成习得性兴奋，以积极乐观的心态超常完成任务。

（六）及时反馈和适当评价，科学地使用奖惩

心理学研究表明，来自学习结果的种种反馈信息对学习效果有明显影响。这是因为，一方面，学习者可以根据反馈信息调整学习活动，改进学习策略；另一方面，学习者为了取得更好的成绩或避免再犯错误而增强了学习动机，从而保持了学习的主动性和积极性。当然，如果在提供定量的信息反馈的基础上再加上定

性的评价，效果会更明显，这就是奖励与惩罚的作用。

心理学研究表明，表扬与奖励比批评与指责能更有效地激发学生的学习动机，因为前者能使学生获得成就感，增强自信心，而后者恰恰起到相反的作用。心理学家曾做过一个实验，把106名四、五年级的学生分成四个等组，各组学生的能力相当，在四种情况下进行难度相等的加法练习，每天15分钟，共练习5天。控制组单独练习，不给任何评定，而且与其他三个组学生隔离。受表扬组、受训斥组和静听组在一起练习，每次练习之后，不管成绩如何，受表扬组始终受到表扬和鼓励，受训斥组始终受到批评和指责，静听组不给予任何评定，只让他们静听其他两组受到表扬或批评。然后探讨不同的评定方式对学习成绩的影响。结果发现，三个实验组的学习成绩优于控制组，这是因为控制组未收到任何信息的作用。静听组虽然未受到直接的评定，但它与受表扬组、受训斥组在一起，受到间接的评定。所以，动机的唤醒程度较低，平均成绩劣于受训斥组。受表扬组的成绩优于其他组，而且一直不断地直线上升。这表明，对学习结果进行评价，能激发学生的学习动机，对学习有促进作用；适当表扬的效果优于批评，所以在教学中要给予学生表扬而非批评。

虽然表扬和奖励对学习具有推进作用，但若使用过多或者使用不当，也会产生消极作用。有很多研究表明，如果滥用外部奖励，不仅不能促进学习，而且可能破坏学生的内部动机。所以，要根据学生的具体情况进行奖励，把奖励看成某种隐含着成功的信息，其本身并无价值，只是用它来吸引学生的注意力，促使学生由外部动机向内部动机转换，对信息任务本身产生兴趣。

因而，教师在运用评价时应注意以下几点：

1. 要使学生对评价有正确的态度，尤其要正确地对待考试和考试分数。

2. 教师评价和奖惩时要尽量客观公正、实事求是，坚持以正面表扬为主。

3. 评价时应考虑学生的年龄特征、心理发展水平和个体差异。如，对自信心差的学生要多表扬；对女生而言，表扬比批评更有效，而对男生而言，批评似乎比表扬作用更大；表扬对学习困难的学生作用更大，而批评对优秀学生作用更大；对内向型的学生，表扬的效果比批评好，而对外向型的学生批评似乎更有效。

4. 使用奖惩时，也要注意中学生以精神奖励为主、物质奖励为辅，奖励要与学生实际付出的努力相一致，对同一个学生而言，奖赏不宜用之过久，淡化奖赏的外部控制作用。

5. 使用惩罚时要明确惩罚的目的是让学生通过努力去避免惩罚。因而，要慎用惩罚，偶尔使用惩罚，使学生明白为什么要受惩罚，尽可能给学生提供一个可选的方法以获得某种积极的强化；当惩罚实施后，如发现学生有积极的表现，应停止惩罚；避免在非常愤怒或情绪不好的时候使用惩罚。

（七）科学地设置难度，创设竞争与合作的环境

根据维果斯基的最近发展区的观点，中学生学习动机的培养与激发不是一蹴而就的，同样会存在着一个最近发展区，需要分阶段和分步骤达到预定的目标。如让学生获得成功的体验。教师通过为这些学生创设更多的成功机会，让他们在学习活动中通过成功地完成学习任务、解决困难来体验和认识自己的能力；让学生通过观察学习能力相近者的学习行为培养自信心；引导学生从自身进步中体验到成功。要增强自信心、胜任感，个人就必须确立自我参照目标。要求学生从自身变化中认识到自己的能力，引导他们同自己的过去比，个人的进步则能使学生获得成功的体验，增强自信心。

竞争与合作是一对孪生兄弟。一方面，竞争能激发学生的参与意识，提高学生的成就动机，保持精神振奋，精力充沛，注意力集中，以最大限度地发挥潜能；然而，长期的竞争却会让个体承受难以抗拒的压力，威胁个体的身心健康与集体的团结。另一方面，合作有利于信息间的沟通，学生可以相互学习、模仿。合作中可分工协作，互相帮助、共同进步，使个人更多地得到他人的接受，也更多地自我接受，有利于培养学生理解他人的能力，使学生学会与他人交往，建立友好关系，培养互相帮助、团结协作的好习惯；然而，一味强调合作，也会降低个体在其中的积极性，并会导致部分成员懒惰，产生社会惰化或责任分散的效应。因此，中学生良好学习动机的培养与激发要善用竞争与合作的关系。以培养合作关系为主，竞争关系为辅，也可以多创设一些集体性的竞争性环境，实现既合作又竞争的目的。最终把合作与竞争的良好效果发挥出来，而避免其消极作用。

第二节　中学生学习策略的教育与辅导

一、学习策略的含义与功能

学习究竟有没有捷径？学习中是否一定要存在，并一定会存在聪明的学生与笨学生？又是否是没有不聪明的学生，只有不聪明的教师？了解本节，则是窥探这些问题答案的关键。

（一）学习策略的含义

学习没有捷径可以寻找，但学习确有方法可以追寻。富尔（E. Faure）在他的《学会生存》一书中说过：“未来的文盲将不再是不识字的人，而是那些不会学习的人。”古语有云：“授人以鱼，不如授人以渔。”意即学会钓鱼的方法与技巧或称学习的方法与策略，远比获得简单的结果要重要得多。

现代心理学认为，学习策略是指学习者为了提高学习的效果和效率，有目的、有意识地制订的有关学习过程的计划和方案，是学习者在学习活动中有效学习的程序、规则、方法、技巧及调控方式。

（二）学习策略的结构

学习策略可以简单区分为基本策略和辅助策略，也可以分为内隐策略和外显策略。尼斯比特等认为学习策略包含六种成分：质疑、计划、调控、审核、修正、自评，并将这些学习策略要素按三个层次排列起来：第一层次是一般策略，其中包括态度和动机；第二层次是宏观策略，主要有调控、审核、修正和自评；第三层次是微观策略，主要有质疑和计划。温斯坦认为学习策略包含：1. 认知信息加工策略，如精细加工策略；2. 积极学习策略，如自我检查；3. 辅助性策略，如处理焦虑的办法；4. 元认知策略，如监控新信息的获得。温斯坦基于这一划分，编制了学习策略量表，该量表中包括十个分量表，分别是：信息加工、选择加工、选择要点、考试策略、态度、动机、时间管理、专心、焦虑、学习辅助手段和自我检查。迈克卡等人认为学习策略中包括着认知策略、元认知策略和资源管理策略三个大的部分。认知策略是指学生用来加工和组织学习材料的策略；元认知策略是学习者用来评估自己的理解、安排学习时间、选择有效的计划来学习或解决问题、监控自己的学习情况等方面的策略；学习资源管理策略是用来辅助学生管理可用的环境和资源的策略，这些策略与学生的学习动机密切相关。

学习策略
- 认知策略
  - 复述策略：如重复、抄写、作记录、划线等
  - 精细加工策略：如想象、口述、总结、做笔记、类比、答疑等
  - 组织策略：如组块、选择要点、列提纲、画地图等
- 元认知策略
  - 计划策略：如设置目标、浏览、设疑等
  - 监视策略：如自我测查、集中注意、监视领会等
  - 调节策略：如调整阅读速度、重新阅读、复查、使用应试策略等
- 资源管理策略
  - 时间管理：如建立时间表、设置目标等
  - 学习环境管理：如寻找固定地方、安静地方、有组织的地方等
  - 努力管理：如归因于努力、调整心境、自我谈话、坚持不懈、自我强化等
  - 其他人的支持：如寻求教师帮助、伙伴帮助、使用伙伴/小组学习、获得个别指导等

图 3－2 迈克卡的学习策略分类

（三）学习策略的功能

学习策略与学习方法不同，学习方法是学习者在完成学习任务过程中相对固定的行为模式，如记笔记、不断重复口述、分类和比较等，它是外显的可操作的过程。学习方法与学习任务有关，但与学习者的人格特质等无关，其更多的是学

习者对环境的适应。学习策略是学习者对学习方法选择和综合运用的意识和倾向，是学习方法正确发挥作用的必要条件。学习方法是学习策略的基础，没有学习方法或者学习方法缺乏就不可能形成较高水平的学习策略。

学习策略是伴随着学习者的学习过程而发生的一种心理活动，这种心理活动是一种对学习过程的安排，这种安排不是僵死的固定的程序，而是根据影响学习过程的各种因素即时生成的一种不稳定的认知图式，这种图式可以被学习者接受而成为经验，也可以因学习者的忽略而消失。因此，学习策略也指学习者在完成特定学习任务时选择、使用和调控学习程序、规则、方法、技巧、资源等的思维模式，这种模式是影响学习进程的各种因素间相对稳定的联系，其与学习者的特质、学习任务的性质以及学习发生的时空均密切相关，是一个有特定指向的认知场函数。由于学生在遇到学习和解决问题的课题时所采取的策略不同，其学习与解决问题的效果也不相同。学生能否解决问题，既取决于是否掌握有关规则，也取决于控制自己内部思维过程的策略。也就是说，学生在选择和使用认知策略方面存在着个别差异。即便所有学生都掌握了同样程度的运用概念符号与环境相互作用的技能，但由于有些学生采取的认知策略较合适些，因而表现出来解决问题的能力就强些。大量的研究证实，学习策略作为学会学习的重要手段，对学生的学习成绩有重要的影响（Zimmerman，1992；刘志华，郭占基，1993；周国韬等，1997）。

二、中学生学习策略的发展特点

学习策略在学习中的地位和作用已越来越受到心理学家的关注。目前围绕着中学生学习策略发展的整体特点、性别差异特点、年龄与年级特点，以及其他方面的差异特点等所进行的研究，所得到的结论并不一致。这既表明学习策略是个很广义的概念，同时也反映出学习策略比较难以精确测量，在众多的研究中，我们也可以看出一种日趋整合的趋势。

（一）中学生学习策略的整体发展特点

由于学习策略包含的因素或者类型比较多，因而，学习策略的整体发展特点呈现有高有低的发展趋势。初中生对学习策略的掌握还处于他控状态，学习策略尚未内化，策略运用水平不稳定，高中生对学习策略的掌握、运用达到自控水平。然而，初中生可能在一些基本的学习策略或认知策略方面表现出较好的掌握与运用水平，而高中生则会在维持基本的学习策略与认知策略基础上，发展出更复杂的高级的学习策略，如元认知策略等。

（二）中学生学习策略发展的性别差异

有关男女生学习策略发展差异的研究，结论并不完全一致。如余欣欣指出，初中男、女学生在应用学习策略的水平上差异不显著，高中女生运用学习策略的水平显著高于男生；然而，一种更为综合的观点是在学习策略的某些方面，男生优于女生，而在另一些方面，女生则优于男生，整体上呈现无显著的性别差异。研究发现，女生在运用调节策略上显著优于男生，而男生在认知策略上优于女生。国内研究也发现，初中男生在认知策略维度上的平均分显著高于女生，在反思策略维度上显著低于女生，原因可能是男性比女性更擅长于逻辑推理、严密思维等理性认知策略，而女性则更擅长于直觉、情感体验、语言表达等（韦光敏，冯维，2009）。

（三）中学生学习策略的年龄发展特点

不同的研究者采用不同的测量工具对中学生学习策略进行研究，所得到的结论往往不一致。周国韬等人的研究揭示，小学高年级到初中三年级学生使用认知策略的频率有减弱的趋势。潘颖秋等人也研究证实，从初中到高中学生在学习策略的使用上没有表现出随年级增长而提高的趋势，在时间管理、焦虑和信息加工策略上甚至出现了下降的趋势。然而，谷生华等人的研究认为初高中阶段学习策略水平无显著差异。董奇等人指出，随着年级的增长，小学四年级到高中一年级学生在学习的自我监控行为上都有不同程度的发展和提高。从表面上看，这些研究结论似乎是矛盾的，然而，如果能看到不同的研究者只是侧重了对某一方面学习策略的考察，就不难理解这些差异性的结论了。这恰恰表明，在学习策略的某些方面，可能高年级掌握得更好，而学习策略的另一些方面可能低年级运用得更频繁。如国内的一项研究指出，在计划策略维度上，初一与初三学生、高一与高三学生、高三与高二学生差异显著，之所以出现这种情况，可能是高年级学生比低年级学生成熟，他们面对升学考试的压力，学习会更有计划性，因此，他们的计划策略的使用更好；在控制策略维度上，初一与初三学生之间的差异显著，说明高年级学生的控制能力比低年级学生的控制能力要强（韦光敏，冯维，2009）。

（四）中学生学习策略发展其他方面的差异

有关中学生学习策略发展其他方面的差异研究，相对集中在重点学校学生与普通学校学生、学优生与学困生（差生）之间的发展差异特点。谷生华等人的研究证实，初、高中阶段，优生学习策略水平显著高于中等生、差生，中等生的学习策略也显著高于差生。重点学校初中学生在认知策略维度上的水平极其显著地高于非重点学校学生，说明重点学校的学生在记忆、复述、归纳、演绎、迁移、推论、精加工等认知策略上显著优于非重点学校的学生。非重点学校学生在反思策略维度上的水平显著高于重点学校学生，可能是因为非重点中学的学生学习成绩不是很好，促使了他们的反思策略（韦光敏，冯维，2009）。

三、中学生元认知策略的训练

元认知是弗拉维尔（Flavell）于 20 世纪 70 年代提出的一个概念，指的是对认知活动有意识的控制。就学习而言，元认知主要指学习者对自己的心理状态、能力、任务、目标、认知策略等具备的能力，以及学习者对自身各种认知活动的计划、监控和调节等。元认知是整个学习策略结构的核心，是策略结构最高层次的调控机制，它也是学习结构中最活跃的动力系统。只有以元认知为基础，才能实现策略性的学习活动，使学习的调控成为可能，而学习方法和学习调控的执行过程则是元认知活动的现实结果。

学习时，学习者要学会使用一些策略去评估自己的理解、预计学习时间、选择有效的计划来学习解决问题。例如，假如你读一本书，遇到一段读不懂，你该怎么办呢？你或许会慢慢再读一遍；你或许会寻找其他线索，如图、表、索引等来帮助理解；或许你还会知道这一章更前面的部分，这意味着你要学会知道你什么地方不懂，以及如何去改正你自己。此外，你还要能预测可能会发生什么，或者能说出什么是明智的，什么是不明智的。所有这些都属于元认知策略。下面是一些对元认知策略进行训练的方法。

（一）示范法

首先，教师通过出声思维来示范元认知过程，这被称为“心理示范”。示范法就是教师在进行监控的同时，用语言描绘自己自我监控时的思维过程，使元认知过程中不可直接观察的心理过程能清楚地呈现于学生面前。示范法可使学生准确地认识和体会元认知监控过程，减少模糊的认知和猜测。示范法是一个具体的动态过程，教师通过出声思维进行心理示范，学生从中便可获得大量在运用策略时如何进一步推理的信息，因而减少模棱两可的猜想。

其次，学生通过出声思维来练习自我监控和体会监控过程。出声思维可直接用于元认知监控的练习和实践，即学生在进行某项活动的同时，将其思维过程和监控过程用语言表达出来，从而加强对监控策略的练习。

（二）自我提问法

自我提问法就是在元认知策略训练中，通过提供一系列供学生自我观察、自我监控和自我评价的问题清单，不断地促进学生自我反省而提高学习，特别是解决问题的能力。以下过程则可以为元认知相应的训练提供参考。

1. 知识的准备期。这是指在认识问题伊始主体有效调动认知结构中与此相关的知识和经验的过程，也就是联想过程。

2. 审题酝酿期。这是沉思和多方假设阶段。学生对问题提供的信息进行阅读、思考、设问、联想、探索，不断从正面、反面去进行各种解题策略的假设，让其在头脑中反复地组合、交叉、撞击和渗透，不断否定、选择形成新的思路。教师在此阶段应不断引导学生自问：

在读题时，已知条件是什么？未知条件是什么？已知条件足以确定未知数吗？画张图或引入适当的符号，把条件的各个部分分离，能否把它们写下来？……

在拟定计划时过去见过这种题吗？若见过，它们是否以稍许不同的方式出现？能经由一个具有相似或相同未知条件的熟悉问题解答当前题目吗？能从已知条件中产生什么有用的结论？使用了所有的条件和数据了吗？……

3. 明朗期。这是顿悟和明朗阶段。经过审题酝酿之后，新的想法在极短的时间里脱颖而出、豁然开朗。这时教师应不断提醒：

是否清楚地认定每一步都是正确的？能证明它是对的吗？自己在干什么？为什么这样做？……

4. 解答期。这是评价、完善和充分论证阶段。当突然获得突破之后，需要尽快充实、扩展，最终形成解答，此时学生心理上获得极大满足，但需慎重周密和耐心，以免造成不必要的失误（如讨论不全、表述不清等），这期间教师要指导学生反思和自问：

能检出结果的正确性吗？能检查推理过程吗？能推广到其他情形吗？……

（三）直接指导法

学生的元认知水平与其拥有的元认知知识有极大的关系。因此，教师在教学中要自觉地传授元认知学习和学习策略方面的知识，引导学生把这些知识应用到各科学习中去，并在学习活动中不断强化这些知识的应用。对元认知知识的直接指导应包括以下几个方面的内容：

1. 策略的关键点和已知特征，或策略的含义。

2. 策略的目的和作用，让学生了解策略的学习是从他控学习转变到自我监控学习的必要步骤。

3. 策略的每一种成分和各个成分之间的关系。如果学习过程是内隐的，可辅助以出声思维、类比等方法。

4. 策略的适用和不适用条件。

5. 对策略的运用成功与否作出评价，并提出建议和补救策略。

（四）自我调控法

自我调控法就是根据元认知策略方法对自我策略进行自我调节和监控。吴增强在总结相关理论的基础上，提出自我调控策略主要有四个步骤：

1. 自我评价与监控：根据先前表现和结果记录，判断自己的学习效能。

2. 目标设置与策略计划：分析学习任务，设置具体学习目标。

3. 策略执行与监控：在结构化的情境中使用策略。

4. 策略结果的监控：使用策略的有效性评估。

第三节　中学生考试焦虑的教育与辅导

一、考试焦虑的含义

（一）考试焦虑的含义

考试焦虑（test anxiety）是人由于面临考试而产生的一种特殊的心理反应，

它是在应试情境刺激下，受个人的认知、评价、个性特点等影响而产生的以对考试成败的担忧和情绪紧张为主要特征的心理反应状态。2006 年，美国教育部研究表明，61%的美国学生有不同程度的考试焦虑，其中26%为严重考试焦虑。考试焦虑严重影响了考生的成绩，尤其是数学和语言科目。女生患严重考试焦虑的数量是男生的两倍。

（二）考试焦虑的表现

考试焦虑是考生中常见的一种以担心、紧张或忧虑为特点的复杂而延续的情绪状态。在考试之前，当考生意识到考试对自己具有某种潜在威胁时，就会产生焦虑的心理体验，这是面临高考或中考的学生中普遍而突出的现象。他们怀疑自己的能力，忧虑，紧张，不安，失望，行动刻板，记忆受阻，思维发呆，并伴随一系列的生理变化，血压升高，心率加快，面色变白，皮肤冒汗，呼吸加深加快，大小便增加。这种心理状态持续时间过长会出现坐立不安，食欲不振，睡眠失常，影响身心健康。这种心理是考生对考试具有自律性和责任心的表现。在学生之中，存在的考试焦虑主要有两种趋向：一种是临到考试之前开始感到紧张和焦虑；一种是在学习过程中长期存在学习焦虑，而一到考试之前则表现更为强烈。两者都是由考试这一紧张情景直接触发的，但前者的学习成绩有好也有差，后者则基本上是因为成绩一贯不是很好，对自己缺乏信心所导致。

（三）考试焦虑的影响

我们应该对焦虑本身有一个较为正确的认识，焦虑本身是人或动物对紧张情景的一种自然反应。心理学认为，心理紧张水平与活动效果呈倒“U”字曲线关系。紧张水平过低和过高，都会影响成绩。不管是哪种焦虑，心理研究的结果都早已证明，适度的焦虑对于考试而言是最能发挥自己的水平的，适度的心理紧张，可以使人对考试有种激励作用，有助于激发学生的动机和潜能，提高学习效率和考试成绩，产生良好的活动效果。一点都不焦虑的同学反而很容易大意失荆州，而过度焦虑的同学则会对自己形成一种抑制作用，导致考试焦虑，影响考场表现，并波及心身健康。

二、中学生考试焦虑的成因

近年来，由于多种因素的影响，我国中学生考试焦虑问题越来越严重。我国学者杨骏等采用 STAI（State-Trait Anxiety Inventory）问卷对 182 名初三学生考试前后的焦虑水平进行了调查，结果发现中学生在考试前的确存在明显的焦虑情绪，随考试结束考试焦虑亦逐步恢复正常。关于中学生的考试焦虑问题，很多教育工作者和心理学工作者都给予了很大的关注，大家的共识是，中学生过度的考试焦虑肯定会影响中学生的考试效果，而且是中学生心理障碍最主要的表现形式。国内许多专家学者对中学生考试焦虑问题调查统计的结果，都从不同方面说明了我国学生考试焦虑问题的严重性，考试焦虑问题引起了社会各界的普遍关注。

影响中学生考试焦虑的因素很多，既有学生自身的生理和心理因素等内部因素，又有家庭和社会环境等外部因素，学生的考试焦虑是在这些因素的共同作用下形成的。

（一）学生自身的因素

1. 个性特征是造成考试焦虑的一个重要内因

一个人焦虑与否与其人格特征有联系。人格是在遗传基础上通过一定环境和教育的影响逐步形成的比较稳定的个人特点。由于每个人的遗传基因不一样，他们的神经类型的强弱也不一样，神经系统强型的人比较敏感，容易激动，较多地体验到焦虑情绪。再者，有些学生长期处于不良环境和教育的影响下，形成了某些不良的人格特征，如“焦虑型人格”等。具有这种人格特征的人，容易把本来没有危险的人和事视为对自己的严重威胁，从而惶惶不可终日。这种人格特征会成为一种较为持久的潜在心理因素，影响人的情绪和行为，使他们容易产生焦虑。在平时的学习和生活中具有神经质倾向，经常处于不安的心境，一遇到困难和挫折就容易激动和惊慌。当遇到考试，尤其是重要的考试，就会紧张焦虑、心烦意乱、注意力难以集中，因此很难顺利通过考试。另外，自卑作为人格因素对考试焦虑的激起起着较为重要的作用。

除人格因素之外，个体过分要面子，过分苛求自己，缺乏良好的情绪和意志品质，不能有效地自我调节等个性特征都会影响到个体的考试焦虑程度。

2. 认知评价是考试焦虑形成的不可忽视的因素

认知评价是一个人对客观事物产生的认识和评价，一个人对客观事物认知与评价的正确与否，将直接影响人的行为。如：考试焦虑的同学对考试的认识和评价往往是在主观上认定甚至夸大考试的可怕，从而陷入担忧、恐惧以至不能自拔，从而产生考试焦虑。这样，就可能会产生强烈的反差：一方面对考试期望值过高，憧憬着考试获得成功；另一方面则会出现考试失败、成绩不理想的现实；一旦考试受挫，就会产生羞愧、失落、自卑、自责等复杂情感，使人的整个心理状态失去平衡。此外，中学生对考试的认知评价缺陷还表现在“证明自己”、“担忧心情”、“过度引申”、“抵触心理”、“考试准备”、“考试效能”等方面，即将考试作为证明自己能力的一个事件；对考试过程和结果抱有一种无所谓的悲观态度；仅根据一两次考试的失败便得出了对自己整个前途的否定结论；对考试存在抵触心理，将考试当成一种完全的负性事件；总是担心考试准备不充分，或者会出现各种意外情况；学生对考试的自我效能感等。这些不正确的认知和评价是产生考试焦虑的主要原因。

3. 知识准备与应试技能是影响考试焦虑的重要因素

学生对所学知识掌握的多少，在一定程度上影响着个体应试的焦虑水平。一个训练有素、灵活掌握要测验内容的学生，考试过程中不会因遇到不会答的题而惊慌失措；而基础薄弱，知识掌握不扎实的学生，对考试缺乏信心和把握，则容易产生较高的焦虑。有些中学生在考试之前对考试的难度和自己对知识的掌握程度并不十分清楚，自信心不足，考试前不能制订适合自己的复习计划，也不能调整好竞技状态，一旦在考试中出现不会的题目，就会紧张。在这种不良的情绪状态下，学生将无法发挥正常水平。另外，缺乏一定的应试技能和应试经验也是造成学生考试焦虑的原因之一。

（二）外部因素

对于学生来说影响其考试焦虑的外部环境因素主要是学校、家庭和社会环境，这些外部因素的特点是涉及的影响因素较多，且难以控制。

1. 学校环境

学校是施行考试最频繁的场所，与考试焦虑紧密相关。长期以来，受应试教育模式的影响，学校对考试作用的过分夸大、对分数的过分看重、以考试成绩来评价学生等等，都会导致学生对考试的作用和意义的误解，过分看重考试的作用，对考试产生焦虑和恐惧。连续不断的各种考试，不仅使学生产生严重的考试焦虑，还会导致学生成绩的下降。教师对分数的过分看重、片面追求升学率、同学之间的竞争、考场内的紧张气氛等都会使学生产生考试焦虑。

2. 家庭环境

家庭是学生情感依赖的中心，父母的教养观念和方式在很大程度上影响着学生的观念和态度。在中国目前的社会中普遍存在着以考试为中心、考分第一的家庭教育观念。父母渴望子女在学校中取得良好成绩，考上重点中学、大学。然而，父母的这些期望由于各种原因有可能对学生产生误导，结果使学生产生很大的考试压力。除此以外，有的家长对孩子的管教缺乏民主，过于严厉的教养方式使子女对父母产生恐惧，以致于压力过大，导致心情紧张和考试焦虑。

3. 社会环境

整个社会的价值取向、国家的政策体制尤其是教育政策体制会影响到学校、家庭的教育方式，影响到学生对考试的态度和认知评价，从而影响到考试焦虑程度的高低。

另外，文化因素等也会引起考试焦虑。肯奈提（1990）认为，之所以中国学生的考试焦虑明显高于英裔或欧洲种族背景下的学生，是因为孔子的伦理观念在亚洲文化中的渗透，亚洲国家强调学术上的优秀，以成就作为孩子献给父母的最好礼物，促成了学生的高考试焦虑。邢利芳等人研究发现，中美学生在对引起考试焦虑的父母原因方面的认知有一些不同。中国学生更多地认为他们的考试焦虑是由父母责备、父母期望、使父母烦恼引起的，而美国学生更认为面对生活挑战的能力是引起他们考试焦虑的原因（邢利芳，黄辛隐，黄会欣，2005）。

三、中学生考试焦虑的调适与预防

中学生的考试焦虑是在内外多因素相互作用下形成的，只要有考试存在，考试焦虑就会存在。考试焦虑是后天“习得”的，是可逆和可改变的。有效地解决中学生的考试焦虑状态，对他们进行处理疏导和调控，可以从以下方面着手。

（一）培养学生良好的人格，提高心理素质

不良的人格特征是造成学生考试焦虑的内在根源。正确的人生观、价值观，积极的学习兴趣，开朗的性格，良好的情绪状态等等，都对学生进行正确的认知评价及学习活动本身起重要作用，同时也是有利于克服考试焦虑的重要心理品质。中学生正处于生长发育时期，其人格也具有发展性。因此，可以通过在日常学习生活中培养良好的人格来矫正考试焦虑。学校在教育过程中要注意发展学生良好的个性，培养非智力因素，增强他们对各种复杂环境的适应能力。例如，教师可以鼓励学生积极参加学校和班级组织的各种活动，在活动中逐渐克服人格中的某些缺点，培养良好的人格品质。这些都是提高学生心理品质，预防和减轻学生考试焦虑的积极举措。

心理治疗家埃利斯曾指出人的认识直接影响情绪，错误的或不合理的信念会导致不良情绪和不适应性行为，进而产生生理和心理症状，因此，帮助中学生形成正确的自我认知具有重要意义。学生的考试焦虑在很大程度上来源于他们对考试所产生的各种担忧，而这种担忧是由于学生对考试的重要性、难度以及自己能力的大小等认识和评价引起的。因此，通过改变学生的自我认知，可以减轻和控制考试焦虑。首先，引导学生说出自己对考试的担忧。学生对考试的担心不外乎担心考不好，他人对自己的评价不利，担心对个人的自我形象增加威胁，担心未来的前途，担心考试准备不足。要求学生把自己所担忧的一切都写下来，然后按担忧程度的大小排序。接下来让学生对自己的担忧进行理性分析，如你的担忧是否符合自己的实际情况，是否过于极端，最后引导学生参与担忧辩驳。让学生针对担忧的不合理之处，以事实、理性和积极的态度予以驳回。用一些积极的话语反复进行自我鼓励，有助于帮助学生树立成功的信心，使其卸掉包袱，轻装上阵。

（二）端正学生的学习动机，形成对考试正确的认知评价

考试压力是考生的主观认知在客观条件下作用的结果。因此，主观上要帮助考生改变对考试和考试焦虑之间关系的错误认知，使他们意识到自我认识和评价是造成压力的关键，帮助他们认识到考试只是检验所学知识的一种手段，正确对待考试结果，尽力发挥自己的水平，同时，不要把考试的分数看得过重，因为它不是衡量学习质量的唯一标准。客观上，学校和家庭应该对考生的学习能力、自觉性和心理承受能力有一个恰当的估计，引导学生恰当地估计自己的能力，降低过高的学习目标，保持学生恰当的压力，重视学习过程，不要片面地强调考试结果。另外，引导学生适当地调整期望水平，使学生的自我期望与实际水平相适应，可达到缓解心理压力和克服考试焦虑的目的。

每位考生对考试的意义要有客观正确的认识，树立正确的应试动机。考试作为一项复杂的脑力劳动，需要考生保持清醒的头脑和中等程度的焦虑，以保证在应试中正常水平的发挥。如果把考试的意义片面夸大，甚至把考试与个人终生的成就、事业和幸福紧密联系在一起，把考试当成最重要的事情，考试还没有来临就惶惶不可终日，带着沉重的心理负担去复习、考试，结果就会事与愿违。因此，越临近重大的考试，越要调整好自己的心态，做到轻装上阵。这样，考生反而可以保持旺盛的精力和积极的心理状态来参加考试。

（三）作好准备，形成充分而良好的考前状态是减轻考试焦虑的最有效方法

考前的准备工作很多，有知识准备、体能准备、心理准备和物质准备等。凡参加过考试的学生都有这样的体会：一看到考题不难，紧张不安的情绪便会随之减少许多，脑子不再麻木，思维也灵活了。因此，考前一定要作好知识的复习准备工作，平时注意知识的积累和掌握，加强各应试科目的基本功训练，考前搞好系统、科学的总结复习；并针对考试中可能出现的复杂情况，进行有目的的训练，掌握一定的应试技巧，考试时焦虑的情绪就会减少。学生在掌握了必要的知识准备的基础上，学会一些应试技巧，对消除考试焦虑乃至提高考试成绩大有裨益。此外还要树立必胜信心，有些中学生之所以发生“怯场”、“晕场”现象往往是因为信心不足。还要保证充足的睡眠，考生如长期睡眠不足，到了考试时便会变成强弩之末，心力交瘁，无法考出应有的水平，有了充足的睡眠，在考场上才会有清醒的头脑，良好的思维效果。另外，考前还要注意饮食营养和合理休息，做到劳逸结合，适当参加体育活动，使紧张的大脑得到松弛和调节，从而有效地预防和克服考试焦虑。

（四）指导学生掌握一些具体的心理调节方法

心理调节方法是针对学生的考试焦虑，以考生的自我暗示和自我调节为主的心理调适的方法，它们对缓解和减轻学生的考试焦虑情绪有一定的疗效。考试焦虑的心理调节方法有很多，如积极的暗示、想象训练、注意力转移训练、与消极的自我辩论、躯体放松训练和系统脱敏调节训练等。对考试感到焦虑的同学可以依据自己的情况，选择其中一种或几种并用，均可自行调节。尤其是躯体放松训练，它对缓解考试焦虑有很好的疗效。最正规、最易掌握的是“紧张—松弛渐进放松法”，其基本要点是依次先收紧再放松全身各部位肌肉，体会放松的感觉。这是一种既科学又适合个体掌握学习的方法，即使个别要领、动作不很准确也不影响放松的效果。当考试焦虑严重地影响着考生目前的准备状态时，这种专门的放松训练非常有效，每个考生都应该有一个最适合自己的迅速高效的放松模式。

如果遭遇到了“怯场”，最重要的是冷静、镇定，不要惊恐慌乱，否则反而会加重不良反应。有几种缓解方法可供借鉴：

其一，安静下来，暂停阅卷、答卷，静静伏在桌子上稍作休息，转移注意力，停止有关应试活动的强制性回忆，可以想象一下蓝天白云、草地湖泊等安静

平静的画面。一般情况下，这种方法可以在短时间内消除紧张，进入应试状态。

其二，调整呼吸法，紧张的情绪一般都伴随着生理反应，可以通过调整呼吸的方法平复生理应激反应，进而平复心理上的紧张。即遇到一般的情绪紧张的时候，停止相关的活动，全身放松，做深而均匀的深呼吸，即从鼻子吸气到最大吸气量（到不能吸气时为止），然后从口中慢慢将空气呼出，呼气时，一定要慢，直到最大呼气量。这样重复多次，就会很快平复紧张情绪。此外还可以暂停答卷，转移注意力，看一下窗外的小鸟，想象一下自由飞翔的感觉，也可以闭上眼睛，默数数字，或者想象一个大气球有一个小孔漏气，气球由大慢慢变小的过程。这些方法可以反复使用，不仅有助于克服怯场，还有助于一般的焦虑缓解。

其三，要认识到在考场中出现了适度的紧张是好事，而不是坏事，它有利于我们保持高度的注意力，更好地完成考试。感到过于紧张时，可以选择一些简单的题先做，在自己情绪平静时，再选择高难度的题。大脑在这种有张有弛的节奏中，无论是对高难度的题还是简单的题都会有较高的正确率。

此外，为了防止应试过程中的怯场，考生还可以在考前做准备。比如，考前半小时内，不要进行高度紧张的复习，不要与同学讨论关于考试的问题，听听轻松轻快的音乐，或者是在校园里慢慢地散散步，与同学针对愉快轻松的话题聊聊天，还可以简单做一些有氧运动等。考前可以去个厕所，洗洗脸。考前5—10分钟进入考场就可，不必提前太长时间，进入考场后要熟悉一下考场的环境，拿到试卷后，先填写有关身份的相关信息，然后根据题目由易到难，慢慢从有把握的问题开始入手，逐步建立信心，由慢到快，逐渐进入考场气氛，自我鼓励，增加信心。这些活动和过程都有助于防止怯场，提高考场发挥。

【建议参考资料】

郑日昌，刘视湘．中小学心理健康教育［M］．武汉：武汉大学出版社，2010.

【问题与思考】

1. 试论学习动机的重要性。
2. 请论述中学生学习动机的发展特点，这对教师教学有何启发？
3. 如何培养与激发中学生的学习动机？
4. 中学生通常使用哪些学习策略？
5. 中学生使用的学习策略有何特点？
6. 如何针对中学生开展相应的学习策略训练？
7. 什么是考试焦虑？如何鉴别考试焦虑？
8. 中学生考试焦虑的成因是什么？
9. 如何针对中学生开展考试焦虑的调试与预防工作？
10. 何谓耶克斯—多德森定律？它在中学生的学习与考试中有何指导意义？

11. 以前有人说“学好数理化，走遍天下都不怕”，现在则有人认为其过时了，声称“学好数理化，不如有个好爸爸”，对此，你如何看待这些观点？请结合中学生学习动机的发展特点来分析上述现象，并为学校、家长和学生的教育与学习等提供相应的建议。

12. 面向信息化时代，政府、专家与学者倡议中学生要“学会学习”，反对简单的死记硬背，你认为中学生如何才能“学会学习”？请结合中学生学习策略的特点，为广大的学校、教师、家长、学生等献言献策。

13. 如果有学生因考试焦虑的问题想找你咨询，请你谈谈自己将如何帮助他。

14. 假如学校要求你在高考前给全校师生做一场有关考试焦虑调适与预防的讲座，你会如何来进行设计？请撰写出发言稿，并制作 PPT。

第四章　中学生自我意识的教育与辅导

【本章提要】

自我意识是对自己身心活动的觉察，即自己对自己的认识，具体包括认识自己的生理状况、心理特征以及自己与他人的关系。人类的自我意识大致经历以下三个阶段：1. 生理自我（出生—3 岁）；2. 社会自我（3—13、14 岁）；3. 心理自我（青春期—成年）。中学生正处于心理自我不断发展的阶段，在这个时候，他们在意别人对他们的评价，他们希望引起别人的注意，他们不再像以前那样容易满足，开始对自己不满意，希望改变自己的外貌、性格等。心理自我是自我意识发展的最后阶段。一个人心理健康的发展是与他的心理自我发展是否完善密切相关的。心理自我发展完善的个体能够以客观的社会标准来认识社会和评价事物，树立正确的伦理道德观念，形成对待现实的正确态度、理想与信念等。本章从知、情、意、行四个方面以及自我认知、自我体验、自我控制三个维度阐述了中学生的自我意识。

【学习重点】

1. 中学生自我意识发展的特点
2. 中学生自尊心的培养
3. 中学生自信心的培养
4. 情绪的含义
5. 情绪的功能
6. 中学生情绪发展的特点

【重要术语】

自我意识　自我认知　自我体验　自我接纳　自尊　自信　情绪　自我控制　意志品质　意志力　挫折教育

第一节　中学生自我认知的教育与辅导

中学生正处于人生发展阶段的青少年期，在此阶段他们身体的各个方面都在迅速发育并逐渐达到成熟，其心理的各个方面虽然也在发展，但相对于生理发育速度来说则相对平稳，由此造成中学生身心发展的种种矛盾和表现，使他们面临一系列的心理危机。因此，引导中学生建立正确的自我认知，对于中学生培养正确的人生观和价值观具有重要的意义。

一、自我认知的含义与功能

（一）自我认知的定义

自我认知（self-cognition）是对自己的洞察和理解，包括自我观察和自我评价。自我观察是指对自己的感知、思维和意向等方面的觉察；自我评价是指对自己的想法、期望、行为及人格特征的判断与评估，这是自我调节的重要条件。

（二）自我认知的作用

如果一个人不能正确地认识自我，看不到自我的长处，觉得处处低人一等，就会产生自卑，丧失信心，做事畏缩不前。相反，如果一个人过高地估计自己，也会骄傲自大、盲目乐观，往往导致工作的失误，不能处理好人际关系。因此，恰当地认识自我，实事求是地评价自己，是自我调节和人格完善的重要前提。

二、中学生自我认知的发展特点

（一）自我认知的发展阶段

人类的自我认知是一个不断发展的过程，但就发展的全程来说又呈现一定的阶段性，每个阶段都表现出区别于其他阶段的典型特征和主要矛盾。对于人类认知发展阶段的理论有很多，下面简要介绍几种比较有代表性的：

1. 精神分析学派心理发展阶段理论

弗洛伊德（Freud）认为性本能（libido）冲动是人一切心理活动的内在动力，并根据 libido 投放部位的不同，把人的心理发展划分为五个阶段：（1）口欲期，由出生至一岁，以口腔满足为主；（2）肛欲期，一岁至三岁。此时对肛门和大便过程特别感兴趣，以期得到满足；（3）性蕾期，两岁半到六岁，此时性兴趣集中于生殖器；（4）潜伏期，五岁至七岁，将性意识转向同伴间的团体活动及读书游戏等；（5）生殖期，青春期以后，对异性产生爱慕现象。弗洛伊德特别强调童年经历对人心理发展的影响。荣格（Jung）把人的心理发展扩展到了中年，提出了著名的中年危机。埃里克森（Erikson）在继承了弗洛伊德的一些基本观点的同时加入了社会、文化的因素，把心理发展理论扩展到老年期，提出人的心理发展分八个阶段，而每个阶段都会面临一些需要解决的问题，问题解决得好有助于人格发展，解决不好则给人格发展带来消极影响，即出现危机。危机的出现既不利于由前一阶段向后一阶段的过渡，还会影响以后各阶段的发展。

表 4－1　弗洛伊德与埃里克森的心理社会性发展对照表

生命阶段	弗洛伊德的心理发展阶段	埃里克森心理社会发展八大阶段的心理社会冲突	埃里克森心理社会性发展理论各阶段特征
婴儿期（0—8 个月）	口欲期	信任 vs. 不信任	当婴儿受到温暖、持续的照顾时，他就能建立起信任感；缺乏照料或照顾不够则产生不信任感。
幼年期（18 个月—3 岁）	肛欲期	自主性 vs. 羞怯和怀疑	当鼓励儿童探索自我和环境时，自主感得以发展；当儿童的探索受到抑制时，羞怯感和怀疑产生。
童年早期（3—5 岁）	性蕾期	自发性 vs. 内疚感	当鼓励儿童进行各种各样的尝试时，他们的自发性就得到促进；如果父母嘲笑他们或过度批评他们，就会使他们产生内疚感。
童年中期（6—12 岁）	潜伏期	勤奋 vs. 自卑	当儿童受到表扬时他们就会获得勤奋感；当他们所做的努力被认为是不充分的或者是差劲的时候，就会让他们产生自卑感。
青春期（11—18 岁）	生殖期	同一性 vs. 角色混乱	处于这个阶段的个体要面临的一个关键问题是“我是谁”。拥有可靠和整合的特征的个体被认为是达到统一性的；无法建立稳定和统一特征的个体将会面临角色混乱。
成年早期（18—34 岁）		亲密 vs. 孤独	处于这个时期的个体所面临的关键问题是建立一种承诺的和亲密的人际关系；这个过程出现失败将导致孤独。
成年中期（35—60 岁）		生殖 vs. 停滞	个体是社会中能够进行生产的成员，为社会作出贡献，为未来创造人口，这可以通过工作、志愿努力和抚养孩子来实现；与之相反是停滞，它的特征是个体过度关心自己的幸福或认为生活是无意义的。
成年后期（60 岁—）		完整 vs. 绝望	完整指当个体回过头看自己所经历的生活时会有满足感，这使他们能够有尊严地面对死亡；如果遗憾为主导，那么个体会体会到绝望。

2. 人本主义学派心理发展阶段理论

美国心理学家米德（George Herbert Mead）认为，“自我”并不是意识的处理系统，它本身就是意识的对象，它源于社会相互作用，象征符号在其发展中起重要作用。儿童并不具有天生的自我意识，而是在对语言等符号的学习中理解和掌握他人扮演的角色，并获得社会反馈，从而学会把自己作为客体的思维，产生自我意识，从而产生了自我认知。米德指出，自我认知的发展经历了三个阶段：模仿、游戏及竞赛。人格发展是个体在与他人用符号交往中掌握社会观点的过程，个体不是社会预制的印记；人格发展是社会存在通过对个体的思维和行为施加影响并引起变化的过程。米德的自我理论对于建立在当代人本主义心理学基础上的现代自我理论，特别是对罗杰斯（Rogers）的个人中心理论产生了一定的影响。罗杰斯的个人中心理论强调人的主观经验和自我实现潜能，认为人们通过与外界环境作用和人际交往，逐渐形成对自我的认知。另一位人本主义心理学家奥尔波特（Allport）把人类自我认知发展分为八个阶段：（1）躯体自我感觉（1岁）；（2）自我同一性的感觉（2岁）；（3）自尊的感觉（3岁）；（4）自我扩展的感觉（4岁）；（5）自我意象的感觉（4—6岁）；（6）理性运用者的自我形成（6—12岁）；（7）追求统我的形成（12岁至青春期）；（8）作为理解者自我的形成（成年）。

3. 塞尔曼的社会角色采择理论

美国发展心理学家塞尔曼（Selman）从社会认知的角度提出社会角色采择理论，他认为，自我意识的发展是社会认知发展的结果，他的理论被认为是“最详尽地说明自我意识发展的理论”。塞尔曼采用两难故事法研究儿童的观点采择能力。他根据儿童的反应，将儿童的观点采择和自我意识的发展分为以下五个阶段：

阶段0：自我中心的或无差别的观点（约3—6岁）。儿童理解他们身体的存在，但未表现出对独立心理存在的意识。这一阶段没有出现观点采择。

阶段1：社会信息角色采择（约6—8岁）。儿童能够将心理状态与行为区分开来，他们认为外部表情和言行总是与内部的情感和思想相一致。因此，可以通过观察一个人的行为和言谈来了解他的自我。这是一个主观性观点采择的状态。

阶段2：自我反省角色采择（约8—10岁）。儿童开始能够观察和评价自己的内在自我，意识到自己比别人更能直接地监控自己的行为和思想。

阶段3：相互性角色的采择（约10—12岁）。儿童开始意识到自我代表了一个稳定的个性成分，开始从具体的心理状态认识到人格的一般特征，开始能够以一种一般的、公平的、第三者的眼光看待自己。

阶段4：社会和习俗系统的角色采择（约12—15岁）。儿童试图通过将他人的观点与社会系统中的综合性观点相比较，以此来理解他人的观点。

（二）中学生自我认知发展的特点

人类自我意识的发展经历了两次飞跃，第一次飞跃大约在1—3岁，是以儿童可以用代词“我”来标志自己为重要特点的，第二次飞跃发生在青春期，由于身体的迅速发育，使中学生出现了成人的体貌特征。因为这种生理上的变化过于突然，使得他们把注意力重新指向了自我，对自我进行了一次深刻的探索。

1. 初中生自我意识发展的特点

进入初中，孩子的内心世界变得越发丰富起来，他们在日常生活和学习中，常常将很多心智用于内省。“我到底是个怎么样的人?”“我的特征是什么?”“别人喜欢我，还是讨厌我?”等一系列关于“我”的问题开始反复萦绕于他们的内心。初中生自我认知能力的发展特点有：

（1）自我评价能力得到了很好的发展。初中生对于自我的评价实现了由依附性向独立性，由具体性向抽象性的转变，并且自我评价的深刻性和概括性发生着质的变化。但自我评价的稳定性较差，表现出初中生自我认知的不够成熟。

（2）自我体验能力有了一定的发展，但容易走向极端。

（3）自控能力得到了初步的发展。自我控制的动力由主要来自外部的力量，转变为以内部自立控制力量为主的自我控制。这个转变主要发生在初二，表现为初二的学生较难管理，纪律性较差，这是因为在这个时期，学生自我控制的外部力量在削弱，与内部力量还没整合好。初中生自我控制的稳定性和持久性不够理想，一方面他们的思想方法开始转向内部归因为主，另一方面他们又过高地估计了自己的力量与形象。

2. 高中生自我意识发展的特点

高中阶段，正是一个人必须明确自己个性的主要特征，开始考虑自己的人生道路的时候，所以，一切问题既是以“自我”为核心展开的，又是以解决好“自我”这个问题为目的的。这种主客观上的需求使得高中生的自我认知获得了高度发展。高中生的自我认知能力的发展特点有：

（1）自我评价能力的深化发展。由于抽象逻辑思维能力的进一步发展，知识经验的日益丰富，高中生逐渐学会了较为全面、客观、辩证地看待和分析自己，并且对自我的评价具有了相对的稳定性。

（2）自我体验能力的进一步发展。高中生在心理上把自我分成“理想的自我”和“现实的自我”两个部分。正是由于这种分化，才形成了他们思维或行为上的主体性，产生了按照自己的想法去判断和控制自己言行的要求和体验，同时也出现了自我矛盾。高中阶段，个体的自我体验逐渐达到稳定，一个人在高中阶段对自身的看法，有许多都持续终生。

（3）自我控制能力得到了高度发展。产生了独立自主的需求，并且表现在行为、情感及道德评价等各个方面。

三、促进中学生的自我接纳

中学生正处于“心理上的断乳”期，在心理整合的持续性环节和统一性环节都出现了暂时的混乱，结果导致了他们不能很好地接纳自己，容易出现一些消极心理，表现为烦恼增多、孤独感和压抑感增强等。因此帮助学生客观地、准确地认识自己、了解自己、接纳自己，对于学生良好人格的形成具有重要的意义。

（一）自我接纳的含义与功能

1. 自我接纳的含义

自我接纳是指个体对于自己以及自己所具有的特征所持的一种积极的态度，即能欣然接受自己现实中的状况，不因自身优点而骄傲，也不因自己的缺点而自卑。

2. 自我接纳的功能

自我接纳是个体健康成长的前提。怀着积极的心态认识自我、评价自我、接纳自我，明确自己的角色定位，摆脱业已形成的观念和行为方式，以期使现实的角色符合社会和群体的要求，成为受欢迎的学生，这是社会适应良好的表现，是心理健康的学生所应该具有的心理特征。一个不接纳自己的学生常会把很多能量用在自我否认和排斥上，用消极被动的方式去适应社会，这种学生往往会诱发或产生更大的心理矛盾，导致感情麻木、孤独、失眠、悲观、厌世。

自我接纳涉及一个人是以积极的态度认可自我，形成自尊、自信的人格品质，还是以消极的态度拒绝自我，形成自卑的人格倾向。教师在自我接纳的教育和辅导过程中，应有意识地采取有效措施，培养和提高学生的自尊心和自信心。

（二）自我接纳的途径与方式

1. 自尊的培养

自尊是个体对其自身价值的一种积极的认知评价，是个体在不断追求自身价值实现过程中的一种内在的与自我信息相关的认知活动加工过程。自尊是对自我的一种概括性评价，它对人的思维、情感和行为都有强烈的影响。低自尊在某种程度上可以被描述为对自我的偏低肯定。自尊感是社会评价与个人的自尊需要之间相互关系的反应。步入青春期的青少年，急切地渴望自己的才能、人格、工作等得到别人的尊重，但这种自尊感容易走向极端。当自尊得到满足时，他们往往容易得意忘形，当得不到满足时，容易妄自菲薄，自暴自弃。中学生的自尊心是其健全心理素质的重要因素。中学生自尊心的发展水平不仅表征着中学生的心理健康状况，还影响着中学生其他心理素质的发展，培养中学生养成正确的自尊心，可从以下几个方面着手：

（1）建立和谐的家庭氛围

鉴于家庭因素对中学生自尊心发展的影响，我们建议家长采取“温暖与理解”的教养方式来教育孩子，为孩子建立一个和谐、愉快、宽松、安全的家庭氛围。家长要多与自己的孩子进行交流，了解他们的内心在想些什么。对于他们的独立要求和自主要求，要予以尊重和理解。在他们的学业成绩上，家长不要给予其过高的期望，给其造成过大的压力。对于他们在学业成绩上的失败，不要动不动就以打骂来处理，而要帮助他们分析原因，鼓励他们以后更加努力。相信在这样的家庭氛围里，孩子的自尊心一定会向着健康的方向发展。

（2）实施尊重教育

动机心理学研究表明，获得自尊和他人的尊重是人类所固有的一种基本需要，是人类不断寻求发展向上的内在动机，也是个体的自我观念具有可塑性的内在心理机制。因此，我们的学校教育就必须实施尊重的教育。所谓尊重的教育就是指在教育的过程中把学生看做是有独特价值、有发展潜能、有自我指导力量的行为主体，教育中的一切活动都必须以尊重的方式实施，学校中的所有人员都必须以尊重的方式行事。任何有损学生自尊的行为，诸如嘲笑奚落、独断专行、性别歧视、贬低性比较、体罚等等，都不允许在学校中存在。

（3）培养学生的自我评价能力

前面说过自尊的产生依赖于主体的自我评价。只有适当的自我评价，才会有利于自尊的形成。发展心理学的研究告诉我们，学生的自我评价能力是逐步走向成熟的。因此，教师在培养学生的自我评价能力时，应遵循评价能力发展的四条规律：一是从服从他人的评价，发展到独立的自我评价（从他律到自律）；二是从重视行为结果的评价，发展到重视行为动机乃至动机与效果统一的评价；三是从偏向于评价他人，发展到评价自己；四是从片面性的评价，发展到全面性的评价。

（4）对学生进行正确的评价

自尊的产生来源于他人的评价与态度。只有评价适当，才能对自尊心的发展有利。同时教师的正确评价对学生养成对待评价的正确态度也是十分有利的。因此教师评价学生应当慎重，要有针对性，而且还应具有真诚性。对自尊心过强的学生的评价和表扬不宜过高，必要时可给予其适当的批评，使其能够正确认识自己，正确对待自己的优缺点，从而使其产生较强的心理承受力。对自尊心过低或一般的学生的评价和表扬可相对拔高，使其做到自我肯定，对自己充满自信。教师要避免的是对学生作贬低性评价或过多地进行比较性评价。值得我们教师注意的是，学生的自尊心更多地表现在要求别人把他当成一个平等的个体来看。这就要求我们教师在日常生活中，一定要尊重学生的人格，接受学生所犯的错误，学生毕竟是“人”而不是“神”，要以一颗平常心来对待发生在学生身上的一切。

（5）创造良好的校园环境

良好的校园环境气氛是一部多彩的、富有魅力的、无声的教科书，它可以陶冶师生的情感，塑造学生美好的心灵。同时，良好的校园环境还是塑造健康完美人格的土壤。前苏联著名教育家马卡连柯说：“在良好的集体里，自尊心是很容易培养起来的。”因此，教育者应重视班风的建设，重视师生关系的培养，重视学生在集体中的人际关系，努力营造一个师爱生、生敬师、生生团结互助的校园人际氛围。

2. 自信心的培养

在心理学中，与自信心最接近的是班杜拉（A. Bandura）在社会学习理论中提出的自我效能感（self-efficacy）的概念。自我效能感指个体对自身成功应付特定情境的能力的估价。班杜拉认为，自我效能感关心的不是某人具有什么技能，而是个体用其拥有的技能能够做些什么。自信心作为一种人格品质是非智力因素的重要组成部分，它对激发人的意志力、充分发挥人的智力因素和取得人生成功有很大影响。

（1）中学生自信心的特征

中学生大部分时间用于完成学业任务，社会经验较为缺乏，所以，他们的自信心往往与内部心理状态紧密联系。一个自信的中学生具备以下特征。

第一，正确的自我评价。自信的中学生能根据实际情况对自己的能力作出客观、公正的评价，既不自命不凡，也不自我贬低，也就是说，既不自负，也不自卑。

第二，完全的自我接纳。自信的中学生在正确自我评价的基础上，对外界评价结果全部接纳，无论评价的结果是积极的还是消极的，是成功的还是失败的，是有价值的还是无价值的。自信的学生不回避自己的缺点，也不夸大自己的优点。他们能理智地、辩证地对待自己。

第三，良好的社会适应。自信的中学生能积极地参加各种活动，能与周围的人融洽相处。即使进入一个陌生的新环境，他们也会有较强的安全感，能通过自我调整，很快适应周围的环境。

（2）中学生自信心培养策略

①实施成功教育

成功教育就是通过教育活动使中学生获得成功的情感体验，从而增强其自我效能感。教师应根据中学生的兴趣、爱好、能力组织开展各种活动，设法让不同层次、水平的学生在活动中展示自己的才能，获得成功体验。同时，教师也要避免以学业作为单一评价标准，要采用多元标准评价学生，因为对学业以外的能力给予积极评价，会促进中学生积极进取，从而提高他们的自信心，反过来促使其在学习上有所进步。

②树立适当榜样

对自信心不足的中学生，教师可通过树立与其水平相当但取得进步的榜样来进行教育，让学生获得替代性经验。这个榜样最好是来自于学生身边，这样更能起到激励作用。另外，教师首先应对学生充满信心，对他们在学习榜样过程中取得的每一点进步给予及时的正强化，以维持其自信心。

③给予恰当的表扬和批评

教师要对中学生表现出的优点和进步给予适当的言语激励，尤其是对那些自信心水平低的学生，可以给予相对偏高的表扬，以提高他们的自我效能感，增强其自信心；对学生的不足，教师也要给予一定的批评，从而促使他们进行自我规劝，提高自我效能感，增强自信心。教师要避免以下两种情况：一是对完成容易任务的学生给予过高表扬；二是对失败者采取中性评价，根本不给予任何批评，因为这样会传递给学生能力低或老师对其根本不关心的信息。

④开展积极归因训练

一个人的归因模式是可以改变的，教师要引导中学生进行积极的归因。可以通过小组讨论的形式，让学生自己分析成败的原因，再由教师进行全面分析，渐渐引导他们作内部的、可控制的、不稳定因素（如努力、态度端正）的归因。另外，还可以运用强化法，定期让学生完成一定难度的任务，然后根据其对成败的归因，对其积极的归因方式给予激励，对于那些很少作出积极归因的学生要给予暗示和引导，促使他们形成比较正确的归因倾向。需要指出的是，不能一味地使学生产生"成功只取决于努力"这种不恰当的认识，应该让他们正确估价自身的能力，同时又认识到努力对于取得成功的巨大作用。

⑤培养自主意识

对于场依存性强的中学生，可以创设情境让他们独立参与计划和完成其所属团体的活动，以培养他们独立思考、分析问题、解决问题的能力，从而肯定其自身的力量，增强自信心。对于那些场独立性强的中学生，也要避免其过于自信，从而产生自负心理。

教师在对学生进行自我接纳的教育与辅导的过程中应明确：自我接纳和能力是构成自尊和自信的两大基石。学生如果能够自我接纳，并且有不断自我完善的动机和行为，总有一天会具备能力，并最终更加自尊、自信。

第二节　中学生自我体验的教育与辅导

一、情绪的含义与功能

（一）情绪的含义

情绪是人对客观事物的态度体验及相应的行为反应。情绪是以个体的愿望和需要为中介的一种心理活动。当客观事物或环境符合主观的需要和愿望时，就能引起积极的、肯定的情绪。情绪是由独特的主观体验、外部表现和生理唤醒等三个成分组成的。

主观体验是个体对不同情绪状态的自我感受。每种情绪都有不同的主观体验，它们代表了人们不同的感受，构成了情绪的心理内容。人的主观体验和外部反应存在着固定的关系，即某种主观体验是和相应的表情模式联系在一起的。如愉快的体验必然伴随着欢快的内容和手舞足蹈的外显行为。

情绪的外部表现通常被称为"表情"。它是情绪状态发生时的身体动作量化形式，包括面部表情、姿态表情和语调表情。面部表情是所有面部肌肉变化所组成的模式，它能精确地表达不同性质的情绪，因此是鉴别情绪的主要标志。姿态表情是指面部表情以外的身体其他部分的表情动作。语调也是表达情绪的一种重要形式，它是通过语言的声调、节奏和速度的变化来表达的。

生理唤醒是指情绪产生的生理反应。它以广泛的神经结构作为基础，表现出不同的生理激活水平。

（二）情绪的功能

1. 适应功能

情绪是适应生存的心理工具，情绪是进化的产物。在低等动物种系中，所有的情绪只是一些具有适应价值的行为反应模式。当特定的行为模式、生理唤醒及相应的感受状态出现后，就具备了情绪的适应性，其作用在于发动机体能量使机体处于适宜的活动状态。所以，情绪自产生之日起便成为适应生存的工具。人类继承和发展了动物情绪这一高级适应手段。

情绪是人类早期得以生存的手段。人类在婴儿期，主要依赖情绪来产生信息，与成人交流，得到成人的抚养。成人也正是通过婴儿的情绪反应为婴儿提供各种生活条件。在成人的生活中，情绪直接反映出人们的生存状况，是人们心理活动的晴雨表。人们通过愉快表示处境良好，通过痛苦表示处境困难，通过情绪、情感进行社会适应。

情绪的适应功能根本在于改善和完善人的生存和生活条件。由于人生活在具有高度文化的社会里，情绪适应功能的形式有了很大的变化，人用微笑向对方表示友好，通过移情和同情来维护人际联结，情绪起着促进社会亲和力的作用，但对立情绪有着极大的破坏作用。

2. 动机功能

激发心理活动和行为的动机情绪能够驱策有机体发生反应、从事活动，在最广泛的领域里为人类的各种活动提供动机。情绪的这一动机功能既体现在生理活动中，也体现在人的认识活动中。生理内驱力是激活有机体行为的动力。而情绪的作用则在于能够放大内驱力的信号，从而更强有力地激发行动。比如适度的情绪兴奋，可以使身心处于活动的最佳状态，进而有效地完成工作任务。研究表明，适度的紧张和焦虑能够保证人积极的思考与解决问题。同时，情绪对于生理内驱力也有信号放大的作用，成为驱使人们产生行为的强大动力。情绪反应比生理内驱力更为灵活，它不但能根据主客观的需要及时地发生反应，而且可以脱离内驱力而独立地起动机作用。

3. 组织功能

情绪是一个独立的生理过程，有自己的发生机制和发生、发展的过程。斯洛夫（L. A. Sroufe）认为情绪作为脑内的一个检测系统，对其他心理活动具有组织的作用。情绪的组织作用主要包括对活动的瓦解或促进作用两方面，一般来说，正性情绪起到协调、组织的作用，负性情绪起到破坏瓦解或阻断的作用。

有研究表明，情绪对认知操作效果有影响作用，其影响效应取决于情绪的性质及强度。中度唤醒水平的愉快和兴趣情绪为认知活动提供最佳的情绪背景，过低或过高的愉快唤醒均不利于认知操作。而负性情绪的强度与操作效果成直线关系，情绪强度越大，操作效果越差。情绪执行着检测认知活动的功能，不同性质和不同强度的情绪起着不同程度的组织和瓦解认知活动的作用。

情绪的组织功能也体现在对记忆的影响方面。良好的情绪状态更容易回应那些带有愉快情绪色彩的材料，情绪对记忆有干扰作用，使记忆根据情绪性质归类。

情绪的组织功能还表现在影响人的行为上。人的行为常被当时的情绪所支配。当人处于乐观积极的情绪状态时，倾向于注意事物美好的一面，态度和善，乐于助人，勇于承担。而消极情绪状态则使人产生悲观的意识，失去希望与渴望，也更易产生攻击性。

4. 信号功能

情绪和语言一样，具有服务于人际关系的功能。情绪通过面部肌肉运动模式、声调和身体姿态变化所构成的表情来实现信息传递和人际间相互了解。其中面部表情是最重要的情绪信息媒介。在许多场合，只能通过表情传递信息，如微笑表达赞赏，点头表示认可等。表情也是语言交流的重要补充，如手势、语调等都能使言语表达得更为明确和确定。从信息交流的发生来看，表情的交流比语言交流要早。婴儿的情绪适应性功能也是通过信号交流作用实现的。

二、中学生情绪发展的特点

中学生情绪发展的显著变化出现在青少年时期，许多情绪问题在这个期间也较为突出。

（一）情绪内存体验的发展

1. 情绪波动明显

青少年很容易产生某种情绪，且情绪一旦产生，其强度就可能比成人强烈得多，心理学家霍尔曾把这个时期称为“疾风怒涛”期。青少年的情绪起伏波动大，具体表现在两个方面。

一是青少年会因为一时成功，欣喜若狂、激动不已，又会因一点挫折垂头丧气。有时面对同一个对象，同时出现两种对立情绪，对于同一种情绪，可能产生两种对立的效能。成人认为平常的是非，却能引发青少年高强度反映，而面对一些重要事情，青少年却可能又显得异常平静。

二是青少年情绪无规律地波动、交替。有实验表明，青少年的情绪和成人相比，显得变化多端，反复无常。他们的情绪往往在不同时间、地点，从一个极端变到另一个极端。造成这一情绪特点的原因主要有两个：其一，个体进入青少年期后，影响情绪的各种社会因素和生物因素大量出现，如学习、交往、亲子关系、发育带来的身体变化等；其二，这一时期充满各种矛盾冲突，引起青少年内心的情绪体验。而青少年的辩证思维发展水平不高，对待矛盾易产生偏激，因而引起情绪上的两极反应。

2. 情绪心境化

心境是一种比较微弱而持续时间较长的情绪状态。进入青年早期的高中生，会出现情绪反应时间明显延长的情况。这种延长表现在两个方面：一是延缓作出情绪反应，二是延长情绪反应过程，从而出现情绪反应心境化的趋势。

3. 自尊感体验深刻

自尊感是与人们要求他人尊重自己的需要相联系的一种情感。青少年不仅能认识自己的所作所为，还能把做出这些行为的自我作为客观对象加以分析、评定，从而引发自我体验。青少年开始认识自己并主动塑造自己，其自尊感主要表现出以下特点。

第一，青少年的自尊感强烈。表现在三个方面：一是往往把自尊感放在其他情感之上，当自尊感与其他情感发生冲突时，他们常会毫不犹豫地维护自尊感；二是青少年对自尊感的情绪体验特别强烈，当自尊感受到损害时，往往表现出极大愤怒、恼羞等情绪反应，甚至为此爆发激情；三是男生会比女生更注意自己的价值和尊严，自尊表现出性别上的差异。

第二，青少年的自尊感往往过分敏感。

第三，青少年的自尊感稳定性差，极易波动。

（二）情绪外在表现的发展

1. 文饰现象增多

情绪文饰现象是指个体内部的情绪体验被外部的情绪表现所掩饰，出现表里不一致的情绪现象。青少年会出现心里很难过，却装作若无其事的表现，这就是情绪文饰现象。它反映出青少年自我控制能力增强，使自己更适应具体情境，从而具有了社会意义。

2. 表情更加成熟

作为情绪特有的外部表现形式，表情具有独特而重要的社会交往功能。研究发现，在13、14岁以前，个体的表情认知发展速度较快，这之后明显减缓，达到基本成熟，形成一条年龄分界线。

三、中学生情绪的自我管理

（一）情绪调控

1. 情绪调控的含义

情绪调控是个体管理和改变自己或他人情绪的过程，在这个过程中，通过一定的策略和机制，使情绪在生理活动、主观体验、表情行为等方面发生一定的变化。

2. 情绪调控的方法

（1）认知训练法

认知训练法指通过对认知的调节和控制，纠正不良的认知习惯，形成积极的思维方式，消除消极的情绪，使之对生活、学习和工作产生促进作用。认知训练主要包括“合理情绪疗法”和“归因训练法”。合理情绪疗法是首先找出认知过程中的错误思维方式，并努力加以纠正，最终达到消除不良情绪的目的。归因训练法是指人们对行为结果成功或失败的原因进行探究，寻求解释的方法。

（2）音乐调节法

音乐调节法就是指通过情绪色彩鲜明的音乐控制情绪状态的方法。音乐能影响人的身心健康。音乐通过调节神经系统机能，达到陶冶情操，启迪智慧，改善注意力，增强记忆力，消除抑郁等不良情绪，缓解肌肉紧张与疲劳，激发精神与体力，提高工作效率。

（3）呼吸调整法

呼吸调整法指利用调整呼吸以实现身心放松，从而排除心理上的焦虑和恐惧的方法。人在深呼吸时，体内吸入大量氧气，呼出大量二氧化碳。二氧化碳呼出过多，会使血液中的二氧化碳失去平衡，中枢神经便迅速作出抑制性的保护性反应。

（4）暗示调节法

自我暗示训练就是通过语词，即第二信号系统的作用来调节人的中枢神经系统的兴奋水平，从而调节人体内部过程。语言是产生暗示效果的重要源泉。首先，避免使用消极词语；其次，使语言充满感情力量；再次，用语要简洁明快；最后，要使语言“视觉化”，利用具体事物进行自我暗示。

（5）表情调节法

笑是人类独有的表情，是调节人的身心的重要方法。人的情绪与表情有着十分密切的关系。一方面，人的表情是对外交流的窗口，能较灵敏地反映一个人的身心状态。相反，表情的改变，也会使内心的情绪状态发生相应变化。

此外还有放松训练法、运动调节法、颜色调节法、念动训练法、目标设置法等情绪调节方法。

（二）情绪管理

1. 情绪管理的含义

情绪的管理是依托于调节系统的，情绪管理要求个体善于掌握自我，善于调控情绪，对生活中矛盾和事件引起的反应能适可而止地排解，能以乐观的态度、幽默的情趣及时地缓解消极的情绪。

2. 情绪管理的方式

郑日昌提出下列情绪管理策略：

（1）合理宣泄法

情绪的宣泄有直接和间接两种方式。直接的宣泄就是直接针对引发情绪的刺激来表达情绪。当直接发泄对于别人或自己不利时，则可用间接发泄使情绪得到出路。如向朋友倾诉，到心理咨询室打宣泄人，到空旷的地方大叫几声，体育和文娱活动也是宣泄情绪的好方法。但宣泄情绪必须合理，要注意时间、地点、场合，不应采取违背道德与法律的行为方式。

（2）适当控制法

对正常情绪应适当宣泄，对不良情绪则要控制。要控制情绪，首先要承认某种情绪的存在；其次，要明确情绪产生的原因；最后，对于不愉快的情境要寻求适当的途径去克服它或躲开它。

适当控制法包括理智分析法、注意力转移法、幽默缓解法、升华法、辩证思维法等。

第一，理智分析法。人不仅是有情绪情感的，更是有理智的。我们要教育学生用理智驾驭自己的情绪、情感，而不是做情绪、情感的奴隶。理智是指在遇到一个情景或者境况的时候，能够以理性、辩证的思维来考虑境遇，作出合理的判断和情绪反应。

第二，注意力转移法。在情绪反应发生时，人的头脑中会有相应的较强的兴奋灶，此时如果另外建立一个或几个新的兴奋灶，便可抵消或冲淡原来的兴奋优势。当火气上涌时，有意识地转移话题或做点别的事情来分散注意力，就可以使情绪得到缓解。在余怒未消时，可以用看电影、听音乐、打球、散步、跳舞等正当而有意义的活动使紧张情绪松弛下来。有的人生起气来拼命干活，这既是一种注意力转移，也是一种宣泄，不失为行之有效的制怒方法。

第三，幽默缓解法。高尚的幽默是精神的消毒剂，有助于消除紧张、化解尴尬。当一个人发现一种不调和的或对自己不利的现象时，为了不使自己陷入激动状态和被动局面，最好的办法是以超然洒脱的态度去应付。一个得体的幽默往往可以使本来紧张的情况变得比较轻松，使窘迫、愤怒、焦躁等情绪得到缓解。善于幽默的人，不开庸俗玩笑，更不随意拿别人缺点寻开心，而是以机智的头脑、渊博的学识，巧妙诙谐地揭露事物的不合理成分。既一语道破，又可被轻松接受。在一些非原则问题上，宁可自我解嘲，也不要去刺激对方，防止矛盾激化。

第四，升华法。升华就是将不为社会所认可的动机或欲望导向比较崇高的方向，使其引发具有创造性、建设性行动。升华法是对情绪较高水平的调控法，是将情绪激起的能量引导到对人、对己、对社会都有利的方面。比如哥德年轻时因失恋饱受痛苦，几次想自杀，但他终于抑制了这种轻率的行为，将自己破灭的爱情作为素材，将自己的情绪、情感融入到写作之中，终于写成了世界名著《少年维特之烦恼》。

第五，辩证思维法。人们对一个问题可以有多种看法，而哪些看法容易导致负性情绪呢？一般可概括成三个方面：①片面化，看待问题过于片面化，以点概面，以偏概全。如学习成绩不好的学生就不是好学生，这种片面的观点使学生失去自信，使他们相应地在其他方面也不能好好表现。②绝对化，看问题绝对化，追求绝对真理、绝对准确、绝对公平、绝对完美。如同样认真完成值日，学生甲得到老师的表扬，而乙没有得到表扬，乙就觉得老师不公平而产生负面情绪，这就是乙绝对化造成的。③静止化，就是不能以发展的眼光看待问题，总是以为目前的境遇就是最终结果，其实，从发展的角度看，塞翁失马，焉知非福。

正确的做法是以辩证的方法看待问题。①看待问题应该变片面为全面，这个方面不好，可能有另外一个方面是好的。比如学习成绩不好的学生可能乐于助人，人际关系很好。②世界上没有绝对的真理，也没有绝对的公平，要把绝对变为相对，“不好中有好”。③变静止为发展，“现在不好将来好”，万事万物都在运动当中，都在发展变化当中，静止是相对的，变化是绝对的。“时来运转，否极泰来”。目前的困境可能是黎明前的黑暗。

第三节 中学生自我调控的教育与辅导

一、意志品质的含义与功能

意志品质是人们在意志行动中形成的比较稳定的意志特征。意志品质存在很大的个体差异性，有的人意志坚强，有的人意志薄弱。意志品质包括自觉性、果断性、自制性、坚韧性四个方面。

（一）自觉性

自觉性是指一个人在行动中具有明确的目的，能认识到行动的社会意义，并使自己的行动服从于社会要求的意志品质。自觉性高的人有坚定的立场和信仰，相信自己的目的是正确的，能将自己的热情和力量投入行动中，努力克服困难，发挥主观能动性。同时，在行动中既不轻易受外界影响而改变自己，也不会拒绝任何有意义的意见与建议，在思想上和行动上既表现出原则性又表现出灵活性。

与自觉性相反的品质是受暗示性和独断性。受暗示性是指容易受到别人影响，不加分析地接受外界的信息，轻易改变或放弃自己的决定，表现为盲目行动。独断性是指对自己的决定坚信不疑，不能接受他人的任何意见或建议。表现为坚持己见，刚愎自用。受暗示性和独断性都是意志薄弱的表现。

（二）果断性

果断性是指一种善于明辨是非、抓住时机、迅速采取合理决定，并在深思熟虑的基础上实现所作决定的意志品质。果断性高的人能全面而深刻地考虑行动的目的及达到目的的计划和方法。在需要行动时当机立断，洞察问题的是非真伪，在不需要行动或者情况有所变化时，又能立即停止或改变已经执行的决定。

意志的果断性以自觉性为前提，并与智力的批判性和敏捷性相联系。果断性强的人，在紧急情况下能够审时度势，以大胆勇敢和深思熟虑为条件，不失时机地作出决定并加以执行。

与果断性相反的品质是优柔寡断。优柔寡断者的明显特点是无休止的动机冲突。在作出决定时表现出迟疑不决，三心二意；直至最后时刻，只得仓促决定，作出决定后又后悔，甚至开始行动之后，还怀疑决定的正确性。优柔寡断是缺乏勇气、缺乏主见、意志薄弱的表现。

（三）自制性

自制性是指意志行动中能够自觉地控制自己的情绪，约束自己的动作和情绪，善于掌握和支配自己动作的品质。反映着意志对行动的抑制作用。自制性强的人，在采取决定时能够冷静分析，全面考虑，作出合理决策；在执行决定时，则善于克服内外干扰，坚决执行决定，而且胜不骄、败不馁。

与自制性相反的品质是任性。任性的人表现为放纵自己的需求与欲望，不顾及外界条件，不能约束自己的言行。任性者在顺境下缺少规则意识，不顾及他人，为所欲为，在逆境中受激情支配，常因冲动而说错话、办错事。任性是消极的意志品质。

（四）坚韧性

坚韧性是指一个人在行动中能够长时间保持旺盛精力，百折不挠地克服困难，坚持到底实现预定目的的心理品质。坚韧性强的人，表现为有顽强毅力与必胜的信念，不怕困难与失败，坚持不懈，不达目的不罢休的顽强精神。

与坚韧性相反的品质是动摇性和顽固性。动摇性指遇到困难便怀疑预定目的，不加分析便放弃对预定目的的追求。具有动摇品质的人不善于迫使自己去达到预定目的，遇到挫折就止步不前，做事虎头蛇尾，见异思迁，不时改变自己的行动方向，从而失去目的性。顽固性指对自己的行动不作理智的评价，我行我素，固执己见。这种人不能客观地认识形势，不善于改变错误的思想与行动。动摇性与顽固性都是消极的意志品质。

由于自觉性、果断性、自制性、坚韧性四种品质之间是相互联系的，因此缺少其中任何一种品质，都会给人的性格带来缺憾。优良意志品质的形成，需要在实践活动中不断加强意志的自我锻炼。

二、中学生意志品质的发展特点

中学生的意志发展是在小学发展基础上起步的，虽然在小学阶段有了很大进步，但与青年成人相比，他们的意志品质发展还很不完善，也很不稳定。

（一）近期目的性占主导地位

一般中学生对行动的目的性有所认识，但还比较肤浅，纵使家长和教师经常对他们讲道理，进行树立远大理想的教育，但他们在理解和体会中，还不容易将自己的行为同自己的人生目标真正联系在一起。他们在执行各种任务时，更多依靠任务驱动，思考的是怎样才能按时完成规定的任务，而很少想完成任务的意义，更不容易将一个任务的意义与远大理想结合起来。

因此在学习中，对初中生经常起作用的是一些近景性动因，比如，学生往往会因某次考试成绩不理想、在班内排名后退而受到触动，下定决心要努力学习，下一次要赶上去。再比如，今天老师向他提出某些要求，他会努力照办，明天一旦老师没再强调，他很可能也就不再重视这些要求了。这样的表现在绝大多数中学生身上很常见。这些表现都说明了中学生意志过程中目的性定向是以近期目的动机为主导的，学生还难以理解过远、过于深刻的意义，更难付诸实践。

（二）决心大于行动，行动持久性差

中学生的自控能力和心理调节能力都比成年人弱，但中学生自尊需要和独立倾向相对表现强烈，这就出现了中学生内心的需要与意志调控能力之间的矛盾，这种需要与能力之间的失调导致他们在具体事情的处理上经常表现出决心很大，但行动上犹豫不决、摇摆不定，不能稳定、持续。在中学生的学习生活中常常出现制订的计划不能兑现，长远的目标规划难以持久坚持与执行。

（三）内部调节能力低

中学生克服困难，按照计划一步步实施的能力较弱。其中有认识与方法问题，但更主要原因是其意志力不够完善。一方面有取得良好成绩或达成目标的良好愿望，另一方面又难以控制住内心对其他方面的需要及其外界的诱惑。尤其是心理发展不平衡，对行动的目的意义理解不够深刻，内部意志调节能力低下等原因造成的。

阻碍学生实施计划达成目标的原因主要有两个，一是学生内部因素，二是外部因素，其中内部因素的影响起着主要作用，因而内部干扰的危害性也就更大些。比如，有些学生明明知道玩网络游戏浪费了很多时间，但还是因为意志薄弱经不起诱惑。这其中有网络游戏本身的外部因素影响，但更主要的是学生主观认识不够深刻全面，社会经验不足，缺乏意志调控能力。

（四）行动盲目冲动，不计后果

由于中学生意志发展不够完善，加上情绪活动的两极性特点，使得他们在行动上表现出盲目性和冲动性，初中学生往往比高中学生更为常见，高中学生比成年人更为突出。这是因为中学生的意志还不是自由的，只有自觉服从客观规律的愿望和行动才可能是自由的行动，盲目性与冲动性行为正是由于其对客观规律的认识不够，行动时常违背客观规律的结果。

意志的自由是借助于对事物的认识来作出决定的能力，有些中学生看到某些影视中浪漫爱情故事中的某些情节，也在现实生活中盲目地模仿，并有冲动性的行为，这恰恰说明中学生的意志发展水平还不尽人意的特点。

综上所述，中学生的意志发展正处于从少年到成年的过渡阶段，虽然意志力在迅速发展与增强，但仍然不稳定，不成熟。中学阶段是意志培养的关键时期，教师有目的的指导、学校必要的磨炼、家长的有益帮助对于中学生的健康成长是必不可少的。

三、中学生意志力的训练

良好的意志品质，不是先天就有的，而是后天教育与实践的结果，中学生意志力的培养是一项长期而艰巨的任务。教育者只有从大处着眼、细节处着手，在学生主动配合下，经过长期坚持不懈的努力才有可能取得理想的教育效果。

（一）加强目的动机教育，培养正确的观念

缺少对行为目的性的认识与了解，是导致行为的盲目与不可持久的原因之一。因而帮助学生认识行动的目的，预期行动的结果，深入了解行为的意义，逐步提高其动机水平，是培养其意志力的重要方面。比如，学生可以适当地参加一些科技活动，培养自己的爱好，以帮助自己形成稳定的学习动机和认真负责的学习态度；也可利用正确的自我评价，有目的的表扬与批评，以及学习成果的反馈作用，来培养和激发自己的学习动机；还可因势利导，让教师或自己逐步提出更高要求，从而克服利己主义动机，形成正确的动机。总之培养正确的动机，加强行为的目的性教育，是意志品质培养的一个重要方面。

（二）创设磨砺意志品质的情境

为学生提供参与各种实践活动的机会，让学生参与到活动中，并在活动中设立目标，克服困难，取得成果。有一些挑战性的游戏、拓展、实践等都是很好的意志磨砺活动。良好的意志品质是实践活动中和与困难作斗争的过程中产生和发展的。人只有经过艰苦的磨炼，才能形成坚强的意志品质。特别是那些看起来微不足道、平淡无奇的实践活动，一些令人兴趣不浓，甚至会给人的情绪带来不愉快感的实践活动，更能使人的意志得到锻炼。所以学校所组织的有目的、有计划的实践活动正是培养良好意志品质的一个途径。

（三）以英雄为榜样，从文艺作品中吸收营养

英雄形象具体生动，具有浓厚的情绪色彩，具有感人的精神力量。教师、家长经常向学生推荐优秀的文艺作品，使他们从中吸取力量，以书中的主人公作为自己行动的楷模，自觉锻炼自己的意志，同时也要教育学生向现实生活中的先进、模范和英雄人物学习。学习生活中的真人真事，学习每个人良好的意志品质。

（四）严格管理教育，使学生养成自觉遵守纪律的习惯

很多人明知故犯，做出违反道德准则的事，这多半是由于他们的意志不强，或没有养成良好的道德习惯所致。因此，学校应严格管理教育，养成学生自觉遵守道德规范的习惯，特别是对自制力薄弱的学生来说更为重要。

（五）启发学生加强意志的自我锻炼

意志品质的形成过程，也是学生不断自我教育的过程。培养良好的意志品质，不管用什么方法，最终应落实到学生的自我锻炼、自我检查、自我监督、自我鼓励上来。这是最重要也是最有效的方法和途径，因为只有自我具有主动性和能动性，效果才会更加明显。

教师引导学生自我锻炼时应告诫他们：要善于掌握自己的愿望。采取决定要充分估计主客观条件，做到合理可行。执行决定要态度坚决，有始有终，坚持不懈。要制订切实可行的自我锻炼计划，从小处入手，从克服缺点开始，制订个人学习生活、体育锻炼以及公益劳动计划，在实施计划的行动中持之以恒，养成习惯，培养顽强的毅力。

四、中学生挫折教育与辅导

中学生在目标实现过程中，有时能克服困难达到目标，有时却受到阻碍与干扰，导致目标不能实现，愿望不能达成，需要不能满足，这就产生了挫折。挫折会产生各种各样的行为，在心理上、生理上都会有种种反应。挫折在人的成长中是难以避免的。

（一）挫折心理简述

挫折，是指个体在从事有目的的活动时，由于内部、外部因素的干扰或阻碍，其需要得不到满足而产生的一种紧张状态和消极情绪反应。它包括挫折源与挫折感。挫折源指个体活动受阻的对象或情境。挫折感是个体活动受阻时的心理反应。一般来说，挫折源的性质越严重，个体的挫折感就越强烈。不同个体面对同样的挫折源可能会有不同的挫折感，其中的因素就是主体的状态。那么中学生常见的心理挫折有哪些呢?

根据不同的分类标准，挫折可以有多种分类形式。日本学者大桥正夫根据挫折源的来源，把挫折分为内部挫折与外部挫折。内部挫折包括缺陷、损伤或抑制，外部挫折包括缺乏、损失和障碍。美国学者索里（J. M. Sowry）和泰尔福特（C. W. Telford）根据原因将挫折分为由延迟引起的挫折、由阻挠引起的挫折和由冲突引起的挫折。根据挫折的程度可分为轻微挫折和严重挫折。根据挫折源的性质可分为自然性挫折和社会性挫折。

对于中学生而言，主要挫折可分为学习挫折、人际关系挫折和情感挫折。其他的还有理想与现实差距造成的心理挫折、适应不良造成的挫折、优越感丧失造

成的挫折、认识偏颇造成的挫折等。

1. 成就挫折

各方面能力的发展是中学生的生活主题，学生在生活中受到成就挫折是最为常见的。当预期成就目标没有达到并引发负性情绪时，就带来了成就挫折。例如，考试成绩不理想，在各种比赛中失利等。

2. 人际挫折

良好人际关系可以让人获得归属感与安全感，同时人际关系也可以是满足尊重需要的基本条件，促进良好个性品质的形成。亲子关系、师生关系与同伴关系是中学生主要的人际关系。当学生在人际交往的目标未能得到实现时，对良好人际关系的需要就未能获得满足，从而造成了人际挫折。例如，经常受到同学的讽刺与嘲笑，受到老师的忽视与批评，与父母的关系紧张等。

3. 情感挫折

情绪与情感的表达是人的本能，爱与被爱是人类的基本需求。中学生在情绪上表现为两极性，因此情绪情感上的挫折对其影响也深刻，当情绪情感目标未能达成或需要未能被满足时就会产生情感挫折。同时其他原因造成的挫折导致持久的负性心境，并且成为不能自主调控的情绪，使得正常情绪状态需要不能得到满足，从而引发了情感或情绪上的挫折，也是情感挫折。

（二）挫折教育与辅导的内涵

挫折教育与辅导，就是指教育者有目的地采取一定的教育方法和手段，帮助和引导受教育者正确地认识挫折、有意识地防范挫折带来的负面效应，在挫折中调整，保持健康的心理状态，并建立和固化良好的心理品质，能较为平静、坦然地面对挫折，为目标和愿望的实现奠定良好的心理基础。

对中学生进行挫折教育与辅导，就是教育与辅导者有意识地利用和设置挫折情境，通过知识和技能的训练，使中学生正确地认识挫折、预防挫折、正视挫折，使他们不仅能从别人或外界的给予中得到幸福，而且能从内心深处激发一种自己寻找幸福的本能，培养一种内在的自信和乐观，增强学生的良好挫折承受力。

（三）挫折教育与辅导的途径与方法

1. 引导合理宣泄

挫折是令人讨厌的不愉快的心理体验，如果对挫折中的情绪不加以适当处理，就会产生不良后果。冷漠的情绪反应使人处于压抑状态，可能暗含了更多危害心理健康的因素。因此，教育者首先应该尊重学生的情感发泄，在一定强度与范围内予以接纳和尊重，强行制止反而会带来进一步情感挫折。其次应该引导学生找到适合自己的情感发泄方式，提供安全可控的发泄空间。

2. 合理的归因训练

归因训练是指帮助人们在清楚地进行自我归因的同时，形成更恰当的归因方式的过程。福斯特林（F. Forsterling）从以往的归罪训练研究中总结出三种归因训练模式：成就归因模式、习得性无助模式、自我效能模式。三种模式的重点都是在归因稳定性和可控性的两个维度上，认为将失败归因于稳定的、不可控的因素（如能力）是有害的；相反，将成功归因于稳定的、不可控的因素（如能力）则会增加对成功的期望值，增进自尊心和自信心；将失败归因于不稳定的、可控的因素（如努力）则会保持对成功的期望。因此，进行合理的归因训练是提高抗挫折能力的有效方法。

3. 培养自我监控能力

自我监控就是为了达到预定目标，将自身正在进行的实践活动过程作为对象，不断对其进行计划、监察、检查、评价、反馈、控制和调节的过程。自我监控的实验研究认为，挫折应对需要评价挫折源的意义，控制或改变挫折环境，缓解由挫折引起的情绪反应的认知活动与行为。实验研究表明，挫折应对的自我监控训练需要经历自我认知、动情晓理、策略慎行、反思内化、形成品质等几个环节（陈旭，张大均）。当学生自我监控能力提高以后，就能更辩证地评价自己和目标，进而在挫折中调整自己或调整目标。

4. 培养挫折容忍力

挫折容忍力也称挫折耐受性，指个体遭遇挫折时免于心理和行为失常的能力。挫折容忍力是人体适应环境的必不可少的能力，它与个人的习惯、态度等相似，都是学习而来的。延迟满足的训练是锻炼学生挫折容忍力的有效途径，延迟满足是指为了利益而自愿延缓目前的享受。个体为了得到更好的结果或更大的满足，而去选择并忍受当前的挫折与不安。教育者应充分利用这样的挫折情境，提高学生的挫折耐受力。

通过优化教育策略，实施赏识教育、多元教育也可促进学生调动自身力量，努力克服困难，提升耐挫力。

【建议参考资料】

1. 郑日昌，刘视湘．中小学心理健康教育［M］．武汉：武汉大学出版社，2010.

2. 张承芬，韩仁生．心理学导论［M］．2 版．北京：人民出版社，2010.

3. 姚本先．心理学［M］．北京：高等教育出版社，2009.

4. 郑和钧，邓京华．高中生心理学［M］．杭州：浙江教育出版社，1993.

5. 黄煜峰，雷雳．初中生心理学［M］．杭州：浙江教育出版社，1993.

6. 李晓文．学生自我发展之心理学探究［M］．北京：教育科学出版社，2001.

7. 陈忞．学生心理健康与社会适应［M］．北京：国际文化出版公司，2002.

8. 达马西奥．感受发生的一切：意识产生中的身体和情绪［M］．杨韶刚，译．北京：教育科学出版社，2007.

【问题与思考】

1. 中学生自我意识的特点是什么？

2. 如何培养中学生的自尊心、自信心？

3. 调节情绪有哪些方法？

4. 意志品质包括哪四个方面？

5. 中学生主要的心理挫折有哪些？

6. 结合中学生自我认知、自我控制、自我体验的特点谈谈如何引导中学生心理自我的健康发展？

7. 设计不同的情境，应用于中学生的意志训练。

第五章　中学生人际关系的教育与辅导

【本章提要】

中学生正值青春期，而青春期是人生的关键时期，处于性别角色分化和性意识急速发展的时期，也是很多家长和老师都感到比较棘手的时期。这一时期的孩子在生理和心理上都发生了迅猛的变化，从而也带来了很多情绪问题。现在的中学生大多是独生子女，从小多与长者相处，缺少伙伴，受到的迁就溺爱较多。让学生明确处理好人际关系意义重大。建立正常的人际关系是社会文明进步的重要表现，处理好人际关系也体现着人的知识和修养，人际关系状况关系着个人的成长和成才。本章重点介绍怎样处理师生关系，亲子关系，同伴关系和异性交往的人际关系。

【学习重点】

1. 师生关系的功能及发展特点
2. 亲子关系的功能及发展特点
3. 同伴关系的功能及发展特点
4. 异性关系的功能
5. 中学生异性关系发展的四个阶段

【重要术语】

师生关系　亲子关系　青春期　同伴关系　异性关系　自我同一性　性健康教育

第一节　中学生师生关系的教育与辅导

一、师生关系的含义与功能

（一）含义

众所周知，师生关系非常特殊。如果说学校是学生的第二个家，那么说教师是学生的“第二个母亲”也不为过。但不同于真正母亲的是，教师的主要责任不在于学生的饮食起居、衣食住行，而是知识的传播、经验的传授、思想的传承。“师生关系是教师与学生在教育过程中为完成一定的教育任务，以‘教’和‘学’为中介而形成的一种特殊的社会关系，是学校中最基本的人际关系。”这是教育部《普通高等学校辅导员队伍建设规定》中提出的对于师生关系的定义。

社会发展需要教育，并使教育者与受教育者形成一定的关系，即师生关系。其根本目的在于开发受教育者的潜能，促进受教育者的发展。对于教育过程中师生关系的认识，一直存在着分歧，即“教师中心论”及“学生中心论”。以赫尔巴特为代表的传统教育派认为：教学过程是教师以学生为对象，主动影响、控制学生发展的过程。在这一过程中，教师是绝对的控制者、指挥者、给予者，学生则是接受教师给予的影响，处于被动的地位。因此，教师是主体，学生只是客体。这种观点就是通常所说的“教师中心论”。以杜威为代表的“学生中心论”则认为，教师应放弃监工和指挥者的任务，只充当一名助理者，学生是教育过程的中心，一切教育措施都围绕学生来组织。“教师中心论”与“学生中心论”都有各自的合理性，但是不能完全概括当代的师生关系。基于这两种理论，国内的教育学界提出了一种较为合理的观点，即“教师主导，学生主体”说。这一观点在一定程度上调和了“教师中心论”与“学生中心论”的矛盾。在教学过程中不必完全否定教师的主导作用，但是这种主导作用只是在一定范围内的，即设计一个能使学生成为主体的学习环境。在这样的学习环境中，学生能够充分发挥自主性，在自己已有的知识系统上，与教师形成良性互动，相互交流观点、理念。

（二）功能

1. 提高教学效率

对教师来说，良好的师生关系能使学生尊敬并且信赖教师，这对教师是一种激励。教师为了保持自己在学生心中的地位，对待教学就会更加负责任，就会想尽办法教好学生，尽量把每节课都上得完美。很多优秀的教师，在长时间的教学中对书本已经非常熟悉了，但是在备课的时候，仍然会把这些内容当成新的。这样，教师的讲评就会越来越生动、准确，进而就会获得学生的尊重及好感，这样教师又不断从学生的进步中得到激励，提高教学效率。事实证明，如果师生关系非常紧张，是不可能有良好的教学效果的，甚至保证不了正常的教学秩序。

对学生来说，融洽的师生关系使学生喜爱、尊重教师，这样他们就会对这名教师所教授的课程感兴趣，专心听讲、积极配合、勤于思考，进而提高学习效率。

2. 激发学习动机

和谐的师生关系能够激发学生的学习动机。尽管学习在学生看来是非常枯燥无味、非常紧张、非常艰辛的，有了良好的师生关系，学生也会全力以赴地去学习。学生喜欢一个教师，自然就会喜欢上该教师的课，进而就会喜欢上该门课程。我国相关研究表明：许多大学生的专业都是中学阶段很喜欢的教师所教的学科。

3. 培养创造能力

对学生来说，融洽的师生关系有利于培养学生的创新能力。在和谐融洽的气氛中，学生的思维更加敏捷、记忆更加牢固、想象更加丰富，从而有利于对学生创造性活动的培养。相反地，如果教师不允许学生提出疑问，或者对于敢于提出疑问的同学严加指责，学生顾虑重重，就谈不上创新能力的培养了。因此要创造一个民主、和谐的师生相处氛围。

对教师来说，和谐的师生关系还有利于教师改进教学内容和方法。教师在教学过程中也在不断更新和创造，但是这是以和谐的师生关系为基础的。在这样的环境中，教师与学生分享经验和知识，交流情感和观念，从而丰富了教学内容，获得了新的发展。

4. 强化德育效果

师生关系不仅影响着教学的质量，而且还影响着德育的效果。在良好的师生关系中，学生视教师为楷模，享受着教师的关爱，让他们相信人与人之间是真诚的、美好的，从而学会尊重、诚实、互助互爱等道德经验。师生关系融洽，在感情上学生对教师的教导才容易接受。如果师生关系不和睦，学生容易对教师产生逆反心理。可见，融洽的师生关系有利于教师对学生的道德教育，并有助于及时矫正学生的不良行为。

5. 保障心理健康

教师的工作无疑是繁重的，任务无疑是艰巨的。和睦的师生关系会使教师感到被尊重和信赖，尽管教学过程很辛苦、培养任务很艰辛，教师的自尊、自信和荣誉感也会增强。这样，尽管工作很辛苦，压力很大，报酬也不高，但精神上很充实，心理上很满足。

中学生正处于生理和心理发展的关键阶段，具有思维活跃、积极向上的特点。在学习过程中，师生间保持亲密、和睦的关系，学生受到老师的关爱、尊重及信任，就会感到自信、心情愉悦，心理也能够得到健康发展。不良的师生关系会导致学生痛苦失落、举止冲动、态度生硬、胆小懦弱等一系列心理问题。

二、中学生师生关系的发展特点

中学生处于特殊的发展阶段，学生将从幼稚的儿童期过渡到成熟的成人期，在人际关系上也有着特殊的表现。这段时间，学生的人际关系网中，作为教学过程的主导，及学生在校发展期间的重要他人，教师有着非常重要的地位。

有研究表明中学生师生关系中有四种因素在起作用，包括冲突性（是否经常在情绪或行为上表现出与教师的冲突）、依恋性（是否表现出对教师的钦慕和敬意）、亲密性（是否表现出与教师亲密相处）、回避性（是否回避或不愿意与教师的交往）。这四种因素构成了师生关系的三种类型，决定了师生关系是否融洽，包括矛盾冲突型、亲密和谐型和疏远平淡型。矛盾冲突型的学生在与教师的交往中有较多的冲突和回避，同时依恋与亲密较少；亲密和谐型的学生与教师之间具有较多的亲密与依恋，同时冲突与回避较少；疏远平淡型的学生在与教师交往的过程中表现出很少的依恋与亲近，反而回避较多。有研究显示，认为自己与教师之间的关系亲切的中学生的比例明显较少。可见中学生师生关系的现状对他们的发展很不利，应该引起教育工作者的高度重视。

研究表明，中学生师生关系具有鲜明的年级发展特点，初一师生关系最好，但随着年级的增长，师生关系呈下降发展趋势，这是由于中学生的认知能力不断提高，独立性和批判性有显著发展，因此他们会愈发以独立批判的眼光看待自己与教师的关系。此外，高年级学生的学习任务较重，许多教师对学生的成绩有着很高的期望，很可能在一定程度上忽略学生情感方面的发展，师生间的沟通较少，所以造成师生间的冲突和回避。该研究进一步证实，从年级的发展趋势上看，初二和高二表现相对最不理想，矛盾冲突型学生人数明显高于其他年级，同时紧密和谐型的学生人数明显少于其他年级。从师生关系类型上看，初二和高二年级学生中表现出疏远平淡型的人数最多，其次是矛盾冲突型，亲密和谐型最少。从整体上看，初二和高二学生的师生关系发展表现出多冲突、多疏远及少亲密的特点。这是由于，初二阶段是中学生认知发展的转折期，在与教师的交往过程中，他们经常用审视的眼光看待教师的行为，但是他们的整体认知水平仍然比较幼稚，易于偏激，容易引起师生冲突或疏远；高二阶段是形式逻辑思维已经基本成熟的时期，并且辩证逻辑思维也趋于优势地位，但是并没有发展成熟，因此与教师的交往也容易出现认识上的偏差；初二的学生产生了较强的成人感，高二学生则产生较强的成熟感，但是从本质上讲，他们的身心发展并没有完全成熟；教师缺乏对这两个特殊时期的学生特征的认识及准备，也容易导致师生间关系的不和谐。

从当前的教育状态来看，中学生师生关系中的疏远、冷漠、冲突、对立现象有愈加严重的趋势。虽然从中学生的心理发展特点来看，这些现象的存在与发生有一定的必然性，但是如果这些现象得不到有效的疏导或处理，必将影响到学生的发展。

三、中学生师生关系的辅导策略

既然师生关系如此重要，那么如何建立和谐融洽的师生关系呢？

（一）了解

教学活动的主体是学生，为了设计、组织一个适合学生的学习环境，就要求作为教学活动主导的教师们了解每一位学生，了解他们这个年龄段的特点。在了解的基础上才能在教学过程中对症下药、因材施教。根据前人的总结，了解学生可以通过以下几个途径：

1. 观察　观察是了解学生最基本的方法，学生的思想品质、兴趣爱好、才能特长等都会在活动中表现出来，所以教师要善于有目的、有计划地通过课堂教学、课外活动等了解学生的真实情况及其内心世界。为此，教师应该深入学生的各种活动，仔细观察，积累比较丰富真实的材料，进行认真的分析，通过学生的言行，了解他们的思想，这样才能避免主观臆断。

2. 谈话　谈话是了解学生的重要方法，教师可以有目的地找个别学生谈话，或者以小型座谈会的形式谈话，这样可以深入了解学生或学生集体的情况，以便掌握他们的思想动向。为了使谈话有更好的效果，谈话过程中应注意目的要明确，中心要突出，方法要恰当，对学生的态度要和善、亲切，要鼓励学生讲真话，同时注意耐心倾听。谈话后，要把掌握的情况及教师自己的感受记录下来，积累材料，为更好地教育学生奠定基础。

3. 研究材料　教师可以通过研究学生的学籍信息、成绩单、作业等了解学生的生长环境、学习状态等等。然后结合平时的观察与谈话记录进行分析。笔者认为学生的作文是最能够反应他们思想、知识及能力的书面材料。教师本身也要坚持写工作日志，收集、整理、完善、保存有关学生的材料，进一步为教育教学工作提供依据。

4. 调查访问　调查访问是深入了解、研究学生的有效途径，对象可以很多，如学生、教师、家长等；方式也多种多样，如座谈会、家长会、家访、电话沟通等。实施起来可以根据教师的目的来确定具体的对象及方法。

（二）尊重

自尊心是一种建立在自我评价基础上的，要求社会和集体承认自己人格与能力的思想感情，是一个人的立世之本，如果失去了它，就失去了做人的尊严，也就失去了克服消极情绪影响及抵制不良诱惑的能力。因此，作为教育者应该注意保护学生的自尊心。

尊重是相互的，教师尊重学生，学生会更尊重教师。教师与学生的关系应该体现出平等与和谐，教师是教育活动的引导者、促进者，每个学生都有权从教师身上感受到对自己积极的尊重。在这里，并不是说教师对学生只能表扬，教师可以批评学生，可以言词严厉，但是不应该使用一切有损于学生自尊和人格的话语，应杜绝讽刺、挖苦、体罚等侮辱学生自尊心的做法，提倡使用体现民主、平等、关爱的教学用语。此外，尊重学生还包括要平等地对待他们，切记偏心。无论学生是否听话，成绩是否优秀，家庭背景是否优越，教师对他们都应该一视同仁，使每个学生体会到只要通过自己的努力就能得到公平公正的评价，让学生都能够以轻松愉快的心情融入到集体中，充分享受教师给予的尊重。

（三）信任

信任是一种特殊形式的尊重，是建立良好师生关系的基础，是培养学生自信心的基石。教师要充分信任学生的人格及品行。只有这样才能激发学生的学习热情，增强学生的学习动力。所以，在教学过程中，面对学生取得的每一点成绩都应该给予充分的肯定及真诚的鼓励。对于学生的错误或过失，应从信任的角度出发，给其改过自新的机会，并积极帮助学生分析解决问题，及时改正错误，弥补过失。当学生由于失败而失去信心时，教师应从正面鼓励学生正确面对失败，使学生从失败中有所收获，总结经验教训，要相信每一位学生的能力，积极正向地引导，而不是一味地说教。

（四）关爱

教育应该建立在爱的基础上，除了对学生学习上的关心、帮助和严格要求外，教师应当表现出对学生本人的关心，使学生对教师产生亲切感，从而建立良好的师生关系。

关爱要真诚，教师要先敞开自己的胸怀，用一颗真诚的爱心去包容学生，爱学生。作为教师，要跟着学生走，围着学生转，把每一位学生都当成是自己的子女，对他们进行无微不至的关爱，要让每位学生对教师都充满信心与热爱，使他们愿意与教师交流、互动，乐于与教师一起参加活动。学生感受到教师的关爱，就会更加喜爱校园生活，有利于建立良好的师生关系和生生关系。

要达到融洽师生关系的目的，不仅需要教师耐心细致的工作，而且需要教师具备无私奉献的精神。只有设身处地地为学生着想，取得学生的信任及爱戴，情感才会一点一滴地积累起来，师生关系才能走向和谐融洽，最终达到教书育人的目的。

第二节　中学生亲子关系的教育与辅导

一、亲子关系的含义与功能

亲子关系原是遗传学用语，指亲代与子代之间的生物血缘关系，后被心理学、社会学、教育学等学科借用来指父母与子女之间的相互关系。随着年龄的增长，亲子关系大致经历三个发展阶段。第一阶段主要是父母对未成年子女的保护和教育；第二阶段是子女成年后直到父母衰老，一般情况下，这一阶段父母与子女关系是比较平等的，没有太明显的向某一方向倾斜的抚养关系；第三阶段是父母衰老后，子女对父母的赡养和扶助。而现在比较流行的亲子教育、亲子沟通，以及大部分关于亲子关系的研究都是针对亲子关系的第一阶段而言的。

人从呱呱坠地起要面临的第一种人际关系就是亲子关系。许多心理学研究表明，亲子关系会在很大程度上影响人在其他人际关系中的表现方式。具体来说，亲子关系有以下几方面功能：第一，父母为子女提供的最早、最基本、最具有奠基性的教育、指导和训练是孩子成长的基础；第二，父母培养孩子规范的信念、态度和行为模式，这是子女成功走向外部世界的条件；第三，父母对子女无条件的接纳、支持和关爱可以为子女提供情绪上的安全感，可以舒缓和消除子女走向外部世界过程中遇到的紧张和压力；第四，父母根据社会文化的要求和准则对子女的行为进行约束和控制，对文化传统进行传承是子女早期社会化的主要渠道；第五，父母为子女无条件提供的一切养育事项和资源是子女生存的保证。

二、中学生亲子关系的发展特点

中学生（包括初中生和高中生）的主要年龄是在12—18岁之间，而这一阶段在时间上也恰巧和我们通常所说的青春期相吻合。在心理学上，又称这一阶段为青年初期。

众所周知，青春期是人生当中一段比较特殊的时期，甚至有心理学家把它称为“人生的第二次诞生”。从身体发育的角度看，处于青春期的中学生需经历一个急速成长的过程，而这种成长往往让人应接不暇，无论是对学生还是家长。由于身体的快速成长，学生获得了一种成人感，他们渴望独立于父母从而证明自己的成长，但他们在物质生活方面却又不得不依赖父母。因此，他们只能将自己的这种愿望表现在要求精神独立上。

青春期是学生自我意识发展的第二高峰期，这一时期的自我中心主要表现在假想观众和个人神话。所谓假想观众就是中学生总认为每一个人都像他们自己那样关注自己，这种自我关注现象经常会导致对私密性的强烈需要，这也就是为什么中学生非常不希望父母过问自己的“私事”，总要求有独立的空间。个人神话是指中学生有一种觉得自己很特别的感觉，具体来说有两种表现。一种是认为自己的想法、情感体验是独一无二的，是任何人都没有经历过且不能理解的。因此，当父母对自己早恋的孩子说“这不是爱情”时，总是无法得到认同，因为此时的青少年认为父母根本不了解自己的情感体验，也就无权评判。另一种典型表现就是认为自己是无懈可击、无所不能的，那些发生在其他人身上的事不会发生在自己的身上。因此，他们对父母嘱咐自己注意安全的话完全不放在心上。

随着长时记忆广度和认知策略的发展，中学生开始形成批判性思维。而这种批判性思维不仅表现为对书本的质疑，也表现在对父母意志的反抗。另一方面，中学生的道德发展已脱离服从权威的水平，正从他律向自律转变，有的甚至已经达到自律水平。因此，他们不再完全服从小时候被他们视为权威的父母，而是尽量在最大程度上按照自己的意志行事。

三、中学生亲子关系的辅导策略

鲍尔比（J. Bowlby）曾明确指出：“心理健康的关键是婴儿和年幼儿童与母亲（或稳定的代理母亲）建立一种温暖、亲密而持久的关系，在这种关系中，婴儿和年幼儿童既获得满足，也能感到愉悦。”可见，良好的亲子关系对个体的成长起着至关重要的作用。

任何人际关系都是双向的，亲子关系也不例外。也就是说，在进行亲子关系辅导时，要涉及双向的理解和尊重。

（一）父母学会理解和尊重子女

蹲下来和孩子说话，这不仅是指身体的姿势，更是一种心理姿态。对于中学生的家长来说，很多孩子甚至已经比自己还高了。此时的父母已经失去了身体上更强的优势，所以往往想用精神上更加强势来保持对孩子的掌控。而处在青春期的中学生产生了强烈的反抗权威的意识，这也就是这一时期亲子冲突发生较多的原因。很多亲子冲突，看似问题出在孩子身上，其实根源却在父母身上。

教师和学校应借助家长会、家访等途径，引导父母更多地理解子女、尊重子女。引导的内容主要包括以下几个方面：

1. 了解子女对父母的期望

纽曼（B. Newman）认为子女在亲子关系中渴望父母表现出以下三种品质：亲近感、心理自主和监控感。具体来说，子女对父母有以下几方面期望：

（1）爱和关怀。马斯洛认为，爱和归属是人的基本需求。父母在满足子女生理需求的基础上，还要给予孩子足够的爱和关注。事实上，子女衡量他们与父母之间的感情更多的是根据父母是否能让他们感受到温暖和被关注，是否能在他们最需要的时候得到父母的关怀，而不是父母为他们提供了什么样的物质生活。

（2）倾听。中学生已经开始形成一定的价值观，特别是在这样一个信息技术高速发展的时代，中学生会从许多渠道了解信息，然后形成自己的价值判断标准。在这些繁杂的信息中，就不乏一些不利于中学生健康成长的因素。然而，作为父母，如果只是不由分说地批判子女的观点，造成的唯一后果就是使子女不再敢轻易表达自己的观点，然而不表达不代表没有。而同时，父母也失去了引导子女形成正确价值观的机会。因此，父母首先要学会倾听子女的观点，帮助子女进行分析，进而给予一个正确的导向。

在倾听时，父母往往容易犯两个错误。一是“听”得不认真，比如一边看报纸或做家务一边听孩子说话，特别是当孩子很认真地表达自己观点的时候。此时，父母如果没有把注意力完全集中在孩子身上，看似在听，实则错过了很多信息。比如孩子在表达时的表情、语气、身体姿势等等，而这些不仅可以给父母传达更多信息，还能帮助父母进行更恰当的通情。第二个错误是，在听的过程中总是加以评判。子女的很多行为和想法也许和父母的并不吻合，但即使父母并不认同子女，也要接纳子女的感受，不要总是打断子女的表达。

好的倾听者应具备以下几个特点：①适当地使用目光接触；②容忍并且不打断；③使用语言和非语言表达来表示回应；④用不带威胁的语气来提问；⑤通

情；⑥展示关心的态度并愿意倾听；⑦不批评。

（3）接受和支持。爱的一个重要表现就是无条件接受。子女需要父母接纳自己的一切，包括好的方面和坏的方面。当青春期的子女遇到困惑以及他所不能解决的问题时，父母即使不能给自己提供有价值的建议，只要能接纳他们当时的想法和情绪，他们就会感到一种支持。

（4）信任。青春期的孩子由于生理的迅速发展，不自觉地获得了一种成人感，这就使他们对于父母是否信任自己极其重视和敏感。这里的信任有两方面。一是父母相信自己有不会做某事的辨识力。例如，父母相信女儿会把握好和异性朋友交往的尺度，不会"过界"；又如，父母相信子女考试前生病不是为了逃避考试给自己带来的后果。二是父母相信自己有完成某事的能力。我们经常会看到这样的情景：家长为是否要接送孩子上下学而和孩子争论不休，家长认为孩子上学太早，自己又还没到上班时间，送孩子上学是很正常的，而孩子却坚决不肯。大多数家长因此而困惑，其实子女并不是嫌家长给他们"丢人"，也不是想背着家长做些什么，大多数情况下，他们只是想证明自己已经和"儿童"彻底划清界限，已经有能力保护自己。其实，大到选择文理分科甚至高考填报志愿，小到上下学是否需要父母接送，都是孩子证明自己具备某种能力的时机，也是孩子对家长是否信任自己特别敏感的时候。有时怀疑的眼神比用玩笑的语气提出质疑对青少年的影响更大。

信任的力量是巨大的，父母对子女的信任，可以为子女提供自由发展的空间和动力。信任是建立在父母对自己了解的基础上的，如果子女主动跟父母交流自己的日常活动，父母会更信任他们。

2. 调整对子女的期望值

我们都有这样的经验：当你问一位准妈妈或准爸爸，他们对即将出世的孩子有什么期望的时候，他们总会说，只要孩子能健康、快乐就好。可当孩子出生、慢慢长大，父母的期望却绝不仅仅如此，特别是在子女上学以后，父母总是希望他们能考出好成绩，上一个好中学，然后上一个好的大学。父母对子女的期望值总是在变，而且总是期望子女在同辈团体中是最好的。这种望子成龙、望女成凤的心情是可以理解的，但家长一定要明白，最好的一定是少数。父母在给子女设定期望值的时候一定要考虑到，如果自己设定的目标是孩子即使失去快乐甚至健康之后仍然不能达到的，无论对于谁都是得不偿失的。父母在设定期望值时，还有一个误区，就是将自己未能实现的"人生理想"强加给孩子，让孩子替自己去实现。而在这个过程中，父母往往忽略了子女自身的智能种类和兴趣所在。而那些帮助父母完成梦想的孩子，即使走上了父母所期望的那条路，也往往会因为缺乏这方面的才能或对此不感兴趣，而走得非常坎坷。在现今社会中，一个健康快乐积极向上的孩子，不会刻意去追求成功，但往往能够成功和快乐。父母需要调整对子女的期望值，根据子女的特点，鼓励他们快乐成长。

3. 给父母的一些建议

（1）没有两个人是一样的，所以不要总对孩子说："你学学××家的孩子。"你也不想听到孩子说："您学学××的爸妈。"

（2）成长的过程是一个学习的过程，所以，把责任交给孩子就是把成功交给孩子。

（3）应该帮助孩子成长而不是替代孩子成长，规划未来也是一样。

（4）不可以把"爱"当做你对孩子做任何事的理由。

（5）尊重孩子的独立个性，但并不放弃指导。

（6）父母不对的时候要承认自己的过错，不要强词夺理。

（二）子女学会理解和尊重父母

现在的中学生绝大多数是独生子女，从小习惯了父母围着自己转，也就很少思考父母对自己的付出。有研究显示，虽然中学生与父母发生冲突的频率比其他年龄段更高，但这并不意味着他们失去了与父母的亲密感，可能只是将对父母的爱埋藏在潜意识中。教师的任务就是帮助学生将对父母的爱挖掘到意识层面，这主要可以通过心理课、班会等时机进行。下面对亲子关系教育的教学设计进行举例。

【活动主题】

模拟家长会（适用于初中阶段）。

【设计思想】

初中的学生正处在人际交往的关键期，此时是培养他们人际交往（长辈交往，同伴交往等）能力的最佳时机。青春期的学生极富激情，如果能从长辈角度思考问题，能体会到长辈的苦心，必能够将感情转化为快乐学习和认真生活的动力。

【活动目标】

1. 说出自己目前存在的不足，找到解决这些不足的方法；总结个人值得发扬的经验。

2. 运用角色扮演等方法来进行换位思考；

3. 理解父母对自己各种要求或者做法的苦心，原谅他们不当的做法，愿意为个人理想而努力。

【活动重点】

深入反思，认识自己的不足，找到解决这些不足的方法。

【活动难点】

换位思考，理解父母的苦心。

【活动过程】

活动环节	教师活动	学生活动	设计意图
一、家长会总结	家长会结束以后，父母回家说你们什么了？	同学回答，有的唠叨了，说要努力学习。有的还打骂了。	把学生的不良情绪带进来，以便做下一步处理。
二、家长角色扮演	好，请各位给我一点注意力，待会儿我数完5个数，你就是你的家长了。5，你有一个上中学的孩子，他刚刚结束了期中考试，请您参加家长会；4，你接到家长信，请好了假；3，你很早坐车来到学校；2，你问了一下我们的教室；1，你走了进来，坐在你孩子的位子上。 各位家长好，欢迎您来参加孩子的家长会，今天家长会有个特别的内容，我想代表孩子问你们几个问题。	随着音乐和老师的指导语，学生逐渐进入角色，扮演家长。 学生回答问题： 1. 有个同学问喜欢明星有什么错？她只不过听听歌，发发帖子，扫扫街，没耽误学习呀？ 2. 玩是孩子的天性，我喜欢玩电脑，你为什么要阻止我？ 3. 你们为什么那么在乎考试成绩？ 4. 如果你孩子沉迷电脑，你会想什么方法？ 5. 如果你的孩子贪玩，学习成绩不好，挺不争气的，你为什么还不放弃他？	将孩子带入家长的角色，有利于他们更好地从家长的角度思考。
三、把握现在	基于各种美好的愿望，家长为我们孩子更好地发展出谋划策。当然，我知道再美好的未来，也要基于脚踏实地的今天，希望我们家长送给自己孩子一句话，让孩子看到以后就知道怎么做。	家长送给孩子一句话。	自己的行动指南。

（续表）

活动环节	教师活动	学生活动	设计意图
四、摆人字	好的，现在请回到我们学生自己的角色中来。 第一排同学起立，向后转，双手摆“人”字，为什么有的同学会摆成“人”字？ 今天这节课的目的就是换位思考，从家长的角度来看问题。回顾今天的课程： 为什么我们的父母把成绩看得那么重？ 为什么父母不让我们过多地沉醉于游戏或者明星？	所有人拍拍自己的身体，回到现实，现在不再是自己的父母。 同学们分享自己的感受。	从学生自己的角度和父母的角度进行对比，从而更加明晰自己以后的行动。

模拟家长会利用了角色扮演的方法，为学生提供了一个以家长的身份考虑问题的空间和氛围，让学生不自觉地换位思考，从而理解父母、尊重父母。

第三节　中学生同伴关系的教育与辅导

一、同伴关系的含义与功能

同伴关系主要是指同龄人或心理发展水平相当的个体在交往过程中建立并发展起来的一种人际关系。良好的同伴关系使个体视对方为朋友，彼此喜欢对方，并互相帮助，相互信赖。但是不同年龄段的个体对朋友的定义是不同的（见表5-1）。

表5-1　友谊发展阶段

发展阶段和近似年龄	主要特点
游戏伙伴（3—7岁）	朋友就是和自己一块玩的那些小朋友。
助手（4—9岁）	朋友就是那些能够提供帮助，并相互按照对方的命令去做的那些人。
合作者（6—12岁）	朋友必须合作、有共同的目标和行事程序以及相互让步。
知己和互相支持者（9—15岁）	朋友之间应该分享价值观和目标，保持亲密和提供支持；牢固的友谊虽然经历偶尔的不愉快但仍能持续下去。
依赖但自主（12岁以上）	对相互间的依赖有成人一般的理解，共同需要保持个性和独立以及培养其他关系。

不同于垂直的亲子关系和师生关系，同伴关系是一种水平的人际关系。所谓水平关系是指个体与那些跟他处于相同认知水平和具有相同社会权利的他人之间形成的一种关系。也就是说，在同伴关系中，没有明显的一方为另一方提供物质或精神帮助。一般来说，同伴关系的发展与维持是建立在互惠的基础上的。彼此平等是同伴关系的主要特征。

这种水平的人际关系的主要功能是给个体提供学习技能和交流经验的机会，而这种技能、经验只有在地位平等的基础上才能获得，这是垂直关系所不能给予的。

人在任何一个阶段都需要有同伴的陪同，因为同伴是最好的镜子，是人进行社会比较不可缺少的参照物。可以说，同伴关系是个体在成长过程中进行社会化的重要影响因素，甚至比垂直的父母关系和师生关系影响更大。个体在人生的最初几年主要是在家庭中度过的，因此主要的人际关系就是我们上一节所讲的亲子关系，此时，父母是儿童进行社会化最重要的关系人。但是当个体进入学校以后，和父母接触的时间逐渐减少，和同龄人接触的时间逐渐增多。特别是进入中学后，父母对孩子的影响力逐渐减弱。这主要是因为个体进入了青春期，由于生理的急速变化，情绪也比较容易波动，他们认为父母不能理解他们的困扰和变化，而同伴则不一样。青少年会试探着和其中一些同伴分享自己的秘密，一旦他们知道同伴有着和他们相似的经历，并能理解他们的感受，就会进行更多的自我表露，并逐渐成为“朋友”关系。此时，朋友对青少年的影响要比父母大很多。利维特（Levitt，1993）采用个别访谈法对7—14岁儿童进行研究，结果发现，各个年龄段的儿童都把直系家庭成员看做是最亲密的人，但是从10岁左右开始，儿童逐渐更多地提到家庭外部成员，而到了青少年时期，个体把同伴当做情感支持源的程度出现了明显的增长。

皮亚杰在他的早期著作中论述了同伴关系在社会能力发展中的作用。他认为，个体在同伴关系中的合作与经验分享使他们获得了更广阔的视野。同时，在同伴交往过程中产生的冲突使个体学会面对、处理冲突，以及获得更强的观点采择能力，这会使他们的社会交往技能得到提升。皮亚杰还特别强调，同伴间的讨论和争论是道德判断能力发展所必需的。他的这些观点在沙利文和哈吐普的论述中也得到了支持，即个体与同伴平等交往的机会使个体能够学习有效的交往技能，而且在个体的社会化和道德价值的形成中发挥着巨大的作用。

沙利文还认为，个体的人格是由个体的社会关系塑造的。在中学时期，同伴关系是社会关系中最重要的一部分。他认为，同伴为个体逐渐理解合作与竞争的社会规则和服从与支配的社会角色构建了基本框架。这个时期良好的同伴关系也是形成健康的自我概念所必需的。这一时期的个体第一次“通过他人的眼睛看自己”，逐步形成自我概念和促进自己人格的发展。

如果按照亲密程度对同伴关系进行分类，可以分为亲密朋友、普通朋友以及一般的同伴，而不同的群体为个体提供的社会支持是不同的。一般同伴群体可以提供归属感和包容感；工具性或指导性帮助、抚慰、陪伴和增进自我价值感既可以从朋友关系中获得，也可以从一般同伴群体中获得；而亲密朋友关系主要可以提供爱、亲密和可靠的同盟。而无论是哪一种社会支持，都会使个体感觉自己是安全的、被关爱的。当个体体验到自己的某种能力或人格被一个团体所认同，不但会提高个体的自尊水平，而且他将更愿意遵守这个团体的规则，从而表现出更多的利他行为。许多研究表明，具有良好同伴群体关系的个体易表现出友好、谦虚的品质和低焦虑的情绪，它有利于情绪的社会化。

二、中学生同伴关系的发展特点

青春期对于任何一个个体来说都是一个比较特殊的时期，在这个时期，个体既不像儿时那样可以完全依靠父母，也不像他们长大成人后那样有责任感。这个时候，同伴关系就显得格外重要，因为它可以为个体提供一种强烈的可依恋关系，让个体获得被支持、被关爱的安全感。

与童年晚期的友谊相比，青春期友谊的一个最重要的可区别的特征就是亲密感。所谓亲密感，就是两个人分享个人的知识、想法、感受的程度。沙利文认为，处于青春期的个体认知水平得到很大程度的提高，他们会与同伴通情并且分享自己的想法，这是他们在童年时期所没有的，这种新的能力使他们能够真正地把好朋友当做一个个体，而不是一个简单的玩伴。此时的亲密感主要表现在：青少年更愿意向朋友表露重要的私人信息（而不是向父母表露），特别是有关恋爱和性方面的事。中学生进入青春期后，不可避免地要经历一些心理上的变化，其中最令他们困惑的就是产生了强烈的性意识。这种感觉是青少年羞于向家长及老师启齿的，只有和同伴分享并得到回应才能让他们觉得自己并不是特殊的、“羞耻的”。而这种分享与回应又会反过来增加同伴之间的亲密感。当然，这种亲密感也显示出了一定的性别差异，与男孩相比，女孩间的朋友关系更亲密。这是由于从童年时期开始，女孩就被鼓励更多地、更开放地表露自己的感受，而男孩一旦试图和别人探讨自己的感受或表达自己的情绪，就会被冠以“懦夫”、“软弱”等不好的定义。因此，当个体进入中学后，女孩产生和发展友谊的模式主要是通过一起分享私人信息、表达情感；而男孩主要是通过共同的活动，比如打篮球、玩游戏来获得这些。

皮亚杰认为，中学生开始具备抽象思维能力，这使得他们可以探讨和思考同伴关系中较抽象的品质，例如情感、忠诚、信任等。因此，中学生对于同伴是否“背叛”自己非常敏感。而他们对于“背叛”的定义也是相当广泛的，例如同伴是否将自己的秘密告诉别人，是否在背后说自己的闲话，甚至是否对他人表露的秘密比对自己表露的多等等。中学生会花很多精力用于寻找朋友“背叛”自己的蛛丝马迹，再加上独生子女、考试压力等因素使得他们的交往技能较弱，这些都会导致他们在中学时期的友谊会经历一些波折和考验，而一旦经受住了这一时期的考验，中学时期的友谊又会成为他们一生中最受用的情感支持。

正如塞尔曼的友谊发展阶段理论所阐述的，进入中学后，个体更关注自己的朋友是否和自己有相同的价值观。因此，他们会很明显地将与自己有相似价值观的同伴纳入自己的小团体，而这种现象，在女孩中尤为突出。因此，在中学常见的一种现象就是，几个女生聚在一起玩闹或是说一些私密的话，另一些女生聚在一起也是如此，很有可能，她们之间还会说一些攻击对方团体的话，然后引起共鸣，以增强小团体内部的凝聚力和亲密感。这种现象在小学是比较少见的，因为小学的同伴关系，无论是男孩还是女孩，都主要是以游戏为联结纽带的。

三、中学生同伴关系的辅导策略

当今的中学生基本都是独生子女，因而缺少了童年时期与同龄儿童（兄弟姐妹）交往的机会，这使得他们比较缺乏社会交往的技能。特别是到了需要大量和同伴接触的中学时期，许多中学生不知道怎样才能满足自己与同伴交往的心理需要，因而在实际交往中常常事与愿违，感到十分苦恼。另外，个体在小学阶段的交友通常是被家长控制的，家长会帮助孩子选择一些人做朋友，而远离另外一些人，甚至会出面帮助孩子调解与同伴之间的冲突。但是一旦孩子进入中学，很多父母就不会再过多地干涉孩子的择友以及交往过程中出现的问题，即使干涉，也很难被已经进入青春叛逆期的孩子所接受。因此，很多中学生并不知道什么才是真正的朋友，从而可能误入歧途。

（一）交友原则

在学校的教育中，我们首先要告诉学生什么才是真正的朋友，中学生应该交什么样的朋友。

1. 善交益友。对自己的思想、工作、学习有帮助的朋友称为益友。益友能使自己获得更大的发展，开拓自己的视野。孔子认为益友分为三类：友直（品行正直的朋友）、友谅（诚实守信的朋友）、友多闻（知识丰富有学问的朋友）。但学生一定要知道，友谊是一种互惠的关系，因此学生要努力提高自己的能力和素养，完善自己，争取也成为他人心中的益友。

2. 乐交诤友。能够直言不讳地指出自己的错误、批评自己的朋友是诤友。有些中学生认为，那些一味讨好自己，对自己只有赞同没有批评的就是自己的好朋友。然而，真正的朋友虽然不能总是指责，但也不能总做“老好人”，这样的朋友是不真诚的，对自己的发展也是不利的。

3. 不交损友。对自己的道德品行产生不良影响的朋友称为损友。孔子发表过对损友的见解："损者三友：友便辟（心术不正的人）、友善柔（华而不实的人）、友便佞（阿谀奉承、花言巧语、谄媚的人）。"学生应该学会分辨损友，远离损友。

所谓"近朱者赤，近墨者黑"，学会辨别朋友的好坏，了解什么样的人才是值得交的朋友，对中学生的个体发展起着至关重要的作用，甚至有可能影响一生。

（二）交友技巧

1. 学会倾听。学会倾听是有效沟通的开始，对于维持好的同伴关系有着非常重要的意义，然而中学生处在自我意识觉醒、膨胀的阶段，往往容易以自我为中心，缺乏对对方的体察和理解，急于表达自己，而不善于倾听，从而影响他们与别人的交往。倾听是一个主动的过程，并不是仅仅坐在那里，而是要真正用心去听。同时，要给予一些适当的回应，比如点头、重复或解释对方的话。当然，在进行解释的时候，尽量不要掺杂自己的观点和评价。还有更深层的技巧，比如通情。所谓"通情"，就是在交流的过程中可以了解他人感受的一种能力。适当的通情可以让对方感觉自己是被理解的、被尊重的。

2. 学会感谢。很多中学生已经习惯了父母为他们做事，而从来没有感谢。他们把这种交往习惯也带到了同伴交往中，认为朋友为自己做点事是理所当然的，没必要感谢。其实，每个人都需要被他人感谢，因为这证实了自己所做的是对他人有贡献的，同时也证明了自己的价值所在。教师要帮助学生认识到，任何人的任何一点帮助都不是理所当然的，即使关系再好的朋友也需要你的感谢。

3. 学会"提意见"。中学生一定要认识到，一个真诚的朋友绝不是总说你好，却从不给你提出意见的人。但是，在现实生活中，很多中学生为了避免冲突，或希望获得朋友的好感，就不敢对朋友提出意见。其实，只要掌握好的方法，"提意见"不仅不会伤害朋友的感情，反而会增进友谊。"提意见"一定要针对某件事，而不是针对某个人。另外，一定不能止于意见，而是要向朋友提出切实可行的建议。教师可以在心理课上创设一个需要学生向朋友提意见的情境，为几名学生提供几种不同的提意见的方法，让学生进行角色扮演，再让其他同学说一说，每一种提意见的方法给人的感受是怎样的，认为哪种比较好。

4. 学会换位思考。在人际交往的过程中，由于种种原因，难免会遇到冲突和矛盾的情况。有些学生由于不知道如何处理冲突，而尽量避免出现冲突。其实，在人际交往的过程中，冲突是必然的，如果处理得当会促进人际关系的和谐。在学生遇到冲突情境时，教师可以帮助学生学会换位思考的方法。特别是在心理课上，教师可以用一些心理学专业技术（比如角色扮演）来达到更好的效果。通过推己及人、设身处地的思考方式来尝试理解和体谅他人。从而达到处理和解决冲突与矛盾的目的，同时也培养学生解决人际冲突的能力。

第四节 中学生异性关系的教育与辅导

一、异性关系的含义与功能

（一）异性关系的含义

进入青春期的青少年，由于体内性激素的作用，出现了第二性征，同时性意识开始觉醒。男女生开始对异性同伴产生朦胧的神秘感和渴望，喜欢与异性交往。这种男女生之间的正常交往和友谊是一种合理的需要，有利于学生的身心健康，家长和老师应该予以鼓励和支持。然而，有时由于青春期教育的滞后，使中学生的心理发展落后于生理发展，这种身心发展的不平衡，使学生常常陷于困扰之中。

某高一女生，与异性同学交往有障碍。突出表现为：一见到某男生就心跳得厉害，后来泛化到见到所有的男生都心慌，无法上课，打算休学。经询问，知其起因始于初三。当时，她与一男生交往挺多，经常在一起说话，被数学老师说成是“早恋”。这位数学老师帮她从“早恋”中走出来，无私地帮她补了三个月的课，使她顺利地考入了高中。现在她很想学好，不辜负数学老师的厚望，可根本学不进去，以后她觉得对不起那位老师。由于这位老师告诫过她，到了高中，千万不能谈恋爱。所以进入高中以后，她从不主动和男生说话，害怕因此而早恋。这位好心的老师也许不会想到他的告诫对学生产生了这种影响。

一次一位男同学主动跟她说了一句话：“我们曾在一个考场考过试。”以后这位男生再没找过她，但她却很害怕，可又说不清怕什么。可能是怕自己会喜欢上他。而实际上，她并不喜欢这位男生，觉得他并不优秀，可就是不由自主地紧张害怕。

（邱少萍，2002）

受各种因素的影响，中学生在异性交往方面也会出现一些不良的倾向。比如有些学生受到网络、电视等大众传媒的影响过深，在异性关系中表现得比较随便、没有分寸，甚至放荡不羁。这种情况不但不利于学生的心理健康成长，还可能对其一生造成难以弥补的伤害。

（二）异性关系的功能

异性交往是中学生性心理和性生理走向成熟的必然结果，是一种正常的自然表现。健康发展的异性关系对中学生的成长与发展具有积极的功能，主要表现在：

1. 促进中学生自我同一性的发展

埃里克森（E. H. Erikson）在其人格发展阶段理论中指出：青少年（12—18岁）在青春期的关键任务就是建立同一感，防止角色混乱。

(1) 健康发展的异性关系有利于中学生建立清晰的自我感知。

在与同龄人相互作用的过程当中，他们不仅仅简单地拥有一个自我概念，而是拥有多个不同的自我概念，它们分别是在与一般的同伴群体、亲密朋友和异性同伴之间的相互作用中形成的。与异性交往比较积极、健康（水平高）的青少年，相对于那些与异性交往不成功（水平低）的青少年，对于自身的交往能力有更清晰的感知，并且具有更强的自信，会认为自己具备较强的吸引力或魅力。

(2) 健康发展的异性关系有利于中学生建立良好的自我价值感。

在与异性交往过程中形成的自我概念与众多其他自我概念相关，如身体外表及同伴接纳方面，这些不同方面的自我概念综合作用决定了个体的自我价值感。此外，异性交往对自我表现、道德价值、合法的同一感选择、职业准备以及一系列社会角色比如性别角色的发展都有很大影响。

2. 有利于中学生的个性完善，促进其心理健康

异性交往可以满足青少年的心理需求，缺乏异性交往可能导致中学生的适应不良，引起性心理扭曲、性别认知障碍等问题。如今的中学生绝大多数都是独生子女，没有兄弟姐妹，缺乏与异性交往的机会，只有通过与异性同学、伙伴的交往来代替。如果从小与异性接触很少，进入青春期后就很可能出现对异性的特殊敏感，在与异性交往中也容易遇到困难。

3. 扩大中学生的交友范围，增进同学之间的友谊

通过与异性朋友的交往，使中学生的友谊发展不仅仅局限于同性同学的狭小圈子。同时，青少年通过异性交往，从对方身上学到的优点又能够迁移到他们与同性同学的交往过程中。因此，异性交往对于发展青少年友谊的广度和深度有着十分重要的作用。

4. 提高人际交往能力，促进中学生的社会性发展

人际交往是人的基本需要，是个人社会化的起点，交往能力是决定人际交往水平和质量的重要因素。与异性同伴的良好关系有助于青少年获得熟练成功的社交技巧。经常和异性同伴在一起，青少年能锻炼自己和异性交流的能力，特别是语言技巧。在学生时期学会与异性友好交往，和谐相处，能够避免走上社会后出现与异性交往困难的问题，同时也为成人后的家庭生活打下基础。

二、中学生异性关系的发展特点

中学生正处于性别角色分化和性意识急速发展的时期，其异性关系的发展一般需要经历以下过程：

(一) 对性知识和异性的探求和了解

进入青春期后，随着第二性征的出现，两性身心差异拉大。自我性意识觉醒

的中学生对性颇感好奇、敏感，又迫切希望掌握性知识，对自己和异性的生理变化进行探求和了解。中学生对性知识和异性的了解渴望主要指向：男女生殖器的构造、性生理现象、生殖及性行为、解脱性烦恼的方法等。

（二）对异性的疏离与排斥

中学生对异性的兴趣与爱恋，有一个逐渐产生、发展的过程。其前兆往往表现为对异性的疏离与排斥。青春期之初，由于对性别、性角色的心理认同感增强，以及对第二性征发育现象的不安与烦恼，不少中学生对异性产生心理封锁，同性交往趋向增强。同时，由于完全缺乏与异性交往的技巧，对异性的陌生、畏惧感尚未消除，不安和羞涩使一些中学生以反向的方式来表达自己对异性的关注，这就出现了常见的“心相近而行相远”的现象。

（三）对异性的关注与接近

进入青春期的少男少女，随着生理发育的日益成熟以及性意识的萌发，对异性产生好感、爱慕，并渴望与之接近、交往，这是极为正常的心理。对异性向往的心理发展结果便是接近异性的行为，其表现主要为两方面。其一，可以修饰打扮自己，以良好的自我形象吸引异性的注意。这一阶段注意自己的衣着打扮、容貌身姿者明显增多，且女生多于男生。其二，以各种理由接近异性，以男子气或女性化表现来博取异性的喜欢。男女同学愿意在一起活动、游玩、运动、学习，主动接近异性者增多。

（四）对异性的追求与爱恋

随着对异性的关注增多，中学生会感受到异性吸引的情感撞击和性欲的冲动。当这种心理较为专一地指向某一异性时，便进入纯洁、幼稚的初恋阶段，并产生相应的追求行为。

三、中学生异性关系的辅导策略

很多教师和家长往往在发现孩子和异性交往之后，就认为孩子是在“学坏”，不好好学习。家长捕风捉影的批评、偷偷地窥探孩子的隐私、忧心忡忡地唠叨提醒，反而容易引起孩子的烦躁，加重其逆反心理。因此，对中学生进行异性关系辅导，需要家长和学校采用引导和教育的方式，一方面鼓励孩子自己思考，另一方面加深孩子对异性关系的认识。

（一）家长要对孩子进行异性关系辅导

父母之爱犹如阳光，是孩子成长不可或缺的精神支柱，异性关系的教育需要家长在日常生活中进行渗透。真正涉及到个性化、私密化问题的性教育是学校课堂教育很难提供给孩子的，需要家长的指导和帮助。家长要改变传统的异性交往观，正确认识中学生在青春期的异性交往，重视并鼓励异性交往，消除神秘心理。在辅导孩子的过程中，家长要注意强调两个原则：

1. 自然原则

所谓自然原则，就是在与异性交往过程中，言语、表情、行为举止、情感流露及所思所想要做到自然、顺畅，既不过分夸张，也不闪烁其辞；既不盲目冲动，也不矫揉造作。消除异性交往中的不自然感是建立正常异性关系的前提，同学关系不要因为异性的加入和存在而变得不舒服或不自然。

2. 适度原则

所谓适度原则，是指异性交往的程度和异性交往的方式要恰到好处，既不为异性交往过早而萌动情爱，又不因回避或拒绝异性而对交往双方造成心灵伤害；既不过多地与异性同伴独处，又不在异性面前如临大敌，拒不接纳异性的热情帮助。

（二）学校和教师要对学生进行异性关系辅导

学校和教师作为中学生异性关系教育的主力军，应该把教育的重心从规范教育转为认知教育。

1. 专题知识讲座

针对青春期的异性交往问题，学校应成为中学生性教育的重要场所。教师应摒弃传统观念的影响，对学生进行全面、细致、科学的青春期性教育。必要时可将男女生分开，通过专题讲座的方式使他们了解男女在生理上的差别，帮助学生了解青春期生理和心理变化，从而更好地认识自己、了解异性。

2. 心理课课堂渗透

学校可开设性健康教育的校本课程，在心理课上开展系统的异性交往教育。心理教师在课堂上要遵循年级发展特点，重视关键年级，授课内容和心理辅导要有针对性。在进行性健康教育的过程中，教师要注重对学生的性道德教育，使学生懂得友谊和爱情的分水岭，善于分辨是非美丑，树立自尊、自重、自爱和尊重异性的观念。

示例：

性健康教育校本课程目录

（北京市古城高级中学）

第一章　课程公约

第二章　我的身体我了解

　　第一节　青春期的变化

　　第二节　生殖器官

第三章　营养与健康

　　第一节　青春期的营养

　　第二节　青春期保健

第四章　同伴交往
　　第一节　男孩女孩
　　第二节　异性交往
　　第三节　异性交往常见问题
第五章　我和妈妈
　　第一节　妈妈我爱您
　　第二节　神奇的遗传
第六章　保护我自己
　　第一节　生殖与避孕
　　第二节　预防性骚扰
　　第三节　预防艾滋病
第七章　性观念与性道德
　　第一节　社会现象辨析
　　第二节　树立正确的爱情观和婚姻观
第八章　什么是美

3. 主题班会促进交流

班主任老师可以利用主题班会的时间，通过一些促进交流合作的团体活动，来增进学生之间的交流和了解，引导学生形成正确的异性交往自我，掌握异性交往的方法。

主题班会示例：男生女生——“青春期异性交往”心理健康主题班会

环节1——热身活动：一元五角

活动目的：打破男女生界限，以便引入异性交往的话题。

活动要求：每个女生代表一元钱，每个男生代表五角钱。老师任意说出一个钱数，让男女生组合成符合这个钱数的队伍，以手拉手的方式组队，组队失败的同学被罚出局。

环节2——班主任老师讲故事

“心理学上的异性效应”：某中学组织同学外出野餐。第一天，老师让男女同学分席而食，结果是男生个个狼吞虎咽，女生则嬉笑吵闹，同样杯盘狼藉。第二天，老师让同学男女合席而食，则出现了另一番风情：男生个个彬彬有礼，你谦我让，大有君子风度；女生则个个细嚼慢咽，温文尔雅，大有淑女风韵。

班主任小结：男、女同学表现出想与异性交往的行为是一种自然而然正常的现象，适当的异性交往是必要的，大可不必遮遮掩掩，犹抱琵琶半遮面。

环节 3——心理剧表演《收到一封烫手的信》

情景一：一男同学收到信，在同伴中炫耀。

情景二：一女同学收到信（写信的男生她看不起），在教室中当场把信撕了。

情景三：一女同学收到信以后，对写信人不做任何答复。

学生讨论：如果你收到这样一封信，你将会怎么办？

环节 4——“我的异性交往困惑”

1. 课前收集同学们在异性交往方面的烦心事，装入小箱中备用，无需署名。

2. 请同学随机抽出烦心事的小纸条，以小组为单位阅读并提出好建议。

3. 不能解决的问题求助老师。

4. 讨论并小结：青春期性意识发展有不同阶段，每阶段的心理表现是不同的（疏远异性期、向往年长异性期、渴望接近异性期等）。有的同学就处于疏远异性期，建议增强性别魅力，男性要表现出男子汉的气质：胸怀博大，情感深沉，性格开朗，情绪乐观，风度潇洒，坚毅刚强，有进取心、责任心和幽默感；女性要表现出女性特有的魅力：活泼开朗，举止大方，温文尔雅，仪表端庄，亲切善良，富于同情心。这种性别的特殊魅力，会赢得异性好感，会使交往自然而协调。

环节 5——班主任总结：异性交往应注意哪些方面

第一，注意交往的方式。

青少年男女以集体交往为宜，在异性的集体交往中，一些性格内向、不善交际的同学，免除了独自面对异性的羞涩和困窘；一些喜欢交际的同学，则满足了与人交往的需要。每个人都融入了浓浓的集体氛围中，在集体中的异性交往，每人所面对的是一群异性同学，他们各有所长，或幽默健谈，或聪明善良，或乐观大度，或稳重干练……使我们在吸收众人的优点的同时，开阔了眼界和心胸，避免了只盯住某一位异性而发展“一对一”的恋爱关系。

第二，把握交往的尺度。

在公开场合的交往，女同学应端庄、坦荡，不使对方产生误解、非分之想；男同学应庄重、沉稳，尊重对方。如果我也收到一封烫手的信，我们应遵循的原则是，态度要明确（不能含糊其辞，或不置可否，引起对方的误解、猜测），方式要委婉（不能伤害他人的自尊心）。

第三，克服羞怯、真实坦荡。

与异性交往时要感情自然，仪态大方，不失常态。初次见面的羞怯与退缩是难以避免的，女生尤为如此。但是，多次解除后仍然羞怯，就容易引起对方误解。所以，在正常的两性交往中，尤其是女同学要注意克服不自然的羞怯心理，以免使正常的异性交往误入歧途。此外，在交往过程中做到坦荡无私、以诚相待、相互信任是建立和发展良好的异性关系的前提和基础。与异性交往，要像结交同性朋友那样结交真朋友，切忌以“友谊”或“友情”的幌子招摇撞骗，贪图个人私欲，或者心术不正地骗取异性的感情。

青春是美好的，老师希望每位同学都能在异性交往过程中把握好交往的方式、尺度，彼此珍惜同学之间纯洁的友谊，以健康、积极、乐观的态度过每一天！

（黑龙江牡丹江分局云山中学　刘莉）

【建议参考资料】

1. 孟育群. 少年亲子关系研究［M］. 北京：教育科学出版社，1998.

2. 郑日昌，刘视湘. 中小学心理健康教育［M］. 武汉：武汉大学出版社，2010.

【问题与思考】

1. 师生关系的功能有哪些？
2. 融洽的师生关系需要教师做到什么？
3. 亲子关系有什么功能？
4. 通常来说，中学生子女对父母有什么期望？
5. 中学生同伴关系有什么特点？
6. 教师应辅导中学生掌握哪些交友技巧？
7. 中学生异性关系的健康发展具有哪些积极功能？
8. 在对中学生进行异性关系辅导时要注意什么原则？
9. 教师应如何把握宽容与严格之间的度？
10. 如何帮助父母找到最适合自己子女的期望值？
11. 设计一个同伴关系辅导的系列课程。
12. 在对孩子进行异性关系辅导时，如何才能让孩子放下羞涩，坦诚、大方地与父母交流？
13. 作为老师，对不同年龄的学生怎样设计出有针对性的异性关系辅导课程？对初中生和高中生进行辅导时有哪些不同的侧重点？

第六章　中学生生活适应的教育与辅导

【本章提要】

生活适应良好是心理健康的一个重要组成部分，对于现代中学生来说心理健康教育的外延不断扩大。生涯是个人一生发展的全过程，它涵盖了时间及空间的向度，其中包括了个人一生中的生涯角色、工作角色与各种生活角色之间的协调与整合。缺失生涯教育与辅导，会使学生对自己的未来缺乏责任感，也不知道自己的兴趣所在，依赖父母选择学习的专业和从事的职业。近年来，社会中出现的虐待生灵的事件越来越多，我们应该如何看待这些事件？面对地震、洪水等灾难我们要如何应对？这些都是生命教育需要解决的问题。生活适应的教育与辅导越来越重要，本章重点在生命教育、生涯教育、休闲教育、消费教育等方面进行介绍。

【学习重点】

1. 生涯教育与辅导的目标和内容
2. 生涯教育与辅导的策略
3. 生涯辅导的主要理论基础
4. 生命教育的含义及生命教育开展的途径
5. 休闲教育与辅导的含义与内容
6. 休闲教育与辅导的方法与策略
7. 消费教育与辅导的含义与内容
8. 消费教育与辅导的方法与策略

【重要术语】

生涯　生涯教育　生涯辅导　生命教育　生命的价值　休闲教育　消费教育

第一节　中学生生涯教育与辅导

当今社会变化万千、竞争激烈，生涯教育与辅导的作用越来越重要。世界许多国家都开设了生涯教育辅导课程，始于美国20世纪初的生涯教育与辅导，到20世纪60—70年代开始迅速发展，美国、英国、日本都开始致力于建立并完善大学、中小学的职业生涯辅导体系。通过社会、学校的共同努力，协助个人建立实际的自我观念，并借助生涯选择、生涯规划，以及生涯目标的追寻实现与个人才能相应的生涯目标。实践证明，积极的生涯探索无论对于取得成功还是取得幸福，都是至关重要的。

我国的生涯规划仅出现在大学，被称为“就业指导”，而在中小学几乎没有对学生进行过生涯教育。大多数家长和老师还是认为中小学教育的唯一目的就是进入大学深造，讨论学生的职业生涯是大学毕业时的事情。忽视对学生进行生涯教育使大部分中学生对自己的未来缺乏责任感，也不知道自己的兴趣所在，往往依赖父母选择学习的专业和从事的职业。一旦进入大学或走上工作岗位后，发现自己缺乏兴趣或者不能胜任自己的学习和工作，最终丧失了学习和工作的动力。

一、生涯教育与辅导的含义与内容

（一）生涯教育与辅导的含义

1. 什么是生涯

在汉语中，“生涯”是由“生”（原意是“生命、活着”）和“涯”（即“边界、极限”之意）两个词组成的，意思是“生命的极限”或“毕生的经历”，也有“生命历程”的意思。在英语中，“生涯”是“career”一词，它也被译为职业生涯。该词的含义一般有两层：其一是指生命历程或个人经历（progress through life），其二是指谋生之道（way of making a living）或职业（profession）。

可以说，生涯是指一个人的生活形态，包含了与个人工作生活有关的所有活动。简言之，生涯就是人的生命历程。生涯具有以下四种特性：

独特性——每个人的生涯是不同的。职业有一定的种类，人与人之间可能从事相同的职业，身居相同的职位，扮演着类似的角色，但每个人的生涯发展是独一无二的，因为人们在每一个职位或角色上的表现方式都不尽相同。“生涯”只存在于主体追求它的过程当中，生涯就是每一个主体发展的过程。

发展性——生涯是一个不断发展的历程。工作有完成和终结的时候，但“生涯”却是一个不断发展的过程，个体的任何生涯经验都会影响到下一步的生涯发展。

终身性——生涯的发展贯穿每个人的一生。最初提出终身生涯发展的是吉斯伯斯和摩尔（N. Gysbers & E. Moore），目前绝大部分学者都将生涯发展纳入整个生命历程。职业生活不会占据个体的全部生命，但是生涯的发展却伴随个人一生，是终身性的。

综合性——生涯是以个人职业角色的发展为主线，也包括了其他与工作有关的生活角色。它概括了个人一生中所拥有的各种职位、角色，因此，生涯不是个人在某一阶段所独有的职位、角色，而是个人在其一生中所有职位、角色的总和。

生涯是个人一生发展的全过程，它涵括了时间及空间的向度，其中包括了个人一生中的生涯角色、工作角色与各种生活角色之间的协调与整合。这是人生全程的议题，在不同的发展阶段会出现不同的生涯角色和重点，适当的生涯规划可以帮助学生为未来作好准备，也可帮助学生在迅速变迁的环境中作适当的应对。

2. 生涯辅导与生涯教育

生涯辅导与生涯教育的内涵和外延并不是完全相同的。

根据国际经济合作组织（OECD）的定义，生涯辅导（career guidance）指为协助个体在其一生的任何阶段提供教育、培训、职业选择来管理他们的职业生涯的服务和活动。这些服务可以在中小学、高等院校、培训机构、公共就业服务机构、单位、公益或社区部门以及私立机构中设立。活动可以以个体或团体为单位进行，可以以面对面或远程的形式（包括援助热线和网络服务）进行。职业生涯辅导的内容一般包括以下几个方面：

①提供职业信息；

②评估和自我评估工具；

③咨询面试；

④职业教育项目（帮助个人发展自我意识、机会意识和职业生涯管理技能）和体验式项目；

⑤找工作及工作转换的服务。

而生涯教育是指一种综合性的教育计划，其重点放在人的全部生涯上，即从幼儿园到成年，按照生涯认知、生涯准备、生涯熟练等步骤，逐一实施，使学生获得谋生技能，并建立个人的生活形态。这是由美国教育总署长马兰德于1971年提出的教育构想，主要目的是加强学校与社会的联系，使教育更好地适应社会和个人发展的需要，使每个学生成为自我认知、自我实现和自觉有用的人，能够过上富饶创造、有生产价值的人生。

可见，生涯辅导和生涯教育在实施层次上有所不同，生涯辅导是以个人发展为中心，进行针对性的协助与服务；而生涯教育则将个人生涯置于更广阔的时空关系和社会背景中，进行综合策略的制定与实施，包括为生涯辅导的执行创设更为有利的环境。

（二）生涯教育与辅导的内容

1. 生涯教育与辅导的内容

生涯教育与辅导的目标是：培养学生的择业意识，帮助学生树立正确的劳动观、职业观、择业观；帮助学生了解社会、了解职业、了解自己的职业能力、职业兴趣和职业气质等心理特点；帮助学生处理好个人专业、职业兴趣与社会需要之间的关系；帮助学生提高升学和择业的决策能力与技巧。

在明确了生涯教育与辅导的目标之后，可从以下几个方面来考虑对中学生进行生涯教育与辅导。

(1) 自我认知

自我认知是生涯发展的前提，它是现实自我、自我概念与理想自我三个层面的整合，主要以自我概念为核心形成对自己的认识与看法。个人对“我是谁”、“我是什么样的人”等问题的探索汇集起来所形成的即是个人的自我概念。自我概念的形成，是个人与生活环境、个人与社会、个人与他人、个人与自己相互作用的结果。现实自我、自我概念以及理想自我三个层面在与外在环境交互作用的过程中形成自我觉察，个体在这一过程中认知并评估个人生涯发展所需具备的兴趣、能力、价值观和人格特质以及各种经验和可能遇到的障碍等。具体内容包括：个体获得生涯发展基本意义与功能，明了青少年时期的发展任务，学习如何增进个人生涯发展知识，学会如何将自己的兴趣、爱好、特长以及能力与职业类型相联系，形成自我的职业导向，并增进生涯发展信心。

(2) 生涯探索

生涯探索，是指个体在生涯发展上必需考虑职业对个人要求的条件及职业的基本情况，例如职业的概况、需求以及附带的社会地位、社会角色等。生涯探索的具体内容包括：认识各种职业都具有价值与意义；认识在校学习的课程所具有的价值与对未来生涯的贡献；认识职业分类和各类职业的独特性，如所需的教育训练、工作情境与时间、接触的人与事、专业规范以及一般智能等；收集、分析、归纳当前社会就业概况，了解各种职业的条件或形态会因社会变迁而改变；认识了解职业训练和就业辅导，选择几种适合的或可能的职业作初步的尝试，以期有更具体、明确的认识等等。

(3) 生涯规划

生涯规划，是对个人生涯发展的指引，因而生涯规划所涉及的具体内容旨在促进个体与生涯规划有关的基本能力的养成。内容包括：培养自己对自己负责及正确的工作态度，主要表现在培养遵守纪律的习惯，培养规划及运用时间的能力，养成珍惜时间的观念、有规律生活和学习的良好习惯，提供各种不同的共同作业，要求担任不同的工作分工并学会合作；学习如何解决问题及做决定，主要表现为能够觉察生活中的问题，并在能力所及的范围内处理问题，培养面对困难或问题的心理适应和承受能力，了解自己的弱项及善用自己的优势；认识现阶段的就业需求，探讨如何正确获得就业信息，学习如何撰写履历表与自传以及求职面试的技巧；学习如何做生涯抉择与生涯规划，包括：了解生涯规划的意义与功能，学习做生涯抉择的技巧，培养初步的生涯规划能力，对喜好的职业所需的准备作资料搜集与深入的探讨，认识有关职业信息的主要来源，认识社区重要的就业辅导机构与教育机构，学习制定个人的学习、教育和训练计划，建立终身学习的观念等。为升学作充分的准备，包括：参观访问各类学校，并收集资料，比较与分析不同类型学校的特点与入学条件；探讨如何选读适当的学校；探讨有效升学、参加甄选与考试的策略。

2. 生涯教育与辅导的内容在不同学段的侧重点

（1）职业意识培养（小学阶段）

此阶段应以学生的生存发展为本，着眼于学生终生发展需要的思想，通过单元教学和各种主题实践活动，培养学生的职业意识和自我意识，引导学生了解丰富多彩的劳动世界，了解社会上各行业涌现的杰出代表，以及他们取得的劳动成果的社会价值，帮助学生发现劳动和职业世界的丰富内涵，激发他们对职业、对社会的积极情感；通过组织职业观察互动，丰富学生的职业情感体验和职业认知；通过参与适宜的职业劳动，养成学生尊重劳动、珍惜劳动成果的态度，引发潜在的职业兴趣和个人潜能，培养认真做事和合作沟通的能力。

小学阶段的生涯教育与辅导，由于可以融入诸多主题性综合实践活动，并使其具有综合性、开放性、人文性等特点。在实行的过程中，特别需要学校和教师发挥创意，积极谋求社会各界和家长的配合，充分利用家长资源，不断创新、积累经验。青少年个性的早期发掘和引导是个人职业素质发展的关键，但在孩子教育成长的现实环境中，教师和家长很少对孩子的个性进行认真观察和指导。相反，许多学校和家庭培养学生的标准是“学习好”或者是“规矩听话”，结果往往扼杀了孩子的个性。教师和家长应切实转变观念，树立正确的人才观，认真观察、注重交流，帮助每个学生发现自己的长处和特性，也可配以科学的测评手段，了解孩子的心理、能力倾向，帮助学生进行职业兴趣分析，从而孕育职业选择的萌芽。

（2）职业方向探索（初中阶段）

在此阶段中，要注重学生自我意识的发展，帮助学生意识到每个人在兴趣、能力、个性、个人需要和价值衡量方面的差异，学会正确评价个人生理和心理特征。在一个适合学生心理发展特点的连续辅导过程中，帮助学生了解个人的发展和变化，引导学生认识现实的学习与将来的教育或工作的关系。

在初中阶段，学校需要特别规划，在适宜的时间进行针对家长的学习辅导，要帮助学生和家长了解什么是生涯教育，并学会如何把现实的学习与未来职业方向的选择、生涯的发展结合起来。学校要充分利用周边社区资源，为学生提供尽可能多的职业体验活动，比如参观医院、工厂、公司、法院、检察院等单位，让学生了解某一领域的职业内容和从业者的工作过程；鼓励学生进行生涯人物访谈，从职场成功者的经历中获得经验。家长也可以利用自身资源为孩子联系职业见习的机会，鼓励孩子发展一种现实但具有激励性的职业志向，逐步培养他们自主选择未来职业的能力。

（3）职业抉择与实践（高中阶段）

高中阶段的生涯教育与辅导，在初中和小学阶段所取得的成果基础上，要着重培养学生的创新意识和创新能力、自控和自助能力、研究和思考能力、社会责任心和民族意识、国际观念以及追求生存价值的积极态度；强化社会道德教育，为树立正确的职业价值观和职业道德观打好基础；教师要进一步帮助学生综合认识和考虑自己的兴趣、潜能与职业社会价值、产业变迁趋势、就业机会，开始进行职业定向尝试；不断提高学生升学与就业选择的主动意识和科学态度，引导学生结合自己的知识与能力背景，利用职业辅导资讯服务主动策划自己的职业生涯发展途径。

高中阶段是人生职业发展的重要时期，这一阶段学生的个性与价值观已基本形成，同时也处于人生道路的十字路口，面临着对人生、职业的重大抉择，如：文理科的选择、高考志愿的填报和专业的选择等。尤其是后者，实际上是对未来职业的第一次真正定位，会直接影响到大学毕业后的选择和就业情况。因此，高中生在这个关键时期里所具有的职业发展和生涯规划能力，可能会极大地影响其未来事业的成功。

二、生涯教育与辅导的方法与策略

（一）设立生涯教育与辅导课程

生涯教育与辅导课程的介入是指独立地开设课程，重点是向学生讲解生涯规划、生涯与人生、职业与社会等方面的基础知识和基本理念，培育学生进行生涯规划的意识与能力。通过实施生涯教育与辅导课程，保证中学生涯教育有计划、有目的、有组织地进行。事实上，许多国家非常重视中学生涯教育课程的建设。日本的学校根据文部省制定的《初中和高中的进路指导入门》的规定，要求初中生必须接受年均 70—130 课时、高中生在 3 年间必须接受 105—210 课时的“进路指导”课程，这些课程主要帮助中学生设计和思考如何升学、就业和实现人生发展目标；英、美等国也大力推进生涯教育课程的建设，例如美国佛罗里达州的佛罗西亚县中主要依靠两个重要的文件来落实他们的生涯教育课程。其中一个文件是《学生形象资料评估卡》——记录了学生的个性、学习方式和职业爱好。另一个是《职业领域指南》——介绍当地的五个职业领域，并涵盖了职业选择、价值、必要的技能，以及与每一个职业领域相关的学校活动。这样使每个学生做到“知己知彼”，准确为自己的人生定位。这些都将为我国开展中学生涯教育提供宝贵的借鉴。

（二）设置生涯教育与辅导指导机构

课程是实施生涯教育的重要载体，但是课程不应该局限在课堂上，形式多样的授课方式和校内外的互动将激发中学生的兴趣，开阔他们的眼界，提高生涯教育的效率。因此，教育行政部门应设立生涯教育指导机构，负责指导学校开展生涯教育，并整合各种资源参与生涯教育，同时为家长和学生提供有公信力的生涯发展信息和帮助，以及负责培训专业教师等。

（三）培养和使用生涯教育与辅导的师资

生涯教育教师应该具备相关的生涯指导理论，比如帕森斯的人职匹配论等。同时，教师要掌握基本的心理辅导方法，指导中学生认识自我，寻找适合自己特点的人生规划和职业设计。此外，教师有责任保持学校与生涯教育指导机构的紧密联系。在日本，为了加强生涯教育师资的专业化程度，文部省开展了三年以上的教师培训。英国则要求必须指定专人担任生涯教育的教师，他们被称作“生涯协调员”。

（四）建立社区和家庭参与生涯教育与辅导的机制

社区和家庭是中学生成长并形成基本人生态度和观念的重要场所，也是成功开展中学生涯教育的有效途径。父母是孩子最好的老师，父母的教育方式及家庭氛围对中学生的健康成长起着举足轻重的作用，也是成功开展中学生涯教育的一种有效途径。比如，在瑞典，学校通过亲子互动让家长参与到对自己孩子的生涯教育中，请家长到校和学生一起听生涯教育课程，安排学生到父母的工作地点参观等。此外，社区应该积极配合学校通过社区舆论、社区活动等形式积极营造生涯教育的氛围；利用报刊、电视、网络等媒体对孩子开展生涯教育，这样孩子们才能获得完整的生涯教育；大多数中学生将在各种企业展开他们未来的生活，所以企业有责任提供参观、实习的机会，中学生对自己未来的生活有所了解，从而引导他们朝着一个合适的方向努力，提高生涯教育的效果。

（五）建立生涯教育与辅导的网络平台

为了更好地开展中学生涯教育与辅导，教育部门应该建立专门的网站，为中学生提供个性化的服务。学生也可以根据自己的需要，选择相关信息，拓展生涯教育与辅导的空间，弥补学校生涯教育辅导的不足。同时，教师也可以通过网络平台保持与学生互动，加深对中学生个性的了解，从而提高生涯教育与辅导的针对性。

总之，生涯教育与辅导要以学生的兴趣和一生的发展为逻辑起点，坚持以人为本，既关注面向全体学生的生涯教育，又要尊重学生个体之间的差异，使生涯教育真正服务于学生个体生命的发展。

三、生涯辅导理论概述

（一）霍兰德的类型理论

美国心理学家霍兰德（J. Holland）认为职业选择是人格的表现。一个人的行为是个性与环境特点相互作用的结果。同一职业团体内的人有相似的人格，因此对很多问题会有相似的反应，从而产生类似的人际环境。人们倾向于选择让自己能力得到施展、满足个人需要、符合自己价值观的工作环境。因此，他将职业人格分为六大类。

1. 职业人格的六种类型

(1) 社会型 (S)

共同特征：喜欢与人交往、不断结交新的朋友、善言谈、愿意教导别人。关心社会问题、渴望发挥自己的社会作用。寻求广泛的人际关系，比较看重社会义务和社会道德。

典型职业：喜欢要求与人打交道的工作，能够不断结交新的朋友，从事提供信息、启迪、帮助、培训、开发或治疗等事务，并具备相应能力。如：教育工作者（教师、教育行政人员），社会工作者（咨询人员、公关人员）。

(2) 企业型 (E)

共同特征：追求权力、权威和物质财富，具有领导才能。喜欢竞争、敢冒风险、有野心、抱负。为人务实，习惯以利益得失、权利、地位、金钱等来衡量做事的价值，做事有较强的目的性。

典型职业：喜欢要求具备经营、管理、劝服、监督和领导才能，以实现机构、政治、社会及经济目标的工作，并具备相应的能力。如项目经理、销售人员、营销管理人员、政府官员、企业领导、法官、律师。

(3) 常规型 (C)

共同特点：尊重权威和规章制度，喜欢按计划办事，细心、有条理，习惯接受他人的指挥和领导，自己不谋求领导职务。喜欢关注实际和细节情况，通常较为谨慎和保守，缺乏创造性，不喜欢冒险和竞争，富有自我牺牲精神。

典型职业：喜欢要求注意细节、精确度、有系统、有条理，具有记录、归档、据特定要求或程序组织数据和文字信息的职业，并具备相应能力。如：秘书、办公室人员、记事员、会计、行政助理、图书馆管理员、出纳员、打字员、投资分析员。

(4) 现实型 (R)

共同特点：愿意使用工具从事操作性工作，动手能力强，做事手脚灵活，动作协调。偏好于具体任务，不善言辞，做事保守，较为谦虚。缺乏社交能力，通常喜欢独立做事。

典型职业：喜欢使用工具、机器，需要基本操作技能的工作。对要求具备机械方面才能、体力或从事与物件、机器、工具、运动器材、植物、动物相关的职业有兴趣，并具备相应能力。如：技术性职业（计算机硬件人员、摄影师、制图员、机械装配工），技能性职业（木匠、厨师、技工、修理工、农民、一般劳动）。

(5) 研究型 (I)

共同特点：思想家而非实干家，抽象思维能力强，求知欲强，肯动脑，善思考，不愿动手。喜欢独立的和富有创造性的工作。知识渊博，有学识才能，不善于领导他人。考虑问题理性，做事喜欢精确，喜欢逻辑分析和推理，不断探讨未知的领域。

典型职业：喜欢智力的、抽象的、分析的、独立的定向任务，要求具备智力或分析才能，并将其用于观察、估测、衡量、形成理论、最终解决问题的工作，并具备相应的能力。如科学研究人员、教师、工程师、电脑编程人员、医生、系统分析员。

（6）艺术型（A）

共同特点：有创造力，乐于创造新颖、与众不同的成果，渴望表现自己的个性，实现自身的价值。做事理想化，追求完美，不重实际。具有一定的艺术才能和个性。善于表达、怀旧、心态较为复杂。

典型职业：喜欢的工作要求具备艺术修养、创造力、表达能力和直觉，并将其用于语言、行为、声音、颜色和形式的审美、思索和感受，具备相应的能力。不善于事务性工作。如艺术方面（演员、导演、艺术设计师、雕刻家、建筑师、摄影家、广告制作人），音乐方面（歌唱家、作曲家、乐队指挥），文学方面（小说家、诗人、剧作家）。

然而，大多数人都并非只有一种性向。比如，一个人的性向中很可能是同时包含着社会性向、艺术性向和研究性向这三种。霍兰德认为，这些性向越相似，相容性越强，则一个人在选择职业时所面临的内在冲突和犹豫就会越少。为了帮助描述这种情况，霍兰德建议将这六种性向分别放在一个正六角形的每一角。

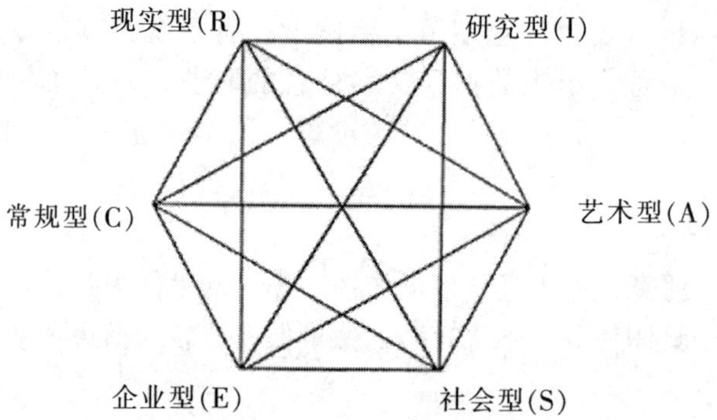

2. 六种类型的内在关系

（1）相邻关系——如 RI、IR、IA、AI、AS、SA、SE、ES、EC、CE、RC 及 CR。属于这种关系的两种类型的个体之间共同点较多，现实型 R、研究型 I 的人就都不太偏好人际交往，这两种职业环境中也都较少机会与人接触。

（2）相隔关系——如 RA、RE、IC、IS、AR、AE、SI、SC、EA、ER、CI 及 CS，属于这种关系的两种类型个体之间共同点较相邻关系少。

（3）相对关系——在六边形上处于对角位置的类型之间即为相对关系，如

RS、IE、AC、SR、EI 及 CA 即是，相对关系的人格类型共同点少，因此，一个人同时对处于相对关系的两种职业环境都兴趣很浓的情况较为少见。

（二）社会学习理论

克鲁姆伯尔茨（J. Krumboltz）的社会学习理论以社会学习的观点来解释人类生涯选择的行为，特别强调社会因素和学习经验对生涯选择的影响。克鲁姆伯尔茨认为四类因素将影响到一个人的生涯决定：遗传天赋、环境条件和事件、学习经验以及任务进行技巧。其中，环境条件和事件包括了社会因素、教育条件和职业条件，而任务进行技巧是通过遗传天赋、环境以及不同的学习经验的交互影响而形成的技巧，包括目标设定、价值澄清、确认选择方案以及职业信息的获得等。按照社会学习理论的观点，上述这四类因素在不断地相互作用。相互作用的结果是形成个体对自己能力、兴趣、价值观的推论，个体对世界的推论和任务进行技巧。而个体的行为是综合以前所有的学习经验、自我与世界的推论以及具备的各种能力的结果。基于对环境影响作用的重视，社会学习理论认为生涯的选择是一种相互的历程，这种选择不仅反映了个人自主的选择结果，也反映了社会所提供的就业机会与要求。同时，社会学习理论也认为生涯决定是人生长期的历程，不只是发生在一生中的某一阶段，而是由从出生到退休的历程中连续不断的各种事件与任务进行技巧所共同决定的。因而，必须在教育与生涯辅导中重视生涯决定技巧的教导。

（三）毕生发展理论

毕生发展理论关心的是个人在一生当中处理生涯议题时的各种成长和变化，而非只是某个时间阶段的生涯议题。因为生涯发展是终身的过程，所以生涯辅导方案应该依个人在一生中各阶段的需求而设计。

1. 金斯伯格的生涯发展阶段理论

金斯伯格（E. Ginsberg）是较早研究个体的生涯发展的学者之一，他主要从职业的角度来探讨。他认为职业在个人生活中是一个连续的、长期的发展过程。童年时期就开始孕育职业选择的萌芽，随着年龄、资历、教育等因素的变化，个体的职业选择也会表现出不同的特征。职业发展如同人的身心发展一样，可以分为几个阶段，每个阶段都有不同的特点和任务，每一个阶段的任务如果能够完成，就能达到各个阶段相应的目标。如果前一阶段的任务不能很好完成，就会影响下一阶段的发展，最后导致在职业选择时发生障碍。金斯伯格（1951）将人的职业发展过程分为空想阶段、尝试阶段和现实阶段三个阶段。他认为职业选择经历是从模糊的空想走向现实。

（1）空想阶段（11 岁以前）：个体希望快点长大成人，憧憬引人注目、令人激动的理想化职业。这种职业向往情感色彩很浓，带有很大的冲动性和盲目性，十分不稳定。

（2）尝试阶段（11—17 岁）：这个阶段与青春期同步，即中学阶段。在这个阶段，个体开始思考今后的职业和自己所面临的任务，并把这个任务作为奋斗的目标。这个阶段包括由兴趣、能力、价值观分别起主导作用的三个时期。十一二岁是兴趣期，在考虑未来职业时，个人的兴趣占优势；十三四岁为能力期，随着成熟，逐渐认识到自己独立完成工作的能力与职业的关系；其后是价值期，个体开始认识到职业的社会价值，并试图把兴趣与能力统一到开始形成的价值体系中去。这是职业观形成的最重要阶段。

（3）现实阶段（17 岁以后）：如果说前两个阶段是主观因素占主导地位，那么这个阶段则更注重现实，力求主观因素与客观因素协调统一。这个阶段也可分为三个时期。首先是探索期，个体尝试把自己的选择与社会的需要联系起来；接下来是具体化时期，这时职业目标已基本确定，个体开始为之努力；最后是特定化时期，为了实现特定的职业选择，个体准备考入高一级学校，或接受专业训练，准备就业。

2. 舒伯的生涯发展理论

舒伯（D. Super）将人的一生划分为成长、探索、建立、保持与衰退五个阶段，其中有三个阶段与金斯伯格的分类相近，只是年龄划分与内容稍有不同。具体如下：

（1）成长阶段（0—14 岁）：在该阶段，个体开始发展自我概念，开始以各种不同的方式来表达自己的需要，且经过对现实世界不断地尝试，修饰自己的角色。这个阶段发展的任务是：发展自我形象，发展对工作世界的正确态度，并了解工作的意义。这个阶段共包括三个时期：一是幻想期（4—10 岁），它以“需要”为主要考虑因素，在这个时期幻想中的角色扮演很重要；二是兴趣期（11—12 岁），它以“喜好”为主要考虑因素，喜好是个体抱负与活动的主要决定因素；三是能力期（13—14 岁），它以“能力”为主要考虑因素，能力逐渐具有重要作用。

（2）探索阶段（15—24 岁）：该阶段的青少年，通过学校的活动、社团活动、休闲活动、打零工等机会，对自我能力及角色、职业作了一番探索，因此选择职业时有较大弹性。这个阶段发展的任务是：使职业偏好逐渐具体化、特定化并实现职业偏好。这个阶段也包括三个时期：一是试探期（15—17 岁），考虑需要、兴趣、能力及机会，作暂时的决定，并在幻想、讨论、课业及工作中加以尝试；二是过渡期（18—21 岁），进入就业市场或专业训练，更重视现实，并力图实现自我观念，将一般性的选择转为特定的选择；三是试验并稍作承诺期（22—24 岁），生涯初步确定并试验其成为长期职业生活的可能性，若不适合则可能再经历上述各时期以确定方向。

（3）建立阶段（25—44 岁）：由于经过上一阶段的尝试，不合适者会谋求变迁或做其他探索，因此该阶段较能确定在整个事业生涯中属于自己的“位子”，并在31—40岁，开始考虑如何保住这个“位子”，并固定下来。这个阶段细分又可包括两个时期：一是试验—承诺稳定期（25—30岁），个体寻求安定，也可能因生活或工作上若干变动而尚未感到满意；二是建立期（31—44岁），个体致力于工作上的稳固，大部分人处于最具创意时期，由于资深，往往业绩优良。这个阶段发展的任务是统整、稳固并求上进。

（4）维持阶段（45—65岁）：个体仍希望继续维持属于他的“位子”，同时会面对新的人员的挑战。这一阶段发展的任务是维持既有成就与地位。

（5）衰退阶段（65岁以上）：由于生理及心理机能日渐衰退，个体不得不面对现实，从积极参与到隐退。这一阶段往往注重发展新的角色，寻求不同方式以替代和满足需求。

1976年到1979年间，舒伯提出了一个更为广阔的新观念——生活广度、生活空间的生涯发展观（life-span，life-space career development）。这个生涯发展观，除了原有的发展阶段理论之外，较为特殊的是加入了角色理论，并且生涯发展阶段与角色之间彼此交互影响，形成一个多重角色生涯发展的综合图形。舒伯将这个图形命名为“生涯的彩虹图”（life-career rainbow）。

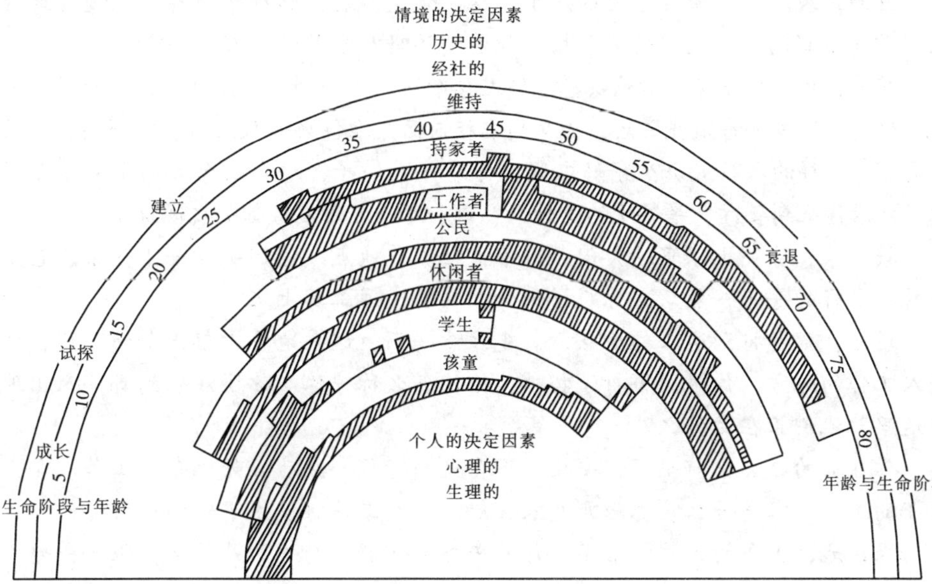

图6－1 生涯的彩虹图

（四）实用主义理论

杜威（J. Dewey）是美国著名的实用主义哲学家和教育家，他的实用主义思想对生涯发展教育理念的产生有着重要的影响。杜威认为，教育即生活，学校即社会。他主张教育是一种生活和生长的历程，其最基本的因素有二：一是心理的，一是社会的。教育必须适应个别差异，根据儿童的身心特点，循序渐进，“在做中学”，由此达到扩充学生的生活经验，促使儿童的社会化和适应性。这些思想推动着生涯发展理论和学校生涯发展教育不断地向前发展。

四、中学生生涯辅导活动举要

在中学开展生涯辅导，可以在心理课上通过形式多样的活动进行。

（一）音乐冥想技术

1. 活动目的：通过音乐冥想的方法幻想10年后的自己，初步探索自己未来想从事的职业。

2. 活动过程：时空穿梭之旅（配以轻柔舒缓的音乐）

你是否能具体地想象出自己10年后的模样？你未来的生涯会是什么样子的？现在就让我们一起乘坐未来世界最先进的时光机，到未来的世界去旅游，全程都请同学们闭上眼睛。

现在，我们一起坐在时光机里，穿梭于时空隧道，来到10年后的世界。算一算，这时你几岁了？容貌有变化吗？请你尽量想象10年后的情形，越仔细越好。好的，现在你正躺在家里的床上，这时候是清晨，和往常一样，你慢慢地醒来。首先看到的是卧室里的天花板。你看到了吗？它是什么颜色的？

接着，你准备下床。尝试去感觉脚趾接触地面那一刹那的温度，是凉凉的？还是暖暖的？经过一番梳洗之后，你来到衣柜前面，准备换衣服上班。想一想，今天你要穿什么样的衣服上班？穿好衣服，你看一看镜子，对自己今天的形象很是满意。然后你来到餐厅，早餐吃的是什么？谁和你一起用餐？你们之间说了什么话？

接下来，你关上家里的大门，准备前往工作地点。你回头看一下你家，它是一栋什么样的房子？然后，你将搭乘什么样的交通工具上班？

现在，你即将到达工作地点，首先注意一下，这个地方看起来如何？好，你进入工作的地方，你跟同事打了招呼，他们怎么称呼你？你还注意到哪些人出现在这里？他们正在做什么？

你在你的办公桌前坐下，安排一下今天的行程，然后开始上午的工作。今天上午的工作内容是什么？你跟哪些人一起工作？工作时使用了哪些东西？

很快地，上午的工作结束了。你的午餐如何解决？吃的是什么？跟谁一起吃的？午餐愉快吗？

经过短暂的午休之后，接下来是下午的工作，跟上午的工作内容有什么不同吗？还是一样的忙碌？快到下班时间了，或者你没有固定的下班时间，但你即将结束一天的工作。下班后，你直接回到家吗？或者要先办点什么样的事情？买些什么东西？还是有一些其他的活动？

现在，你已经到家了。家里有哪些人呢？回家后你都做了些什么事？晚餐时间到了，你会在哪里用餐？跟谁一起用餐？吃的是什么？

晚餐后，你做了些什么？跟谁在一起？

到该睡觉的时间了。你躺在早上起床的那张床铺上。你回忆一下今天的工作与生活，今天过得愉快吗？是不是要许一个愿？你会许什么样的愿望呢？

渐渐地，你很满足地进入梦乡。安心地睡吧！一分钟后，我会叫醒你。

（一分钟后）我们慢慢地回到这里，还记得吗？你现在的位置不是在床上，而是在这里。现在，我从10开始倒数，到我数到0的时候，你可以睁开眼睛了。好，10－9－8－7－6－5－4－3－2－1－0，请睁开眼睛。你慢慢地醒过来，静静地坐着。

幻游未来世界之后，你回到了现实世界。还记得你的幻游经历吗？请在纸上记录下来。（事先准备好《幻游经历》卡片）

我的幻游经历

我看到天花板的颜色是：
我感觉地板的温度是：
我穿的衣服样式是：
和我一起吃早餐的人是：
我住的房子是：
我乘坐的交通工具是：
我的工作环境是：
同事们称呼我是：
我上午的工作内容是：
和我一起吃午餐的人是：
我下班后的活动是：
和我一起吃晚餐的人是：
我晚餐后的活动是：
对于一天的工作和生活，我的感觉是：
临睡前，我许下的愿望是：
对于这一次的幻游，我的心得感受是：

大家都完成了自己的幻游经历记录，下面请同学们和组内的同学一起分享一下你的幻游经历，然后每组请一名代表发言，跟全班同学还有老师共同分享。

（北京市古城高级中学　王菲）

（二）生涯人物访谈

获得生涯详情最有效的方法之一，就是与处在自己感兴趣的职位上的人进行对话。

1. 访谈目的：收集使自己作出明确生涯选择的信息。

2. 访谈准备：提前列出自己所感兴趣的职业和可访谈的人。

3. 安排生涯人物访谈：

预约——采访前，打电话给自己要访谈的人，进行自我介绍并说明自己的身份，告知对方是如何找到他（她）的。在预约电话中说明自己感兴趣的工作类型、原因以及进行采访所需要的时间（通常为20—30分钟，如果对方同意，时间也可以更长）。如果要采访的人不能和你见面，就问问他们能否给出5—10分钟的时间进行电话采访。如果对方很忙没有时间，就请求对方介绍一位与他（她）所做工作相似的人。如果对方接受采访，要感谢他（她）并确认采访的日期、时间和地点。如果对方不能见你，就表示遗憾。如果得到了被推荐人的名字，也要表示感谢。

4. 开展生涯人物访谈

在访谈过程中可以提问的问题举例如下：

（1）在这个工作岗位上，您每天都做些什么？

（2）这项工作需要什么样的人？

（3）到这个领域工作需要的基本前提是什么？

（4）这项工作需要特别的知识、技能和经验吗？

（5）这种工作需要什么样的教育或培训背景？

（6）什么样的个人品质或能力对这项工作的成功来讲是最重要的？

（7）最近，这项工作有没有因为科技、市场、竞争等因素发生变化？

（8）您怎么看待这个领域的工作将来的变化趋势？

（9）您认为将来这个领域潜在的不利因素是什么？

（10）对您的工作而言，您最喜欢什么？最不喜欢什么？

（11）这项工作的哪部分让您最满意？哪部分最有挑战性？

（12）在这个领域工作，您遇到了什么样的问题？

（13）对于一个即将进入该领域的人，您愿意提出特别建议吗？

（14）哪个职业杂志或组织能帮助我深入了解这个领域？

（15）您的熟人中有谁能成为我下次采访的对象？我打电话给他（她）时，可以提您的名字吗？

5. 注意事项：提问一定要简洁，不要浪费他人时间。访谈之前查询和了解访谈对象的情况，列出更有针对性的问题，并给访谈对象留出提供其他信息的机会。

（三）我的职业岛屿

1. 活动目的：能够说出与个人兴趣相符合的职业领域特征是什么，能够为从事适合个人兴趣的职业制订目前的发展目标，选择自我提高的途径。

2. 活动过程：

活动一：岛屿游览选择

假如你获得了一次免费度假游的机会，你有机会去往下列六个岛屿中的一个。唯一的要求是你必须要在这个岛上呆上至少三个月的时间。请不要考虑其他因素，仅凭自己的兴趣挑出你最想前往的那个岛屿。我们现在的六个组每组分别代表一个岛屿，活动开始以后你可以前往你选择的岛屿，这样选择同一岛屿的同学就组成了旅游团。

六个岛屿分别为：

R——自然原始的岛屿。岛上自然生态保持得很好，有各种野生动物。居民以手工见长，自己种植花果蔬菜、修缮房屋、打造器物、制作工具，喜欢户外运动。

I——深思冥想的岛屿。有多处天文馆、科技博览馆及图书馆。居民喜好观察、学习，崇尚和追求真知，常有机会和来自各地的哲学家、科学家、心理学家等交换心得。

A——美丽浪漫的岛屿。充满了美术馆、音乐厅，街头雕塑和街边艺人，弥漫着浓厚的艺术文化气息。居民保留了传统的舞蹈、音乐与绘画，许多文艺界的朋友都喜欢来这里找寻灵感。

C——现代、井然的岛屿。岛上建筑十分现代化，是进步的都市形态，以完善的户政管理、地政管理、金融管理见长。岛民个性冷静保守，处事有条不紊，善于组织规划，细心高效。

E——显赫富庶的岛屿。居民善于企业经营和贸易，能言善道。经济高度发展，处处是高级饭店、俱乐部、高尔夫球场。来往者多是企业家、经理人、政治家、律师等。

S——友善亲切的岛屿。居民个性温和、友善、乐于助人，社区均自成一个密切互动的服务网络，人们重视互助合作，重视教育，关怀他人，充满人文气息。

请填写你选择前往的岛屿：________________

请回答：你选择这个岛屿的原因是什么？岛屿描述中这个岛屿最吸引你的几个地方是什么？

活动二：岛屿生存选择

设想你们来到了自己向往的岛屿，在这里度过了三个月，现在你们被告知必须移民这里，很有可能在这里度过一生的时光。你唯一的一个改变选择的机会是你可以选择到另一个岛屿度过一生的时光，无论你选择留下还是选择到另一个岛屿去，选择之后就不能再改变了。

我的选择是：A. 留在游览的岛屿上

B. 换到新的岛屿（写下新岛屿名称）________________

分享与讨论：

现在请刚才选择更换岛屿的同学思考如下几个问题：你为什么改变了最初的选择？为什么愿意在这个新的岛屿上度过一生时光？在这个选定的岛屿上度过一生好处在哪里？困难在哪里？

请刚才选择不再变换岛屿的同学思考如下问题：你为什么没有改变最初的选择？在这个选定的岛屿上度过一生好处在哪里？困难在哪里？如果在这个岛屿上生活不能适应你会怎么办？

请你找到几个好朋友，让他们看看你在上面作出的“游览选择”和“生存选择”，评价一下你在最终选定的岛屿上生存（度过一生）是否合适，为什么。

朋友序号	判断上面作出选择的同学是否适宜生存在最终选择的岛屿上（请填写：是/否）	判断对方是否适宜生存在该岛屿上的原因
朋友 1		
朋友 2		
朋友 3		
朋友 4		
朋友 5		

下面列出的各个岛屿所代表的职业领域和该职业领域从业者具备的特点：

岛屿 R——具体操作性工作领域——现实型

- 喜欢具体的任务
- 机械、动手能力强
- 喜欢做体力工作、户外活动
- 更喜欢与物打交道
- 技术性行业工作人员
- 工程师

岛屿 I——思考、钻研性工作领域——研究型

- 喜欢探索和理解事物
- 喜欢分析的
- 有智慧的
- 独立的
- 实验室研究员
- 科学家

岛屿 A——创作型工作领域——艺术型

- 喜欢自我表达
- 富有想象力、创造力
- 追求美
- 喜欢多样性与变化性
- 作家
- 艺术家

岛屿 S——协作与服务性工作领域——社会型

- 对人感兴趣
- 良好的人际交往技能
- 服务他人
- 帮助别人解决问题
- 教师
- 护士

岛屿 E——营销与管理性工作领域——企业型

- 向人推销自己的产品或观点
- 追寻领导力与社会影响
- 有抱负，雄心勃勃
- 言语说服能力强
- 销售、管理人员
- 政治家

岛屿 C——文案组织性工作领域——事务型

- 喜欢有条理、程序化的工作
- 愿意听从指示
- 有组织有计划
- 细致、准确
- 会计
- 文秘

总结：

从“岛屿游览选择”到“岛屿生存选择”，其实是完成了一个类似生涯决策的过程。简单说就是从产生职业兴趣到职业选择再到职业适应的过程。职业决策从兴趣、意愿、个性特点等出发，最开始是模糊的兴趣使然，而深入了解自我、了解职业之后，决策需要慎重，因为它需要你选择之后至少有一段时间的维持，这时候除了兴趣之外，意志力显得相当重要。

刚才无论你是否选择更换岛屿，相信你都有自己的道理，都是做了长远打算的。也就是说职业选择源于兴趣，但不都是兴趣使然。你可能凭着兴趣从事了某个领域的活动，但在该领域栖息和生存下去，让它成为你的职业岛屿还有很长的路要走。你会发现这个领域的事情不都令你感兴趣，你还会发现在这个领域工作的困难和艰辛。这时首先需要你付出努力，为自己的选择负责，把没有兴趣变得愿意去做。其次，你还可以在可能的范围内进行工作内容调整，发挥自己的性格优势和能力特长。

第二节　中学生生命教育与辅导

一、生命教育与辅导的含义与内容

生命的意义是什么？生命最终归向何处？宇宙当中是否还有其他的生命存在？……这是人类经常追问的问题，从这些问题当中，我们能看出人类对生命的追求。从古老的壁画、图腾中的生殖崇拜，到现代高度发达的医学技术，都体现了人类对生命的尊重与重视。生命的传承是自古以来一直存在的，然而关于生命的教育的起步却是在近代。生命教育最早于20世纪60年代兴起于美国，并迅速发展成全世界范围的教育共识，日益成为人们所追求的一种教育思潮。

生命意识教育思想最早由美国学者杰·唐纳·华特士（J. D. Walters）于1968年提出，他认为生命意识是指个体能清楚地意识到自己、他人及世界上一切生命的存在，理解生命间错综复杂的联系和关系。从哲学角度讲，生命意识就是指个体对生命存在的一种自觉的意识，是个体对自身存在的一种深刻感觉，是个体对自身生命存在终极价值的审视。

学者肖川认为："所谓生命教育就是为了生命主体的自由和幸福所进行的生命化的教育。它是教育的一种价值追求，也是教育的一种内在形态。生命教育的宗旨就在于捍卫生命的尊严，激发生命潜质，提升生命的品质，实现生命的价值。"

刘环从尊重生命的事实出发，强调生命的本体价值，教导学生珍爱与尊重生命，如认为"生命教育是通过认识生命的起源、发展和终结，从而认识生命、理解生命、欣赏生命、尊重生命，进而珍惜有限的生命，建立起乐观、积极的人生观，促进学生价值观、生理和心理、社会适应能力的全面均衡发展的教育"。

生命教育研究者兼实践者石室中学校长王明宪等认为："生命教育是引导学生正确认识生命的价值、理解生活的意义、追求生活的信仰、提升生命的质量的一种教育活动，包括生命意识教育、生命质量教育和生命价值教育三个层次"，并提出生命教育的三维目标体系：第一层次，强化学生的生命意识感；第二层次，引导学生的生命幸福感；第三层次，提升学生的生命价值感。

综合各种观点，生命教育是一种价值观教育，重在培养学生感知生命的意义，通过认识生命起源、发展和终结等途径，使学生珍爱生命、尊重生命，最终提高生命的价值。也就是说当个体具有生命意识时，他们才会理解生命的价值，从而珍惜并保护生命。

生命教育的内容很丰富，综合以往学者对生命教育的认识，可以将中小学生生命教育的内容综合概括为以下三部分：

1. 认识生命：即了解生命的起源、特点及发展规律等。这是生命教育在认知层面上的内容，是生命教育的基础。

2. 保护及发展生命：学会基本的生存和求生技能，并提升生命的质量。这是生命教育在技能层面上的内容。

3. 尊重及珍视生命：要求个体对自我、他人、社会和自然抱以积极乐观的态度，接纳生命的每一个发展过程，体悟生命的价值和意义，并在此基础上发展出自然的尊重和热爱的情感。这是生命教育在情感、态度和价值观层面上的内容。

由此可见生命教育的意义及其重要性。生命教育与心理健康教育有一定的共通之处，生命教育可以促进心理健康的发展，而心理健康教育也可增进学生对生命意义的理解。

二、生命教育与辅导的方法与策略

生命教育开展的途径很丰富，因为生命活动始终伴随着我们，因此进行生命教育的时机几乎随处存在。比如汶川地震中，人们的自救与互救，以及整个社会显现出来的对生命的珍惜。再比如现在社会中出现的很多伤害动物的行为：用硫酸泼熊，录制虐杀小猫的视频等，这些都可以成为进行生命教育的契机。从广义的角度讲，生命教育不应仅仅教育学生尊重自己的生命和他人的生命，更应引导学生尊重动物，甚至是植物的生命，形成对“生命”的崇敬。

生命教育与辅导可以从以下三个方面进行开展：

（一）开设生命教育课程

生命教育课程有丰富的内涵，包括外显形态的生命教育活动和课程教学，也包括渗透在学科教学中的活动。

独立设置的外显生命教育教学和活动是学校实施生命教育的有效途径。如定期进行的安全教育、安全演习等活动。在这些课程和活动中可以使学生系统了解生命知识、习得生存技能和培育尊重生命的态度。这种外显课程可以是心理健康教育课程的一部分，如心理健康教育课程中的性健康教育部分就会揭示生命的起源，让学生体会生命孕育的艰辛，从而形成积极健康的对待生命的态度。综合实践活动中，如社区服务、研究性学习以及体育活动中都可以进行外显性的生命教育。如组织远足活动，在活动中，学生不仅能锻炼身体，提高生命的质量，更能真切地用身体体会生命活动的过程。

由于生命教育内容的广泛性，渗透也是进行生命教育很有效的方法。语文、英语、生物、思想政治等很多常规课程中都蕴涵着进行生命教育的良好契机。比如在语文和英语的练习中，使用与生命教育相关的文章，潜移默化地进行生命教育。

推荐阅读：《敬畏生命》张晓风

那是一个夏天的长的不能再长的下午，在印第安那州的一个湖边。我起先是不经意地坐着看书，忽然发现湖边有几棵树。正在飘散一些白色的纤维。大团大团的，像棉花似的，有些飘在草地上，有些飘入湖水里。我当时没有十分注意，只当是偶然风起所带来的。

可是，渐渐地我发现情况简直令人吃惊。好几个小时过去了，那些树仍旧浑然不觉地在飘送那些小型的云朵，倒好像是一座无限的云库似的。整个下午，整个晚上漫天都是那种东西。第二天的情形完全一样，我感到诧异和震撼。

其实小学的时候，就知道有一类种子是靠风力吹动纤维播送的。但也只是知道一道测验题的答案而已，那几天真的看到了，满心所感到的是一种折服——一种无以名之的敬畏。我几乎是第一次遇见生命——虽然是植物的。

我感到那云状的种子在我心底强烈地碰撞上什么东西。我不能不被生命豪华的、奢侈的、不计成本的投资所感动。也许，在不分昼夜的飘散之余，只有一颗种子足以成荫，但造物主乐于做这样惊心动魄的壮举。

我至今仍然在沉思之际想起那一片柔媚的湖水，不知湖畔那群种子中有哪一颗成了小树。至少，我知道，有一颗已经成长。那颗种子曾遇见了一片土地，在一个过客的心之峡谷里蔚然成阴，教会她怎样敬畏生命。

点评：文章短小精悍，看似轻描淡写，却真切地描述了生命的传承过程，使学生能体会生命的真实与伟大。

推荐教案：热爱生命

一、教学目标

1. 通过事例，引发学生思考，激发学生对生命的热爱；

2. 通过讨论和角色扮演活动，使学生初步形成生命价值观；

3. 通过课后拓展，使学生真切地体会生命的过程。

二、教学过程

1. 引入

生命是一个自古以来一直受到人们关注的问题。生命既神圣又脆弱，既神奇又普遍。人类在探索生命的道路上一直在努力，虽然我们不能登上月球看看那里是不是有生命的存在，但我们在教室里一样可以用我们的头脑来一探生命的究竟。

2. 事例讨论

那什么是生命？我们应当如何看待生命呢？我们先来看几个故事。

故事一：2004 年 7 月 20 日中午，在福建，17 岁的刘某因高考成绩不理想，怕挨父母打骂而离家出走，从福鼎城关坐车到了沙埕港，又乘船来到嵛山岛。这时他已身无分文，又举目无亲，一时间他万念俱灰，从一块 6.7 米高的礁石上跳进海里，自杀身亡。

在南京召开的中国心理学会第八届理事会上，有专家指出，我国有 3 000 万青少年处于心理亚健康状态，每年至少有25万人因心理问题而丧失生命，24.39%的中小学生曾有“活着不如死了好”的想法，自杀成为青少年人群的头号死因。

故事二：2004年4月的一天，沈阳市某中学课间休息时，张某到操场玩。从教学楼向操场走时，冯某撞了张某一下，张某一气之下打了他两个耳光。冯某跑回教室，一会儿拿了一把尖刀朝张某刺来，尖刀扎进了张某腹部，直接导致张某死亡。

故事三：2003年1月29日，清华大学大四学生刘海洋将兑上火碱的饮料泼向北京动物园里一只正与游客戏耍的黑熊。2月23日，刘海洋故伎重施，又将掺有硫酸的饮料泼向两只无辜的黑熊。对于为什么要残害动物，刘海洋的回答很平淡：“我曾经从书上看到过熊的嗅觉敏感，分辨东西能力特别强。但人们又总说笨狗熊，所以我想验证一下狗熊到底笨不笨。”

故事四：2003年3月20日晚，成都某名牌大学一位大二女生，把一只仅三个月大的小狗活生生放入微波炉烤了一分多钟，小狗的主人就是这位女生。为什么如此对待这只小狗，她的回答很冷漠：“只是想看看小狗的反应。”

思考讨论：

（1）听了以上四个故事，你有什么感受？

（2）为什么会出现这些惨剧，如何能避免这些情况的发生？

（3）什么是生命？我们应当如何看待生命？

3. 拓展活动

两名同学为一小组，选择一个情景进行角色扮演。

情景一：高考结束了，你的一位好朋友成绩很不理想，产生了轻生的念头，你将如何说服你的朋友打消轻生的念头呢？

情景二：你同学的家人去世了，恰巧他（她）家养了多年的小狗也走失了，他（她）很伤心，你将如何帮助他（她）走出低谷呢？

4. 情感升华

欣赏：《敬畏生命》（冰心），《生命如歌》。

5. 总结

生命来之不易，生命只有一次，我们如何能使它有更高的价值呢？我们虽然不能决定生命的长度，但我们能够决定生命的宽度。希望通过这节课，大家能对生命有更深刻的理解，能够珍惜自己和他人的生命，使生命更有意义。

6. 课后作业

给每个学生发三粒牵牛花种子，要求学生种植。通过照顾植物，观察它生长、开花、结果、枯萎的过程，能够使学生更真切地体会生命的过程。

（北京市古城高级中学　孙夜晨）

（二）实施分享与体验教学

生命教育的内容丰富，但生命教育的最终目的是为了达到对价值观、情感态度的培养。因此，在教育活动中采取体验式教学，激发学生情感是重要的教学途径。例如心理健康课程中常使用的角色扮演、角色互换等心理剧的常用技巧就是值得尝试的方式。通过心理剧可以模拟他人的生活，从而获得丰富的体验，进而学会尊重他人、关爱他人。如进行亲子关系教育时，可以让学生将书包背在前面，模拟怀孕的状态，然后尝试拣起地上的东西、系鞋带等活动。通过这个体验可以很好地让学生体会怀孕过程的艰辛，体会生命的来之不易，从而珍惜生命，感谢父母。

进行生命教育时不应只给予正向的信息，也应适当地分析社会中的一些现象，让学生形成完整的认知和感受。2010年11月15日，北京市门头沟区大峪中学发生了一起学生用刀砍人事件。事情的起因很简单，因为插队被拒绝，一名高二男生怀恨在心，竟然用刀砍伤一名高三女生。12月1日，震惊豫南的“11·21”投毒杀人案告破，河南省驻马店市确山县仁店镇一中三年级学生投毒杀死了两名同学，原因仅是家长总拿成绩中等的他和其他成绩优秀的同学作比较。12月11日，云南省楚雄市紫溪中学两学生被舍友猛砍44刀不治身亡。一起起伤人杀人事件惨不忍睹，带领学生进行分析也是进行生命教育的重要途径。

体验教学不应局限于课堂，在适当的时候还可以带领学生走出教室，走进大自然，在真实的环境中体会生命的繁荣与伟大。北京市古城高级中学的老师就在假期中带领学生走进西部，寻梦敦煌，在浩瀚的戈壁上，望着茫茫的荒漠，学生体会到了生命的渺小与伟大，这种真切的体验是课堂教学所不能实现的。

这种户外式的体验教育不是每节课都能做到的，但我们依然可以通过现代化的教学工具开展生命教育，观看记录片等就是一种很好的方式。如《荒野求生》、《国家地理》、《帝企鹅日记》等都可以激发学生的感受，加强学生对生命的理解。

推荐阅读：《心灵七游戏》毕淑敏

游戏一：我的五样

通过选出自己生命中最重要的五样东西，然后逐一删去，从而深刻地体会失去生命中重要东西时的心情，明确什么是对自己来说最重要的，继而能珍惜现在所拥有的。

该活动可以个人进行，也可集体开展，是进行生命教育的很好素材。

……

游戏六：写下你的墓志铭

设想飞机将要失事，此时你反思你的一生，写下你的墓志铭。

写下你的墓志铭，在某种意义上讲，你就总结了一生。你不可能伪造一个声名显赫的人居住在你的墓志铭下，那是别人而不是你。你也不可能把一大堆不属于你的功绩记在他的名下，因为那也不是你。你到底是怎样一个人，墓志铭只有如实写来。这个游戏的好处就是，你还有足够的时间来重新拟定你的墓志铭。如果你对自己的平庸不满意，你还有时间重振雄风。如果你对自己的浅薄不满意，你还有时间走向深沉。如果你对自己的专业不满意，你还可以选择职业。如果你对自己的性格不满意，你还来得及重塑形象。

通过撰写自己的墓志铭，可以很好地反思自我，对自己的成就和不足有清晰的认识，从而能够更好地规划人生。

（三）启发教师的生命关怀

生命教育是一个综合实践性很强的课程，学生周围的小环境、大环境都会对学生的生命价值观产生重要的影响。而教师是学生成长过程中的重要他人，是学生模仿的榜样也是自我意识、生命意识形成的重要信息来源之一，所以教师应以身作则，给学生树立榜样。而教师如果对学生进行言语攻击、身心惩罚，则会引起学生最真切的心理体验，对开展的生命教育形成负效果。因此教师本身也应加强对生命价值、生命意义的理解，不断地进行自我教育，从而为学生提供更好的榜样。按照罗杰斯的观点，以真诚、理解、接纳的态度面对学生，这本身就已经成为促进学生生命成长的重要因素。

第三节　中学生休闲教育与辅导

休闲是指个体在完成日常学习、工作和生活后由自己自由支配时间的一种状态。马克思非常重视休闲及其对于人的价值，揭示了休闲对任何社会发展的重要意义："自由时间，可以支配的时间，就是财富本身。"它既是一种活动，也是一种生活方式；既是人权的一部分，也是社会制度的重要环节。休闲活动是每个人必不可少的重要组成部分。英国教育家斯宾塞（H. Spencer）认为："完美的生活，应该包含职业生活、健康的卫生生活、公民生活、社会责任生活及休闲生活。有休闲生活，生命才会多姿多彩。"

对中学生而言，休闲是指由学生个人需要、兴趣、性格、能力等个性特征和个人的微观社会环境（如家庭、亲属、朋友、同学、邻居等）决定的，个人在学校课程计划以外的全部课余生活。

问到当今中学生的休闲活动是什么，答案无疑是上网、玩游戏、看电视等娱乐活动。"很好地利用休闲意味着 个人必须接受关于休闲的教育，在学习、工作的同时，如果公共教育没有教育学生如何很好地休闲，那么，自由时间将消磨在诸如看电视、大众媒体和娱乐的消极休闲上"。在这里美国著名休闲学专家杰弗瑞·戈比（G. Godbey）教授指出了休闲教育的重要性。

早在100年前，休闲教育的重要性就被美国联邦教育局明确地提出，并把它作为美国公共教育的一条中心原则："每个人都应该享有时间去培养他个人和社会的兴趣。如果能被合理地使用，那么这种闲暇将会重新扩大他的力量，并进一步丰富其生活，从而使得他能更好地履行自己的职责。如果相反，滥用闲暇时间将损害健康，扰乱家庭、降低工作效率，并破坏其公民意识。"显然，休闲教育的目的是确保人的身心充分休整，丰富和完善人的个性，启迪人的心智，培养人的崇高精神和公民意识。

一、休闲教育与辅导的含义和内容

（一）休闲教育与辅导的含义

休闲教育与辅导是指运用相关心理健康教育的理论和技术，帮助学生树立正确的休闲观念和态度，获得必备的休闲知识和技能，以及学会选择、安排有益的休闲活动方式，从而获得充实而丰富的休闲活动，发展自己的才能与个性的一系列教育活动。

美国休闲学家布莱特比尔（C. Brightbill）认为："如果不能学会以一种整体性的、脱离低级趣味的、文明的、有创造性的方式来享受新型的休闲，我们就根本不是在生活。"其实，重要的并不在于我们是否去公园、图书馆等休闲场所，而在于我们是否能够创造性地用自己满意的方式度过休闲时光。休闲有助于实现了解世界、保持身心健康、欣赏并表现美的教育目的，从这个意义上讲，休闲并不是对学习、工作和生活中的艰辛的一种逃避，而是教育过程中富有活力的一个组成部分。休闲教育与辅导可以帮助人们逐步地理解自我、理解休闲、认识休闲与自己的生活方式及社会结构的关系，并确定休闲在自己生活中的位置和意义。可见，休闲教育与辅导是教育的应有组成部分。

休闲教育与辅导有利于中学生休闲选择的合理化，能够帮助中学生正确地选择恰当的休闲活动，并能积极地参与其中，充分感受到生活的完整和价值。因此，中学生休闲教育与辅导有必要以学校为主阵地，结合社会与家庭力量，通过系统地、有计划地向学生传授各类休闲活动的知识和技能，让学生树立积极向上的休闲观，使学生学会有价值地、明智地或独立地进行休闲行为选择，合理利用、支配休闲时间，从而丰富和提高休闲生活的质量。

（二）休闲教育与辅导的内容

休闲是个体在闲暇时间里，依据自身需要、兴趣等进行的自主、自由的活动。个体的需要、兴趣各不相同，其休闲活动的内容、方式也会有所不同；个体所处的发展阶段不同，其休闲活动也会存在一定差异。因此，对中学生进行休闲教育和辅导时，应注意从实际出发，充分考虑到中学生的主客观条件，其内容应该兼具灵活性与针对性。总的来说，中学生休闲教育与辅导应包括以下几个方面的内容：

1. 休闲精神

休闲精神即积极的休闲价值观念和休闲态度，崇尚自由、追求生活的完整性、追寻生命的意义；比如通过观赏体育比赛让学生们感受生命的魅力，参观艺术展览感受自由的气息等。

2. 休闲技能

休闲技能是参与休闲活动的基本条件，能促使个人参与休闲活动；比如游戏技能、工艺技能、插花的技能以及绘画的技能等。

3. 休闲机会

对休闲机会的认识是参与活动的重要影响因素，如果完全不知道某种休闲活动的存在，学生永远也不会参与到这一活动中去。休闲教育与辅导就是让学生对休闲活动有基本的认识，从日常生活以及各种课程中了解休闲的各种形态。

4. 休闲伦理

休闲伦理也是一种休闲限制，即要让学生认识到个人休闲方式可能产生的影响，尽量让学生选择被大众接受的休闲活动；比如要选择避免浪费资源、污染环境、违反公共秩序等的休闲活动。

5. 互动沟通的技能

很多休闲活动需要两个以上的人参与，共同休闲时会产生人际互动及合作行为。休闲教育与辅导可以提供一些沟通技巧，让学生个体认识到不同休闲群体的行为标准，使他们识别并接受群体的文化，从而更容易参与到休闲活动中。

6. 休闲活动与学习的关系

休闲教育与辅导要让学生正确理解休闲与学习之间的辩证关系，并让他们认识到休闲在某种程度上也是一种学习，指导他们在休闲中发展自己；而学习也可以作为一种休闲，使他们在学习过程中保持愉悦的心态。

二、休闲教育与辅导的方法与策略

（一）开设休闲教育与辅导的课程

休闲教育与辅导作为生活适应教育与辅导的一部分，可以纳入心理健康辅导课程。通过辅导活动课程，可以向学生讲授有关的休闲知识，帮助学生确立正确的休闲观念和态度。要纠正学生关于休闲的错误认识，避免把休闲仅仅当成休息、娱乐、游手好闲。应该让学生懂得，课余时间应充分有效地利用，这样才有助于人的能力和志趣的全面发展。引导学生关注自己的休闲活动，反思、调整自己的休闲活动。老师应该教给学生如何安排休闲活动、如何安排休闲时间、如何走进大自然、如何娱乐与消费、可以选择哪些积极有意义的休闲活动等。

（二）组织学生休闲团体

休闲不等于盲目地游戏和玩，而是通过对自己闲暇时间的安排使生活变得充实和更有意义。休闲的特点是主动和自由选择，并从中有所收获。休闲教育与辅导很大程度上是融入型的教育，要发挥所有可以利用的资源，让学校内处处都充满了丰富多彩的休闲生活。发挥共青团组织的带头作用，组织学生休闲团体，是校内休闲辅导的重要途径。组织多种培养各方面兴趣爱好和能力的社团、小组，感兴趣的同学自愿报名参加活动。其内容可以涉及方方面面：体育、艺术、工艺制作、科学、实事、生活技能等等。中学生在学生时代就能够根据自己的兴趣，多方面地尝试各个不同的领域，这也对他们未来的生涯规划奠定了良好的基础。

（三）规划课余休闲活动

学生在校除了课堂学习时间，还有部分闲暇时间，如课间休息、午间休息。课余休闲活动组织恰当，可以帮助学生消除大脑疲劳，调节情绪，重新振奋精神，以提高课堂学习效率。要保证每个学生在校有120分钟的休闲时间。10分钟课间休息时间要求学生走出课堂，进行适当的放松活动；午间休息，引导学生听广播，欣赏音乐；开放阅览室，借阅书报；开展小型分散活动，活跃文化生活。学校还应为课余休闲活动提供条件，如设置活动场地、设备和器具，出借娱乐用品。发布有关休闲活动信息，如利用广播与专栏，传播适合儿童的影视节目、书讯、展览、度假胜地和休闲服饰等信息。学校还可以举办丰富多彩的活动，如体育比赛、联欢会、远足、参观、艺术节、诗会等。

（四）家长引导孩子开展健康休闲活动

就家庭而言，家长要身体力行，从自身开始就杜绝不健康、不文明的休闲行为，努力创造良好的家庭氛围，可以亲自去带领、陪伴孩子参与一些有益的积极向上的文娱活动。同时，家长也应配合学校、老师的工作，双方形成教育共同体，强化学生的休闲观念与态度等，重视孩子休闲观念和休闲方式的指导。家长还要引导孩子自觉参加身体锻炼、做力所能及的家务劳动，提高他们的自理、自立、自律能力。督促孩子自觉规划自己的休闲活动，充分有效地利用自己的闲暇时间。

（五）开辟休闲活动基地

就整体而言，要构建学校、家庭、社会的协同教育。有关部门要加强管理，净化社会文化环境。充分利用社会活动场所、公共设施，如青年宫、文化站、博物馆、图书馆、电影院等校外阵地，进行共建活动，开辟学生休闲基地，拓展学生休闲活动的渠道。给学生创造良好的文化氛围，吸引更多的同学参与到休闲活动中来。

小资料

常见的中学生休闲活动

1. 接受性休闲活动

接受性休闲活动，是指个体在闲暇时间里进行的，以接收信息为主的休闲活动。接受性休闲活动可以突破有限的现实与心理时空，让个体在更为广阔的背景中吸引有益于人生发展的丰富营养，体悟生活的美好。中学生常见的接受性休闲活动有：阅读、参观旅游、收藏等。

2. 表述性休闲活动

表述性休闲活动，是指个体在闲暇时间里自主发表并呈现自己的休闲心得与成果的休闲活动。表述性休闲活动有助于展示个体的生活价值，深化个体的生活感悟。中学生常见的表述性休闲活动有：手工制作、才艺爱好、上网等。

小资料

有益有趣的休闲建议

休闲，可以让人们放松自己，锻炼身体，增长知识……随着社会的发展，现在中学生的休闲娱乐方式日益丰富，层出不穷。为了让广大中学生的课余休闲生活过得更有益有趣，让每个中学生的休闲生活更加丰富。我们仅提供以下几点建议供大家参考：

1. 生命在于运动，利用放假时间可以多活动一下，可以打打篮球，踢踢足球，打乒乓球等，运动健身不仅可以让自己劳逸结合，以更加充沛的精力投入到白天的学习中去，还能健身、健脑、健心。如果条件不允许，我们可以选择一些传统的运动项目，如呼啦圈、踢毽子、跳绳、慢跑等等。若能每天坚持一项体育运动，一定会让你受益匪浅。

2. 看看报纸杂志，多关心一些国际新闻，多了解一些我们身边发生的事情，关心一下我们的世界这个大家庭，在作业做得眼花的时候，看下当天的报纸，既放松了心情，又了解了国家大事。

3. 适当上网做一些有益的事，玩一些有益的游戏，放松一下大脑。正确掌握电脑和网络知识，学会科学合理地利用网络进行学习，或者做些有趣的事情，达到劳逸结合，使自己学得更轻松，同时也更愉快。

4. 听音乐。音乐是人类的第二种语言，多听一些音乐，不仅使自己在紧张的学习中得到放松，还增加了艺术细胞。尤其多听一些古典音乐，可以培养高尚的情操和博爱的情怀，可以促进心灵的健康。

5. 培养一些艺术爱好，陶冶自己的情操。琴棋书画的熏陶对人的素质和情操的培养是非常重要和美好的，但要注意这些爱好只是兴趣而已，不要给自己太大的压力，目的就只是熏陶，慢慢地让自己的情操从中不断得到陶冶，艺术气质也会不断得到提升。

6. 若平时没有时间，在休息的时候可以多看一些课外书，可以丰富知识、调节心理、陶冶情操、提高认识水平、充实生活，真是一举多得。

7. 与家人、老师、同学多沟通一下。一个人的成功，自身的努力、家人的支持、朋友的帮助，缺一不可。要充分利用空余时间，与同学说话，与老师、父母谈心，或者一起逛逛街，一起散散步，一起打打球，一起做游戏，一起看电影等，从中学会交友，学会处理人际关系，并认识社会，增长才干，充实课余生活。

第四节　中学生消费教育与辅导

随着我国经济的日益增长，居民收入水平逐年提高，恩格尔系数持续下降，也就是说我们可以用来自由支配的金钱越来越多，相对来说，家长给予孩子的零用钱也在增加。在一项对中日韩越中学生零花钱的对比调查中显示，中国中学生的零用钱绝对额度最高。“在我们入户调查的一个中国家庭，该户读初一的中学生一个月零花钱达到400—500元，而据他母亲讲，这个数额在班级上并非最多。”按照实际购买力换算，这相当于日韩中学生家庭零花钱平均水平的2倍甚至3倍。并且中国中学生零花钱数额差距大，同一个班级，零花钱多者每月可以上千元，少者几乎没有。多数的中学生每月零花钱为150—200元。半数的中学生表示用零花钱没有计划，有20%的中学生是“月光族”，每个月没有剩余的零花钱，即使有，也要找机会把剩余的零花钱花光。

消费教育（或称国民消费教育），是指有组织、有计划地向居民传授消费知识和技能，培养科学、文明的消费观念和维权意识，提高消费者素质的教育活动。

长期以来，我国对消费教育认识不足，消费教育还比较滞后。在网上的公开调查中，有90%以上的网友希望大力开展消费教育并希望从中受益，70%以上的网友认为消费教育活动离自身很远。目前，只有北京市、辽宁省等少数地方成立了消费教育学校，绝大多数大中小学尚未开设消费教育课程；企业和社区的消费教育基本上没有开展起来；媒体对消费教育内容的传播也不够经常、全面、系统。这就导致一些消费者缺乏必要的消费知识、消费技能、消费法律观念和消费自制能力，出现了盲目消费、奢侈浪费等现象。因此如何引导中学生合理消费，对他们进行消费教育成了摆在我们眼前亟待解决的问题。

一、消费教育与辅导的含义与内容

（一）消费教育与辅导的含义

消费辅导，也称消费教育或理财教育，是指运用有关心理健康教育的理论和技术，向学生传授消费知识和技能，帮助学生确立正确的消费观念和态度，获得必备的消费知识和技能，学会保护自身的消费者权利，提高自身消费素质的一种教育活动。

在对中学生进行消费教育时，目的就是让学生从小就接受商品消费维权知识、科学消费观念方面的教育，告诉他们什么样的消费观念才是正确的，自己的权益受到损害时应该怎样去维护。学会合理消费是一个人生活中必备的生活技能。

（二）消费教育与辅导的内容

1. 适度消费

适度消费是指学生的消费要与家庭经济条件和自身的正常需要相适应。

花钱要考虑到家庭的承受能力，不顾家庭生活条件而追求超前消费是不应该的。许多同学有攀比的心理，看见别的同学有什么自己就要买什么，不考虑自身的需要，更不考虑自己家庭的承受能力。家长和老师应该关注孩子零花钱的支出状况，不要过分满足孩子的物质需求。

适度消费也不是鼓励学生不消费，而是适中学生消费需求之度，这就是说，提倡同学们在为了自己成长方面该花的钱还要花，但在享乐方面不过分追求。例如：身体发育需要的营养饮食，培育智力需要的有益书刊，符合中学生身份的衣物，该买的就买。而时髦地去穿、去吃、去玩，互相攀比着花父母辛苦挣来的钱，是很不合情理的。

2. 合理科学消费

盲目消费的表现是指不管此类消费有无必要或是否适合自己，而一味地追求和购买。

据调查，媒体对人们消费行为的影响最大。社会媒体以不同角度和媒介把大量的消费信息传递给中学生，琳琅满目的商品和铺天盖地的广告刺激着孩子的眼球，导致孩子盲目消费。有的学生在买衣服、买文具、吃零食等的时候，都是学别人、看广告，哪个牌子的广告做得响亮，同学们就买什么，而不考虑是否适合自己。

家长与老师应为中学生提供科学的消费咨询和意见，引导学生注重商品自身的价值与价格，货比三家，把钱用在“刀刃”上。同时应帮助他们提高自己的审美水平，教育学生在穿着打扮上保持天真活泼，选择适合自己中学生身份的服装，饮食上要保证营养卫生，娱乐游戏有利于健康。总之要根据自己的性格、喜好和条件来消费，防止盲目的消费决策。

3. 主动拒绝不健康的消费

中学生要抵制不利于健康的消费内容，如有的同学进营业性舞厅，玩游戏机、赌博等。这都是不好的消费行为。抵制不良的消费在很大程度上，取决于中学生是否树立了正确的审美标准与良好的生活方式。

在修身、励志、促学、健体等方面，家长和老师应着重培养中学生树立正确的审美标准与良好的生活方式，而对不健康的消费需求、消费欲望应主动加以拒绝。

4. 维护自身消费权益

维护自身消费权益是让学生了解消费者权益保障的政策法规、商品标识鉴别等知识，对各种损害消费者权利的行为善于识别，学会抵制，学会保护自身的权利。

不难发现，学生的消费决策常常带有较强的冲动性，容易受到他人的影响。在销售人员的诱导下，由于对假冒伪劣商品、欺诈性的经营手段的鉴别能力较差，容易上当受骗。中学生年龄小，社会经验和实践经验不足，对商品的质量、价格、功能等基本情况了解不够，羞于讨价还价，在消费过程中缺少对自己权益保护的意识，或保护手段不力，使自己在经济利益或精神上受到损害。家长和老师应教育学生增强他们维护自身权益的意识和能力。

二、消费教育与辅导的方法与策略

（一）培育中学生合理的消费需求

消费需求是消费者为了实现自己生存、享受和发展的要求所产生的对各种消费资料、商品和劳务的欲望、意愿和渴求，反映了消费者的某种生理或心理体验的缺乏状态。

1. 帮助中学生了解自己的各种消费需求

中学生处于快速成长时期，生存需要是基础，否则个体的生存与发展难以保障，因此要对中学生的身体发育格外重视，密切关注他们与此相关的物质消费，如吃、穿、住、用、行等。同时，中学生正值青春期，是心理发展的特殊时期，精神文化需求和消费同样重要，如学习、艺术、体育、旅游、娱乐等。因此，消费教育与家长老师应在日常生活中深入了解中学生的各类消费需要，帮助他们认清自己的消费需要。

2. 因人而异，帮助不同中学生选择适合自己的消费需要

每个中学生都是一个独立的个体，生活的家庭背景不同，接受的教育层次不同，社会化进程中所处的环境不同。这些因素综合起来导致中学生的消费需要因人而异，如家庭经济基础较好的学生，对享受性的需要可能强于经济基础较差的学生；自我意识发展较好，独立性较强的学生，对社会性发展的需要可能要强于自我意识发展较慢、独立性较差的学生。

因此，家长老师在对中学生消费需要进行引导时，应充分了解中学生的个体独特性和家庭经济状况，从中学生个体所处的消费环境出发，根据学生个人发展所需，做到因人而异，引导他们选择符合自身条件和实际情况的消费需要。

（二）端正中学生的消费态度

消费态度是指消费者个体在购买过程中对商品或劳务等表现出来的心理反应倾向，消费态度在长期的社会实践中形成，一般会保持相对的稳定，使消费者的行为具有一定的规律性和习惯性。

家长老师应该帮助和引导中学生端正消费态度。总的来说，中学生的消费态度主要呈现兴趣性、从众性、易感性的特点，家长和老师需要坚持“渗透原则”，将消费教育与辅导巧妙地渗透到各种教育因素和方式中，以循序渐进和潜移默化的形式进行。

1. 理论教育和自我学习相结合

中学生消费态度的引导，应以消费理论的教育和学习为前提，坚持消费理论的他人教育和自我学习相结合。一方面，应开设专门的消费课程，通过口头语言

向中学生传授正确的消费态度，激发他们自我思考的能力，切忌填鸭式的强行灌输；另一方面要鼓励他们进行有计划的自觉学习，不断实现消费态度的合理化。

2. 灵活运用舆论引导

在现代社会中，每个人思想的形成和发展几乎都不能摆脱传媒和舆论的影响，中学生的消费态度也深受媒体和舆论的影响。学校、家庭以及社区应该密切合作，将传播媒介和舆论工具运用在消费教育与辅导中，把理论教育与形象教育有效结合起来，通过报纸、刊物、广播、电台等各种广播工具，灵活地对中学生的消费态度进行引导。另外，还可以组织中学生收看相关的录像片、宣传片等。

3. 榜样感染

榜样感染是通过树立典型的人或事，教育人们提高思想认识的方法，具有形象、具体、生动的特点，较之说理教育更富感染性和可接受性。榜样的力量是无穷的，无论是先进典型还是反面典型都具有强大的说服力，中学生具有极强的模仿心理，也使这种方法具有特殊的优越性。在家庭中，父母应以身作则，带头勤俭节约，树立消费态度上的积极典型；在学校里，教师应以身作则，为人师表，以独特的人格魅力引导学生树立科学的消费态度，并在班级中树立典型，营造班级里良好的消费氛围。

4. 通过实践锻炼端正消费态度

有目的、有计划地组织中学生参与到消费实践中，去亲身体验消费的过程。如让他们参与家庭日常开支管理，从中理解家庭的收入和消费之间的相互关系、意义与价值；适当地让他们参与勤工俭学，从中体验工作的意义，理解父母工作的艰辛和经济收入的来之不易等，都有利于使学生自发地端正自己的消费态度。

（三）多途径地开展消费教育与辅导

中学生的消费教育与辅导涉及学校、家庭和社会，是一项系统工程，要使这种教育取得成效，需要充分发挥学校、家庭和社会等各方面的力量。

1. 学校教育倡导消费教育与辅导

消费教育与辅导是学校实施素质教育的一个重要组成部分，既可以培养中学生正确的消费观念，也可以引导其消费行为，增长消费智慧，这不仅关系到学生的权益是否能够得到有效保护，而且关系到学生的健康成长和全面发展。在中学推行消费教育与辅导，应当以心理健康教育为主要手段，在学科教育中进行渗透，开展消费知识讲座，注重消费实践教育，形成健康、和谐的校园消费文化和校园环境，使学生们在轻松愉悦中陶冶情操、获得知识、接受教育。

（1）优化校园物质文化生活环境

学校要大力加强后勤工作的管理，提高服务质量，改善学生物质生活的条件，为学生提供质优价廉的食品，让学生吃得放心、吃得满意，这也是解决奢侈浪费的有效途径之一。

同时，丰富学生业余文化生活，尽量减少学生的不合理消费。通过加强校园文化建设，开展丰富多彩、形式多样的文化娱乐活动，把学生的兴趣引导到追求健康的精神生活上来。通过有组织、有目的的活动，既可以丰富知识又可以降低消费，对学生整个身心的健康成长都是极有益处的。

（2）治理校园周边环境

从中学生学习、消费的社会小环境来说，学校应和有关部门联手下大力气对学校周边环境做必要的清理和整顿，坚决取缔那些违法经营的商贩、游艺室和网吧等，关闭那些不健康、低品位的文化娱乐场所；同时，合理布局必要的商业网点和娱乐场所，并严格依法管理，使学校周边真正成为优美校园环境的延伸。

（3）开设消费知识课程、讲座

学校可通过消费教育与辅导课程让中学生知道什么是广告、什么是消费者的权益、购买物品时应注意什么、怎样合理安排家庭开支、如何制定和执行消费计划、如何在进行个人消费时理性选购物品、如何讨价还价等。要帮助学生学会如何选购商品，尤其是与自己日常生活、学习密切相关的，如文具、玩具、生活用品、食品等。

学校可以邀请有关投资、金融、理财专家给学生做有关讲座，介绍一些实用的、先进的经济知识和理财方法，保证学生能够掌握与时代同步的理财信息。

2. 家庭教育渗透消费教育与辅导

家长的消费观念对中学生有着潜移默化的影响。因此，家长应从自身做起，有意识地提高自己的消费素质，对孩子进行正确的消费引导。在日常消费中，以身作则，为孩子树立一个良好的消费榜样。向孩子公开部分家庭收支状况，可以使他们在消费时考虑家庭的收入状况，提出合理需求、合理支出。支持孩子自主管理自己的零花钱，从小养成良好的理财观念，具备一定的理财能力，避免乱消费。家长对孩子花钱应有科学指导，既要鼓励又要限制。在孩子花钱时，要问清这笔钱的用途是否合理，应该花的要支持，不应该花的要和孩子说明金钱来之不易，不可乱花钱。

3. 社会舆论引导消费教育与辅导

勤俭、朴实是中华民族的传统美德。如今随着经济的发展，人们的生活水平和消费水平不断提升，但消费教育与辅导在社会生活中还是一个薄弱环节。整个社会应该进一步认识到对中学生进行消费教育与辅导的重要意义和必要性，认识到消费问题对中学生的潜在影响。

社会上拜金主义、享乐主义、极端个人主义等不良消费思想的增长，给未成年人的成长带来了不可忽视的负面影响。少数青少年身上表现出来的不健康消费、超前消费等行为，在很大程度上就是受到社会消费大环境中的拜金主义、享乐主义等的影响所致。其中，大众传媒中的消费主义与娱乐化倾向尤其具有不可推卸的责任。大众传媒中的消费主义与娱乐化倾向，在很大程度上是一种享乐主义、物质主义的价值观与生活方式，对中学生的消费观念和消费行为具有很大的负面影响。因此，大众传媒在引导青少年消费观念和进行消费教育时，应发挥更多的积极、正面的导向作用，而不是消极、负面的“示范”效应，以履行社会所赋予的责任感，进而引导整个社会形成一种积极健康的消费氛围，为中学生的健康成长提供一个良好的消费大环境。

【建议参考资料】

郑日昌，刘视湘．中小学心理健康教育［M］．武汉：武汉大学出版社，2010.

【问题与思考】

1. 生涯具有哪些特点？
2. 生涯教育与辅导的目标是什么？
3. 霍兰德将职业人格分为哪几类？
4. 舒伯将人的一生划分为哪几个阶段？
5. 什么是生命教育？
6. 生命教育的意义何在？
7. 什么是休闲教育？
8. 如何利用自己身边的资源（家长、学校、社区），帮助学生创造生涯人物访谈机会或职业见习机会？
9. 同伴间如何开展生命教育？
10. 应向学生传递的主流生命价值观是什么？
11. 遭遇亲人去世，我们应如何应对？
12. 设计一个有意义的休闲活动。
13. 尝试按照方案合理消费。

第七章　中学生心理咨询技术

【本章提要】

中学生正处在身心发展的重要时期，随着生理、心理的发育和发展、社会阅历的扩展及思维方式的变化，特别是面对社会竞争的压力，他们在学习、生活、人际交往、升学就业和自我意识等方面，会遇到各种各样的心理困惑或问题。这就需要采取多种途径和方法来解决这些问题，其中心理咨询就是效果很好的方法之一。随着社会的进步，学生的认知水平也得到发展，在中学阶段进行心理咨询已经越来越得到学生及家长的认可。一般而言，心理咨询形式可分为个别咨询和团体咨询。本章主要介绍个别咨询和团体咨询的含义、一般过程、常用技术。

【学习重点】

1. 心理咨询的常用技术
2. 心理咨询的过程
3. 团体心理咨询的一般方法
4. 认知治疗的理性情绪疗法
5. 行为疗法
6. 森田疗法
7. 精神分析法
8. 团体咨询的过程
9. 团体咨询方案设计

【重要术语】

心理咨询　团体咨询　尊重　真诚　通情　积极关注　倾听　询问　自我开放　面质　理性情绪疗法　行为疗法　森田疗法　精神分析法

第一节　中学生个别心理咨询

中学生正处在青春发育期，这是人一生中心理发展的关键时期。生理上的显著变化，心理上的急剧发展，给中学生的适应带来许多新的问题和困难，他们需要得到及时有效的心理辅导来渡过人生的这一难关。当前，由于学习竞争的加剧，部分教师的教育观念和部分家长错误的育子观念、父母离异和家庭的不和睦、社会环境的某些消极影响等，使学生面临过重的心理压力和负担，相当一部分学生在学习方法、考试、应付挫折、人际交往及生活消费等方面存在障碍。凡此种种都说明心理健康教育中的个别心理咨询必不可少。

一、个别心理咨询的含义

（一）心理咨询的定义

罗杰斯（1942）：通过与个体持续的、直接的接触，向其提供心理帮助并力图促使其行为、态度发生变化的过程。

威廉森等（1949）：A、B 两个人在面对面的情况下，受过心理咨询专门训练的 A，向在心理适应方面出现问题并企求解决问题的 B 提供援助的过程。这里的 A 就是咨询师，B 就是求助者。

卡尔纳：心理咨询是指一种专门向他人提供帮助与寻求这种帮助的人们之间的关系。在这种关系中，助人者的手段及其所创造的气氛使人们逐步学会以更积极和理性的方法对待自己和他人。心理咨询能够为人们提供全新的人生经验和体验。心理咨询的对象主要是正常人，心理咨询所提供的全新环境可以帮助人们认识自己与社会，处理各种关系，逐渐改变与外界不合理的思维、情感和反应方式，并学会与外界相适应的方法，提高学习、工作效率，改善生活品质，以便更好地发挥人的内在潜力，实现自我价值。

《心理学大词典》（朱智贤，1989）：对心理失常的人，通过心理商谈的程序和方法，使其对自己与环境有一个正确的认识，以改变其态度与行为，并对社会生活有良好的适应。心理失常，有轻度的，有重度的，有属于机能性的，有属于机体性的。心理咨询以轻度的、属于机能性的心理失常为范围。

《心理学百科全书》（李维，1995）：咨询者就访谈对象提出的心理障碍或要求加以矫正的行为问题，运用相应的心理学原理及其技术，借助一定的符号，与访谈者一起进行分析、研究和讨论，揭示引起心理障碍的原因，找出行为问题的症结，探索解决的可能条件和途径，共同协商出摆脱困境的对策，最后使来访者增强信心，克服障碍，维护心理健康。

张人俊等（1987）：心理咨询是通过语言、文字等媒介，给咨询对象以帮助、启发和教育的过程。通过心理咨询，可以使咨询对象的认识、情感和态度有所变化，解决其在学习、工作、生活、疾病和康复等方面出现的心理问题，从而更好地适应环境，保持身心健康。

赵耕源（1987）：向已经有了心理刺激而尚未发病的人，或已有某些心理疾病（变态心理）或躯体疾病的人，进行心理指导，通过耐心细致的交谈，帮助他避免或消除不利于心身健康的心理社会因素，或认识这些心理社会因素在已发生疾病中的作用，因此能增强对心理刺激与冲突导致疾病的防卫能力，减轻已经发生疾病者的心理负担，树立起对疾病的治疗信心，从而能预防某些精神病，神经症或心身疾病的发生，使工作、学习、生活更美满或促使患者向良好的痊愈方向发展。

郑日昌（1988）：采用心理学方法（非医学和行政方法），通过语言（包括口头、书面和体态语言）帮助人们解决心理问题（包括成长烦恼的发展性问题和轻微心理疾病的障碍性问题），促进其适应（摆脱困扰、解决烦恼）和发展（开发潜能、完善人格）的过程。

陈仲庚（1989）：心理咨询就是帮助人们去探索和研究问题，使他们能决定自己应做些什么。心理咨询应明确三个问题，即待解决问题的性质；咨询师的技术；所要达到的目标。

与心理咨询关系最密切的概念是心理治疗，心理咨询与心理治疗的异同一直是个争论不休的问题，现在越来越多的人倾向于二者并没有明显不同的观点。陈仲庚在《心理治疗与心理咨询的异同》（1989）一文中认为：心理咨询和心理治疗没有本质的区别，如果有区别也是人为的，而非本质的。前者以发展性咨询为主，后者以障碍性治疗为主；前者内容以疑惑、不适为主，后者以障碍、疾病为主；前者是轻度心理问题，后者程度上稍微重些；前者可以在非医疗情况下发展，后者一般在医疗情况下进行；前者重预防发展，后者重治疗重建。在中学心理咨询工作中应以发展性心理辅导为主要内容。

（二）对心理咨询的理解

根据心理咨询的定义，可对其作如下理解：心理咨询是一个过程，有一系列的步骤，并且需要多次进行，往往不是一次咨询就能解决问题；心理咨询是一种关系，是咨询者和来访者之间关系的建立，这是一种特殊的人际关系，需要以通情、尊重和真诚为基础，需要咨询师与来访者相互影响和相互作用，其中来访者的主动参与和积极配合十分重要；心理咨询是一种专业性活动，需要在心理学理论的指导下进行，它决不是一般的聊天和谈话，而是一项严肃认真的工作，咨询者必须受过专业训练；心理咨询的最终目的在于促进来访者的成长和发展，而不是简单的同情、安慰、劝导、批评或提出建议，也不单纯是帮助他人解决问题，更主要的是培养来访者独立思考及有效决策和行动的自助能力。因此，助人自助才是心理咨询的最终目标。

咨询不是说教，它是聆听；咨询不是训示，它是接纳；咨询不是教导，它是引导；咨询不是控制，它是参与；咨询不是侦讯，它是了解；咨询不是制止，它是疏导；咨询不是做作，它是真诚；咨询不是改造，它是支持；咨询不是解答，它是领悟；咨询不是包办解决问题，它是协助个人成长；咨询不是令人屈从，它是使人内心悦服。

为了正确理解心理咨询，还要注意以下几个问题：

1. 心理咨询≠思想工作

心理咨询有着严谨的理论基础和诊疗程式，它与思想工作是有很大区别的，思想工作的目的是说服对方服从、遵循社会规范、道德标准及集体意志，而心理咨询是运用专门的理论和技术寻找心理障碍的症结，予以辅导或治疗；思想工作提倡群众性，人人都可以做，心理咨询强调专业性，只有受过训练的专业人员才可从业；在价值取向上，思想工作是社会取向，为某个阶级或集团的利益服务，心理咨询是为个人服务，咨询师持客观、中立的态度，而不是将自己或社会的价值观强加或灌输给来访者。

2. 心理咨询≠窥视内心

许多来访者不愿或羞于吐露自己的心理活动，认为只要简单说几句，咨询师就应该猜出他心中的想法，否则就表明咨询师水平不高。其实心理咨询师也是人，他们没有什么特异功能窥见他人的内心世界，他们只是应用心理学的理论和方法，对来访者提供的讯息进行讨论和分析。因此，来访者需详尽地提供有关情况，才能帮助咨访双方共同找到问题的症结，有利于咨询师作出正确的判断并进行恰当的咨询。

3. 心理咨询≠立竿见影

一些来访者将心理咨询师视为“开锁匠”，期盼其能打开所有的心结，所以常常求诊一两次，没有立竿见影的达到所希望的“豁然开朗”的心境，就大失所望。实际上，心理咨询是一个连续的、艰难的改变过程。心理问题与来访者的个性及生活经历有关，就像一座冰山，堆积已久，没有强烈的求助、改变的动机，没有恒久的决心与抗衡，是难以冰消雪融的，所以来访者需有打“持久战”的心理准备。

4. 心理咨询师≠救世主

一些来访者把心理咨询师当做“救世主”，将自己的所有心理包袱丢给咨询师，以为咨询师应该有能耐把它们一一解开，而自己无须思考、无须努力、无须承担责任。然而，心理咨询师只能起到分析、引导、启发、支持、促进来访者改变和人格成长的作用，他无权把自己的价值观和愿望强加给来访者，更不能替来访者改变或作决定。真正的“救世主”只有一个，那就是来访者自己。只有改变自己、战胜自己，最终才能超越自我，达到理想目标。

5. 心理问题≠精神病

心理咨询在我国是一门刚刚起步的新兴学科，人们对它有一种神秘感。来访者通常都是左顾右盼，鼓足了勇气才走进咨询室，在咨询师反复保证下，才肯倾吐愁苦；或是绕了很大圈子，才把真实的情绪暴露出来。因为在许多人眼里，来咨询的人很可能不正常或有精神病，要不就是有见不得人的隐私或道德品质方面有问题。此外，在中国人的传统观念中，表露出情感上的痛苦是软弱无能的表现，对男性来说尤其如此。以上种种原因，使得很多人宁愿饱受精神上的痛苦折磨，也不愿或不敢前来就诊。其实，心理问题与精神病是两个不同的概念。每个人在成长的不同阶段及生活工作的不同方面，都有可能会遇到这样那样的问题，导致消极情绪的产生。对这些问题如能采取适当的方法予以疏导，问题就能顺利地解决；若不能及时加以正确处理，则会产生持续的不良影响，甚至导致心理障碍。这样看来，心理问题是日常生活中经常会遇到的，就这些问题求助于心理咨询并不意味着有什么不正常，相反，这表明了个体具有较高的生活目标，希望透过心理咨询更好地自我完善，而不是回避和否认问题，混混沌沌虚度一生。

（三）心理咨询的基本原则

1. 保密性原则

咨询人员应保守来访者的内心秘密，妥善保管个人信息、来往信件、测试资料等材料。如因工作等特殊需要不得不引用咨询事例时，也须对材料进行适当处理，不得公开来访者的真实姓名、班级或住址等。

2. 理解与支持原则

咨询人员对来访者的语言、行动和情绪等要充分理解，不得以道德和个人价值的眼光评判对错，要帮助来访者分析原因并寻找出路。

3. 积极心态培养原则

咨询人员的主要目的是帮助来访者分析问题的所在，培养来访者积极的心态，树立自信心，让来访者的心理得到成长，自己找出解决问题的方法。

4. 来访者自愿的原则

到心理咨询室求询的来访者必须出于完全自愿，这是确立咨访关系的先决条件。只有自己感到心理不适，为此而烦恼并愿意找咨询人员诉说烦恼以寻求咨询者的心理援助的人，才能够获得问题的解决。

5. 感情限定的原则

咨访关系的确立和咨询工作的顺利开展的关键，是咨询者和来访者心理的沟通和接近，但这也是有限度的，不能有过于亲密的交往或建立工作之外的关系，接触过密不仅容易使来访者产生移情和依赖心理，也容易使咨询者失去客观公正地判断事物的能力。

6. 重大决定延期的原则

心理咨询期间，由于来访者情绪过于不稳和动摇，原则上应规劝其不要轻易作出诸如退学、转学等重大决定。在咨询结束后，来访者的情绪得以安定、心境得以整理之后作出的决定，往往不容易后悔或反悔的机率较小。就此应在咨询开始时予以告知。

二、个别心理咨询的过程

心理咨询的步骤一般分为开始阶段（建立咨询关系，掌握来访者的资料及进行分析、评估)、指导与帮助阶段（制订咨询目标，选择咨询方案，实施指导与帮助)、巩固与结束阶段。

（一）开始阶段

开始阶段是心理咨询的第一步，是整个心理咨询的基础。良好的开始是成功的一半，美国咨询心理学家沃尔斯（J. W. Worth）指出，不好的开头会阻碍有效的相互影响。的确，如果开头实在不佳，也就意味着咨询双方关系的终结。一个成熟的咨询者；总是非常重视心理咨询的开始阶段，机智慎重地完成这个阶段的工作。

开始阶段需要完成的任务有三项，即建立咨询关系、掌握来访者的资料及进行分析、评估。

1. 建立咨询关系

咨询师与来访者必须建立起信任、真诚、接纳的咨询关系。这是一种不同于生活中各种人际关系的特殊关系，是心理咨询的起点和基础。这种关系有助于咨询师真实了解来访者的情况，准确确定咨询目标并有效达到目标。对学生而言，基于这种积极的关系，才会与咨询师积极合作，对心理咨询抱有热情和信心，从而有助于提高咨询效果。此外，这种积极的关系也给来访者提供了一种良好的人际关系的范例，使其能在咨询环境之外加以运用，提高人际交往的能力。能否建立起积极的咨询关系，咨询师担负着重要责任。

在初次会谈时，咨询师要向寻求指导和帮助的来访者进行简明扼要的自我介绍。在简短的自我介绍后，可以允许有短暂的沉默，主要目的在于给来访者一个整理思绪的机会，使他能完整地表达自己想说的话。

在初次会谈时，咨询师可以就咨询的性质、限度、角色、目标以及特殊关系等向对方作出解释。解释的内容包括时间的限制、会谈的次数、保密性、正常的期望等。对这些问题的说明，可以减少对方的困惑，消除因此而引发的焦虑，也使对方不致对咨询产生不当或过高的期望。在初次会谈中，有必要澄清保密性的问题：对咨询过程中必要的记录给予说明，对所谈内容的保密和隐私权的尊重作出肯定性承诺，以此消除来访者的戒备心理。

对来访者要热情有礼、耐心倾听。初次会谈，来访者往往比较紧张、局促，因此咨询师的态度会对其心理产生很大的影响。热情友好的态度给人以亲切感，可有效拉近双方的距离，特别是他们在受心理困扰时，热情友好的态度本身就是一种力量、一种希望、一种安慰，能在很大程度上降低其焦虑水平。

要建立并保持积极的咨询关系，还需要咨询师掌握一些有效的方法，如无条件的积极尊重、准确的通情和真诚。

2. 掌握来访者的资料

通过会谈、观察、倾听、心理测验等方式，收集与来访者有关的各种资料，了解对方的基本情况及存在的心理问题。

来访者的基本情况包括姓名、年龄、班级、家庭及社会生活背景、自身的生活经历、兴趣爱好、学习生活近况及有无心理咨询经验等。通过对基本情况的了解，掌握其过去、现在等各方面的活动及生活方式。对来访者基本情况的掌握，有助于对其主要心理问题的把握。

认识来访者的心理问题是确定心理咨询目标的基础。这比收集基本情况要复杂得多，因为来访者一般心存顾虑，往往不愿直截了当地把面临的心理问题如实暴露出来，或是他们自己也弄不清问题的实质，只是感觉到困扰，希望改变现状。需要了解的心理问题涉及多方面，咨询师要通过收集有关资料弄清心理问题的性质、持续时间及产生原因。

3. 进行分析、诊断

分析、诊断是在收集资料的基础上，进一步明确心理问题的性质、程度及原因，并对其作出正确的评估。分析、诊断包括下列内容。

（1）确定心理问题的类型及性质，决定咨询的适宜性。咨询师首先要确定心理问题的性质，是属于学习问题，还是人际关系问题，或者是其他方面的问题；是属于发展性问题、适应性问题，还是障碍性问题。考虑心理咨询的适宜性对于心理咨询的实施是十分必要的。这是因为有些问题不属于一般心理咨询能解决的，如属于器质性疾病，应及时介绍到医院就诊；如属于精神疾病，应及时转送精神病院接受治疗；如属于严重障碍性心理问题，也可介绍到综合医院开设的心理咨询门诊接受心理治疗。

（2）分析心理问题的程度，以区别对待。心理咨询的对象有的存在适应性问题，有的存在发展性问题，虽然这两类来访者的心理状态都正常，但仍然有程度上的差别。前者在学习、生活等方面出现了心理上的不适应，可以通过个别咨询等方式予以必要的指导；而后者可能并未对自身的心理问题产生自觉的意识，因此，可以通过心理健康讲座、课程等方式予以指导与训练，强化其心理品质。

（3）寻找心理问题产生的原因。寻找原因是诊断来访者心理问题的重要组成部分。造成来访者心理问题的原因是多方面的，需要从两个不同侧面入手，即一般原因分析和深层原因分析。一般原因分析就是针对心理问题形成的生物学因素和心理社会因素进行全方位的搜索。深层原因分析是对产生心理问题的主要心理原因进行剖析。不同的心理咨询理论和方法，往往从不同的角度寻找并发现心理问题的根源。如精神分析理论重视从潜意识的矛盾冲突、幼年生活经历中寻找根源；行为主义理论重视对行为的分析，发现原因；认知理论认为不良情绪、反应是认知错误造成的，来访者的非理性认知是其心理问题产生的原因；人本主义理论认为人有各种需要，而造成心理失调的原因是人的需要不能得到满足，从而自我意识发生扭曲，内在潜能不能发挥出来。如果能够把握住心理问题产生的深层原因，将为心理问题的解决奠定最重要的基础。

（二）指导与帮助阶段

经过开始阶段，心理咨询进入了解决问题阶段，即指导与帮助阶段，这一阶段主要完成的任务有三项：制订咨询目标，选择咨询方案，实施指导与帮助。

1. 制订咨询目标

心理咨询的目标，就是心理咨询所追求的结果与所要达到的目的。咨询目标的确立，在咨询过程中有重要的价值。首先，它使咨询双方都清楚地意识到努力的方向，从而不仅能详细制订实施方案，而且可以在实施过程中根据目标对实施方案进行必要的调整。

其次，它有助于咨询双方的积极合作。有了明确的目标，使来访者看到了希望，增强了咨询信心与动力。由于方向明确，来访者成为咨询过程的主动参与者，使咨询双方能积极合作，协调一致。

再次，它使心理咨询的评估成为可能。通过咨询目标，来访者可以清楚地看到自己的变化，从而认识到心理咨询在自我成长中所发挥的作用。咨询双方也可以借此评价咨询方案的适用性及确定心理咨询的进展程度。为保证心理咨询的顺利进行，制订咨询目标应遵循一些基本的原则。

（1）必须由咨询双方共同制订目标。咨询目标的制订，必须要咨询师和来访者共同配合、互相交流并最终达成一致。这样的咨询目标才比较客观、真实，才能使双方共同努力去实现目标。共同制订咨询目标，首先要求咨询双方在心理问题的把握和原因分析上取得一致意见，为此咨询师要鼓励并引导来访者全面、深入地倾诉和反映，同时咨询师也必须将自己的认识、看法、结论反馈给来访者。其次，咨询师要引导和鼓励来访者思考和提出自己的要求，坦诚提出对咨询目标的看法。若双方意见有分歧，应认真分析，是表述上的不同还是内容上的差异，是掌握材料不够还是看问题角度不同，是不是局部目标与整体目标上的差异等，在此基础上逐步达成一致。

（2）保证心理咨询目标的针对性。咨询目标的针对性，即解决心理问题而不是其他问题。在学校心理咨询中，经常会遇到一些不属于心理方面的问题，如学生经济上发生困难、考试不及格等。这些问题虽然使来访者感到不安，但心理咨询的目标只能是帮助来访者调整认知和心态，而不是直接解决这些问题本身。

（3）中间目标与终极目标相统一。中间目标是心理咨询过程中所要达到的具体目标，而终极目标则是实现人的心理健康、潜能的充分发掘和人格的完善。中间目标是向终极目标发展的步骤。确定心理咨询的目标，应强调中间目标与终极目标的辩证统一，即咨询双方不仅要解决来访者当前所面临的具体问题，更应该从提高心理健康水平、充分发掘潜能、促进人格发展着眼，把终极目标融于中间目标，以终极目标引导中间目标，通过中间目标的实现达到终极目标的完成。在心理咨询的实践中，要实现两种目标的统一，咨询双方不仅要发现具体的心理问题及引发原因，还要就此发掘其人格特点、心理素质等方面的不足；不仅使来访者在具体问题上掌握心理调节的技能与方法，而且能使这些技能迁移到类似的情境中去。

（4）心理咨询目标必须具体、可行。来访者的表述有时比较具体、明确，如考试焦虑、失眠问题等，但有时比较笼统、抽象，如希望有较强的学习能力、善于交往等。这样的目标因大而空泛，既难以操作、落实，又无从对咨询效果进行评估，因此，心理咨询很难进行。这就需要咨询双方经过商讨，共同将抽象的目标具体化，模糊的目标清晰化。总之，咨询目标必须具有可行性。

2. 选择咨询方案

选择咨询方案，包括咨询方法的选定以及为实施这些方法而制订的具体计划。解决来访者心理问题的方法是多种多样的，有许多咨询方法可供利用，如“支持与安慰”、“内省与领悟”、“训练与学习”、“疏导与宣泄”、“暗示与鼓励”等。每种咨询方法对解决心理问题均有一定的针对性，并有其相应的实施过程。选择咨询方案，首先要根据心理咨询的目标，选取相应的咨询方法，然后按其实施过程的要求制订具体操作计划。选择咨询方案应明确下列内容：（1）所采取咨询方法的目标；（2）该方法的实施要求，即该做什么，如何去做，以及不做什么；（3）该方法是否能达到预期的目的；（4）告诉来访者必须对心理咨询的过程抱有足够的耐心，这些方法不可能立即产生奇迹，所有的改变都是循序渐进的。

3. 实施指导与帮助

实施指导与帮助，不同的咨询方法有不同的要求与做法。可灵活运用鼓励、指导与解释，对来访者的积极方面给予真诚的表扬、鼓励和支持，增强来访者的自信，促进其积极行为的增长；可以直接指导来访者做某件事、说某些话，或以某种方式行动；可以通过解释，使来访者从一个全新、全面的角度面对自己的问题，重新认识自己及周围的环境，从而提高认识能力，促进其人格的完善和问题的解决。

（三）巩固和结束阶段

经过前两阶段咨询双方的共同努力，基本达到既定的咨询目标后，即进入心理咨询的巩固与结束阶段。这一阶段心理咨询的工作主要是巩固效果和追踪调查。

1. 巩固效果

巩固已取得的咨询效果，是结束咨询之前必须完成的一项任务。具体工作有以下几项。

(1) 咨询师应向来访者指出其已经取得的成绩与进步，说明已基本达到既定的咨询目标。咨询师和来访者对此应达成共识。来访者认识到自己的进步，对他不仅是巨大的鼓舞，也是一种暗示，即预示着心理咨询的过程即将结束，使来访者对此作好心理准备。为此，咨询师应耐心、具体地分析来访者所取得的成绩，指导来访者真正认识到自己的进步。

(2) 咨询师应和来访者一同就其心理问题和咨询过程进行回顾总结。重新审视来访者心理问题的前因后果，以及据此确定的咨询目标、咨询方法、咨询过程中出现的问题和进展等，对前两个阶段进行总结。这有助于帮助来访者加深对自己问题的认识，总结咨询经验，了解努力的方向，获得有益的启示。这种总结本身就具有巩固、优化咨询效果的意义。总结最好是通过咨询师的启发由来访者作出。

(3) 指导来访者巩固已有的进步，将获得的经验运用到日常生活中去，并逐步稳定、内化为来访者的观念、行为方式和能力，使之能独立有效地适应环境。应指出从学习“经验”到运用“经验”尚有一段距离。通常来访者在咨询师的指导下，在特定条件下能表现其习得的经验，但当其独立面对实际生活环境时，又显得难以应付。这既有经验掌握尚未牢固的原因，也有其自信心不足的心理因素。能否顺利完成这一过渡，是能否实现“结束”咨询的前提条件。

2. 追踪调查

为了了解来访者能否运用获得的经验适应环境，进而最终了解整个咨询过程是否成功，咨询师必须对来访者进行追踪调查。追踪调查应在咨询基本结束后的数月至一年内进行。时间过短，调查结果的真实性难以保证；时间太长，亦不能及时了解情况，发现问题，同时也增加了调查工作的难度。在心理咨询中，追踪调查可采用以下方式进行。

(1) 填写信息反馈表。信息反馈表一般由心理咨询机构统一印制，咨询师应嘱咐来访者定期填写并反馈给咨询师。

(2) 约请来访者定期前来面谈。咨询师与来访者面谈是直接了解咨询效果的有效方式。这种方式获得的信息量大，容易深入，也便于咨询师及时察觉问题，并适时予以进一步指导。

(3) 访问他人。向了解来访者学习、生活等情况的人，如父母、同学、关系密切的朋友等了解来访者现在的适应状况。这种做法一般比较客观。如果能将这种方式所获得的信息与其他方式反馈的信息综合起来考察，得出的结论将更全面、真实。运用这种方法时，必须注意维护来访者的利益，保护其自尊和隐私，注意保密原则，因此，有时需要以间接、委婉的方式进行。

经过追踪调查，可能会有几种不同的结果：一是咨询效果显著，即来访者的问题已经解决，此时可结束心理咨询过程；二是咨询有效果，但问题尚未完全解决；三是咨询效果不大，问题基本没有解决。若是后两种情况，则应继续咨询过程。咨询结束的过程并非是一蹴而就的，仍需掌握一定的结束咨询过程的技巧。在整个咨询过程即将结束之前，应让来访者明白咨询关系即将终止，从而使其对结束有心理准备，对结束后的生活有一定的心理准备。为此，必须向来访者说明其心理问题已基本得到解决，通过咨询来访者获得了经验，增长了能力，已经能够应付生活环境，继续保持咨询关系将不利于其成长。同时，如有必要，心理咨询机构还会再次给予关心和帮助。向来访者说明结束咨询时，应尽可能以交谈的方式进行，暗示来访者结束咨询是件自然、平常的事情。

逐渐结束的方式也常被运用。逐渐结束的方式有两种：一是拉长两次会谈的时间，如果原来是每周会谈一次，到咨询末期改为两周甚至一月一次；二是减少每次会谈的时间，即由原来每次会谈一小时缩短为每次半小时甚至更短的时间。

三、个别心理咨询的技术

（一）建立咨询关系的技术

建立良好的咨询关系是心理咨询的核心内容。罗杰斯指出，“关系是最根本的，它是治疗过程的开始，是治疗中的主要事件，也是治疗的结束。”无论是哪种说法，都强调尊重、热情、真诚、通情和积极关注等咨询态度的重要性。

1. 尊重

尊重是指咨询员以平等、民主的方式来接纳、关注来访者的一种态度和能力。尊重，意味着把求助者作为有思想感情、内心体验、生活追求和独特性与自主性的活生生的人去对待。尊重求助者，不仅是咨询师职业道德的起码要求，也是助人的基本条件。尊重，应当体现为对求助者现状、价值观、人格和权益的接纳、关注和爱护。罗杰斯非常强调尊重对咨询的意义，为此提出了著名的“无条件尊重”的观点，并将其列为使求助者人格产生建设性改变的关键条件之一。他认为，为了得到帮助，求助者需要知道你是否能够理解他们的想法及感受，如何看待他们的现状及过去。根据双方接纳和了解的程度，求助者开始透露自己的情感及要求。如果求助者感觉到你要居高临下地改造他们，很可能因感到压力而拒绝你的帮助。

尊重求助者，其意义在于可以给求助者创造一个安全、温暖的氛围，使其最大程度地表达自己。可使求助者感到自己受尊重、被接纳，获得一种自我价值感。特别是对那些急需获得尊重、接纳、信任的求助者来说，尊重具有明显的助人效果，是咨询成功的基础。尊重可以唤起对方的自尊心和自信心，可以成为对方模仿的榜样，起到开发潜能的作用。

恰当地表达尊重，需要理解以下几点：

（1）尊重意味着完整接纳

咨询师应把每个求助者看做是有人权、价值、情感和独立人格的人，这是互相尊重与平等的前提。尊重意味着接纳一个人的优点和缺点，而不是仅接受求助者的光明面，排斥其消极面。尊重也意味着接纳一个价值观和自己不同甚至差距很大的求助者，并与之平等交流。

有些初学者往往对求助者的某些言行难以接纳，比如，当双方的价值观、人生观、生活方式相差甚远时；当求助者的某些见解很片面、滑稽甚至无理，却又一味地自以为是、固执己见时；当求助者身上有令人厌恶、痛恨的恶习时，有些咨询师可能就会不由自主地产生不满、反感甚至厌恶。例如，一个对中学生谈恋爱持反对意见的咨询师，当面临咨询这类问题时，很可能会对求助者持不接纳态度。一个生活态度积极向上、充满活力的咨询师，面对一个浑浑噩噩、醉生梦死却又怨天尤人的求助者时，可能会流露出不满或加以指责。为此，咨询师应充分地了解自己的价值观，充分地尊重对方的价值观。每个人价值观的形成都有其复杂的背景，并非只有咨询师的价值标准才是正确的，开放的观念对咨询师来说非常重要。

（2）尊重意味着一视同仁

无论求助者相貌美丑，地位高低，经济贫富，脾气好坏，年龄大小，性别为何，咨询师都应一视同仁，予以尊重，不能厚此薄彼，轻视或奉承。

（3）尊重意味着以礼待人

对求助者要不嘲笑，不动怒，不贬抑，不惩罚。即使求助者的言谈举止有些失礼，也应以礼相待。

（4）尊重意味着信任对方

信任是尊重的基础，缺乏信任就很难有尊重。有时因为咨询关系还未完全建立，求助者在涉及某些敏感问题时会有所顾虑、掩饰或犹豫。咨询师应予以理解，并借助于尊重、理解、温暖来消除顾虑。有时求助者的言语可能会出现矛盾，咨询师可协助予以澄清，不可简单地认为是求助者故意不诚实。只有信任才能换来求助者的诚实。

（5）尊重意味着保护隐私

对于求助者讲述的秘密、隐私，咨询师应予尊重、保护，不应随便外传。对于求助者暂时不愿透露而与咨询密切相关的隐私，咨询师应耐心等待，不可强迫讲述。至于与咨询无关或关系不大的隐私，咨询师不得随便干预，不可出于好奇而去探问。

（6）尊重应以真诚为基础

尊重并不意味着一味地迁就求助者，没有原则，没有是非。咨询时，咨询师可能遇到不同意求助者言行的情况，对此，咨询师应在掌握材料的基础上，视咨询关系建立的状况，表明自己的意见，否则就会违背真诚的要求。与求助者有不同意见，并非不尊重求助者，也不等于否认他，因为咨询师是对事不对人。在咨询关系已建立的情况下，适度地表达对求助者言行的看法，无损于咨询的进程，反过来会起积极促进作用。同时，应该让求助者正确认识尊重与真诚的关系，因为在咨询后期咨询师经常会对求助者进行面质，若能使求助者及早理解咨询师对事不对人的观念，是很有必要的。

当然，若咨询师发现自己实在难以接纳求助者，可以考虑把求助者转介给合适的咨询师，这也是对求助者尊重和负责。其实，咨询师对求助者的接纳、尊重程度，往往与他对人的看法即人性观有关。而且，即使同样是对人抱积极看法的，也会有层次差异。它会影响到咨询方式的选择。

第一种咨询师深信求助者有内在的潜力去面对挑战和成长，因而他会很尊重求助者个人的决定和意向，对求助者的言行不加半点评论和干涉。

第二种咨询师虽相信求助者有能力改变，但认为能力有限，需要包括咨询师在内的外界帮助，因而，他虽尊重求助者的意见和选择，但同时也认为有必要加以指导和提醒。

第三种咨询师相信求助者有能力应付日常生活的琐事，但在面临人生重大抉择时，则有赖于专业人员的指导与帮助。

第四种咨询师不那么相信人有内在潜力，有的则认为人的自然倾向是消极堕落的，人身上有许多原始、野蛮、罪恶的倾向，有某种劣根性，有原罪，趋向于自我毁灭，等等。

咨询师的人性观，会影响咨询师在咨询中的态度和行为，也会影响他对咨询理论和方法的选择，而选择的理论和方法反过来又会影响他的人性观。

在国内咨询师中，持第二、三种看法的人居多，即相信人有自我调节、自我发展的能力，但这种能力有时会受到自身和环境的阻碍，需要外界的支持和帮助。

在咨询过程中，求助者表达的内容往往是人生中的消极面、阴暗面、弱处、缺点和危机等。一位对人持有消极悲观论点的咨询师可能不容易对求助者拥有信任和尊重的感情，很难相信求助者会有能力去面对危机、克服困扰，往往会忽视求助者身上的光明面和潜力，从而不去调动求助者自身的积极性。这种咨询师本身容易被阴暗所包围，感到压抑、烦躁，同时也会把这种情绪传染给求助者，给咨询关系蒙上一层阴影。咨询不是充满活力、乐观、温暖的交流，而是笼罩着阴沉、灰色、悲观、有气无力的气氛，这对求助者是非常不利的，甚至会增加求助者的困扰。因此，咨询师积极、乐观的人性观和人生观，应当成为咨询氛围的基调。

2. 热情

热情与尊重相比，与求助者的距离更近些。尊重是以礼待人，平等交流，富有理性的色彩，而热情则充满了浓厚的感情色彩。仅有尊重而没有热情，咨访之间会显得有些公事公办，两者结合，才能情理交融，感人至深。热情体现在咨询的全过程，从求助者进门到离去，咨询师都应热情、周到，要让求助者感到自己受到了最友好的接待。

咨询师的热情可以体现在以下方面：

（1）求助者初次来访时适当询问，表达关切

一般来说，求助者初到时，常有一种错综复杂的心态，一方面希望咨询是有效的，咨询师是出色的，能给自己以理解、热情和帮助，另一方面则又担忧是否如此。因此，许多求助者是带着不安、疑虑、自卑、紧张和犹豫而来，有些人会表现出拘谨、手足无措。这时，咨询师的热情、友好往往能有效地消除或减弱求助者的不安心理，使其感到自己被接纳、受欢迎。

双方坐下后，咨询师可适当地询问一些求助者的情况，如骑车来的还是走来的，等候的时间长不长等，这类充满了关切的话，会使求助者感到温暖、可亲。但一般以一两分钟为宜，否则会耽误时间，还会使一些急于倾诉的人感到紧张。对于有些求助者，可直接进入主题。

（2）注意倾听求助者的叙述

在求助者叙述过程中，咨询师应注意倾听，重视言语与非言语行为的表达，全神贯注地留心求助者的一言一行。目光应注视求助者，不宜东张西望或漫不经心，面部表情、身体姿势都应表达出对求助者的关心。非言语行为往往比言语更能让求助者知道咨询师对自己是否热情，这种热情会大大激发求助者的合作愿望。咨询师的温暖本身就具有助人功能。反之，一旦求助者感到咨询师对自己缺乏热情，就会感到失望不满。

（3）咨询时耐心，不厌其烦

求助者由于某种原因，可能会出现表达上的不足，使咨询师难以把握。比如，有些人思绪不清、语无伦次或啰啰嗦嗦、颠三倒四、表达模糊；有些由于语文水平不高，用词不准，生搬乱造，以致不知所云；有些由于心情紧张，致使叙述受影响；有些由于有顾虑，而不愿讲出实质性问题，也可能把客观事实和主观判断搅和在一起，使人理不清头绪。面对诸如此类的情况，咨询师应耐心细致，一旦心烦意乱，既搞不清真相，又会给求助者造成心理压力。对此，咨询师应根据不同情况，循循善诱，不厌其烦。比如，若是因为紧张所致，则可让求助者先安定情绪，说些一般的话，再进入正题；若表达能力欠佳，叙述不清时，咨询师应善于归纳，帮助求助者叙述，以澄清问题；若因为顾虑而未讲，咨询师不应生气，应重新建立相互信任的气氛，用温暖与真诚去消除顾虑；有些求助者可能不知讲什么好，咨询师可多启发，多提一些问题，给求助者一个会谈的方向和范围，若会谈符合咨询目标，应予以鼓励、肯定；当求助者的叙述比较杂乱、主次

不清时，咨询师应耐心听取，善于从中发现关键问题。在此，可以多用咨询中的参与性技巧。

在对求助者作指导、解释和训练时，咨询师更应充满热情、耐心，若求助者未听懂或未学会，应反复讲授，咨询师的热情此时体现为不厌其烦。同时应多听求助者的反馈，有时求助者似懂非懂，则可让其通过复述来澄清。

（4）咨询结束时，使求助者感受到温暖

咨询师应送别求助者，告知有关注意事项，感谢求助者的密切配合等等。热情是一个优秀咨询师的必备素质。缺乏热情的咨询不但会使咨询效果大受影响，而且会给求助者造成心理上的伤害。热情应当是咨询师真情实感的流露，只有对求助者充满爱心和关切，视助人为己任的咨询师，才能最大程度地表达出对求助者的热情和温暖。

3. 真诚

真诚，是指在咨询过程中，咨询师以“真正的我”出现，没有防御式伪装，不把自己藏在专业角色后面，不带假面具，不是在扮演角色或例行公事，而是表里一致、真实可信地置身于与求助者的关系之中。真诚在咨询活动中具有重要意义。一方面，可以为求助者提供一个安全自由的氛围，能让他知道可以袒露自己的软弱、失败、过错、隐私等而无需顾忌，使求助者切实感到自己被接纳被信任被爱护；另一方面，咨询师的真诚坦白为求助者提供了一个良好的榜样，求助者可以因此而受到鼓励，以真实的自我和咨询师交流，坦然地表露自己的喜怒哀乐，宣泄情感，也可能因而发现和认识真正的自己，并在咨询师的帮助下，促进其相应改变，而这种改变会减少面谈过程中的混淆和模糊，使双方的沟通更加清晰和准确。

（1）真诚应以不伤害对方为前提

真诚是相见以诚，捧出一颗真心，但并不是什么都可以说。有人以为真诚就是想到什么说什么，否则就不够真诚。其实这是一种教条的、绝对化的理解。咨询师表达真诚应遵循一个基本原则，即对求助者负责，有助于求助者成长，这一原则适用于整个咨询过程。而且真诚不仅仅表现在言语中，非言语行为更是表达真诚的最好方法。因此，咨询师的真诚并不是什么都可以随意地说出来，那些有害于求助者或有损于咨询关系的话，一般就不宜表达，比如，“你这个人真是蛮不讲理!”“你的这种行为真令人厌恶!”“你是这种性格、道德品质，难怪大家都不喜欢你!”等。尽管这些很可能是事实，是咨询师的真实感受，但从有利于咨询的角度看，不宜直接表达。那些话可改为“我觉得你刚才那番话的道理不是很充分，有点按自己意愿在评判，是不是这样?”“你的这种行为人们或许会接受不了，从而有可能引起不良评价。”“你的有些言行容易引起一些人的误解，引起矛盾。不知道我的这种感觉对不对?”这样的叙述，既表达了咨询师的感觉，又容易为求助者所接受，而且，后者的描述比前者更准确，更符合理性的判断，避免了给人贴标签和过分概括化、绝对化的印象。当然有时也需要某些比较激烈的言语，其目的是为了刺激求助者，促其对自己及问题的严重性有所认识，敲敲警钟，但一般不宜多用，即使用也应有良好的咨询关系做基础，而且充满诚意，切不可变成咨询师对求助者发泄不满的手段。

（2）真诚不是自我发泄

例如，一位失恋的咨询师，在咨询过程中，求助者的叙述勾起了她伤心的往事，于是她花了半个小时，滔滔不绝，非常激动地向求助者叙述了她的失恋经过及痛苦。虽然，咨询师是有感而发，真诚流露，但她忘记了咨询时间是属于求助者的，咨询师不应随便地占用。咨询师流露真情，表示真诚，其目的是为了帮助求助者，而不是为了宣泄自己的感情或宣传自己的主张。再者，这种表达似乎是强迫求助者在听，可能会产生负面效果，使求助者对咨询师的形象产生动摇。

（3）真诚应实事求是

有些咨询师为了炫耀自己知识渊博或掩饰自己在某方面的欠缺，可能会不懂装懂。一旦被求助者识破，就会失去求助者的信赖。而且，不懂装懂还会误导求助者，带来不良的后果。有些初学者很注意自己的个人形象，要求自己在求助者面前是权威和完美的，能让求助者敬佩的，然而，由于过多地注意形象，维护完美，过分表现自己甚至装腔作势，以致失去了很多的真诚，带上了不少修饰成分，并且拉大了咨询师与求助者之间的距离，给沟通增加了困难。因而，咨询师应了解自己，承认并接受自己的不足，不可虚假。求助者更愿意接受真实的咨询师。

真诚是内心的自然流露，不是靠技巧所能获得的，真诚建立在对人的乐观看法、对人有基本的信任、对求助者充满关切和爱护的基础上，同时也建立在接纳自己、自信谦和的基础上。真诚应是咨询师的基本素质，这种素质是潜心修养、不断实践的结果。

4. 通情

通情（empathy），被人本主义心理咨询家认为是影响咨询进程和效果的最关键的咨询特质。此词有多种中文译法，比如通情、投情、神入、同感、同理心、通情达理、设身处地等等。按照罗杰斯的观点，通情是指体验别人内心世界的能力。它包括三方面的含义：（1）咨询师借助求助者的言行，深入对方内心去体验他的情感、思维；（2）咨询师借助于知识和经验，把握求助者的体验与他的经历和人格之间的联系，更好地理解问题的实质；（3）咨询师运用咨询技巧，把自己的通情传达给对方，以影响对方并取得反馈。

通情在咨询中的重要性主要表现在以下方面：（1）咨询师能设身处地地理解求助者，从而更准确地把握材料；（2）求助者会感到自己被理解、悦纳，从而会感到愉快、满足，这对咨询关系会有积极的影响；（3）促进了求助者的自我表达、自我探索，从而达到更多的自我了解和咨询双方更深入的交流；（4）对于那些迫切需要获得理解、关怀和情感倾诉的求助者，有更明显的咨询效果。

缺乏通情容易使咨询过程出现障碍，具体表现为：（1）求助者感到失望：认为咨询师对自己不理解、不关心，因而会感到失望，减少甚至停止自我表达；（2）求助者觉得受到伤害：由于咨询师没有进入求助者的参照框架，而过多地立足于自己，因而他就很难真正理解求助者的问题，有时会表现出不耐烦、反感甚至批评，这会使求助者觉得受到伤害；（3）影响求助者自我探索：自我探索是求助者成长、进步的必要步骤，但如果缺乏通情，咨询师往往对求助者的自我探索不加注意，影响求助者的自我了解；（4）影响咨询师对求助者的反应：由于缺乏通情，咨询师就不能真正了解求助者的问题与需要，因而作出的反应也常常缺乏针对性。

正确理解和使用通情，应当注意以下几点：

第一，咨询师应走出自己的参照框架而进入求助者的参照框架。咨询师要把自己放在求助者的处境中来尝试感受他的喜怒哀乐。对此感受越准确、越深入，通情的层次就越高。有些初学者往往以自己为参照标准，这样就无法设身处地、感同身受，也就无通情可言。因此初学者可多提醒自己："我是否主观性很强？我是否对求助者抱着开放接纳理解的态度？我是否做到了设身处地地进入到求助者的内心世界中去？"

第二，咨询师必要时要验证自己是否做到通情。当咨询师不太肯定自己是否达到了通情时，可使用尝试性、探索性的语气来表达，请求助者检验并作出修正。

第三，表达通情要因人而异。比如，一位把述说作为目的的求助者与一位把述说主要作为提供资料手段的求助者比较，前者更需要通情。一般来说，情绪反应强烈的与情绪稳定的，表达比较杂乱的与表达清楚的，寻求理解愿望强的与理解愿望平平的，前者应给予更多的通情。此外，通情应适时适度，不宜在会谈中间随便插入，否则容易破坏情绪。通情反应的程度应与求助者的问题程度、感受程度相适应。过度，会让人感到咨询师小题大做；不足，会让人觉得理解不够。

第四，表达通情要善于使用躯体语言。通情的表达除了言语表达外，还有非言语行为，如目光、面部表情、身体姿势、动作变化等等。有时运用非言语行为来表达通情比言语表达更简便而有效，咨询中应重视把两者结合起来。

第五，表达通情要善于把握角色。角色把握在通情时显得特别有意义。咨询师要能进能出，出入自如，恰到好处，才能达到最佳境界。有些咨询师确实做到了设身处地，以致同喜同悲，而完全忘记了自己的角色，这样就可能失去客观性。咨询师应能保持客观公正的立场，防止完全受求助者情绪的影响。咨询师的通情是指体验求助者的内心“如同”体验自己的内心，但永远不要变成“就是”，这是通情的真谛。

第六，表达通情应考虑到求助者的特点和文化背景。比如西方心理咨询师有时可以用拥抱、抚摸甚至亲吻表达自己的通情，但中国的文化不允许这样。一般同性之间可以有某种身体接触，比如咨询过程中咨询师握住求助者的手，以表达通情，这在同性中可以用，异性间则不允许，尤其对年轻异性。女性之间有时会有爱抚的动作，比如女咨询师对一位处于悲痛中的女子可能会搂抱、爱抚，以传达自己的关切和理解，但不可用于异性之间。

5. 积极关注

积极关注（positive regard），是对求助者的言语和行为的积极面予以关注，从而使求助者拥有正向价值观。

积极关注涉及到对人的基本认识和基本情感。凡是助人工作，首先必须抱有一种信念，即受助者是可以改变的。他们身上总会有这样那样的长处和优点，每个人的身上都有潜力存在，都存在着一种积极向上的成长动力，通过自己的努力、外界的帮助，每个人都可以比现在更好。这一观点对于心理咨询师来说非常重要。所有有效的咨询框架都被认为可以使求助者发生积极、正向的改变。积极关注不仅有助于建立咨询关系，促进沟通，而且本身就具有咨询效果。尤其对那些自卑感强或因面临挫折而“一叶障目不见泰山”者，咨询师的积极关注往往能帮助他们全面地认识自己和周围，看到自己的长处、光明面和对未来的希望，从而树立信心，消除迷茫。

为了有效地使用积极关注，应当注意以下几点：

（1）避免盲目乐观

有些咨询师片面理解积极关注的含义，表现出对求助者的过分乐观，如：“我发现你身上有好多长处，你所面临的困难算不上什么，黑暗过去就是光明。”这样的反应就其本身来说还可以，但整个面谈中都如此，就变成了一种形式的、教条的反应，淡化了求助者的问题，同时表现出对求助者缺乏通情。一般来说，咨询师不应泛泛而谈，而应针对求助者的实际问题，客观地分析其现有的不足，同时帮助分析其拥有的资源。有些求助者面临挫折时往往只看到失败、缺点，并把它们放大，陷入其中而难以自拔。咨询师的工作就是要把求助者的观点从只注意失败面转到客观分析形势，立足到自己的长处和所拥有的资源上来。

（2）反对过分消极

与盲目乐观相反，有些咨询师则是走向另一种极端，比如，“你所面临的困难确实很大，你的处境很不乐观，这样下去你会越来越糟糕的。”或许这句话确实反映了咨询师的心态，但若整个咨询过程中不断地用这种方式，求助者就会越来越消极，他可能会更沮丧、困惑或绝望。咨询的本质是给人以支持、鼓励和帮助，促使求助者在困境中崛起，消除迷茫，减轻或消除痛苦。因此，咨询师应始终立足于给人以光明、希望与力量，这就是积极关注的实质。咨询师的反应不能是纯自然的、纯客观的，应符合咨询的原则，应对求助者负责，应促进咨询的有效进行。

（3）立足实事求是

积极关注应建立在求助者客观实际的基础上，不能无中生有，否则求助者会觉得咨询师是在用虚言安慰自己，是咨询师无能的表现，这样的积极关注会适得其反。咨询师应善于发掘求助者身上的闪光点，不仅要让求助者多关注自己的光明面，咨询师自己也要关注求助者的潜力和价值，这正是建立对求助者乐观态度的基础。促进求助者自我发现与开发潜能，达到心理健康的全面发展，是咨询的最高目标。咨询师应把积极关注贯穿于整个咨询过程。

（二）心理咨询常用的谈话技术

心理咨询的谈话技术有很多，包括倾听、询问、鼓励、具体化、内容反应、情感反应、参与性概述、体语理解、面质、解释、指导、自我开放、内容表达、情感表达、影响性概述、体语运用等多种。这里为大家介绍几种常用的谈话技术。

1. 倾听

（1）如何倾听

倾听是心理咨询的第一步，是建立良好咨询关系的基本要求。倾听既可以表达对求助者的尊重，同时也能使对方在比较宽松和信任的氛围下诉说自己的烦恼。

倾听时咨询师要专注、有兴趣、设身处地地听，并适当地表示理解，不要带偏见和框框，不要作价值评判。对求助者讲的任何内容不表现出惊讶、厌恶、奇怪、激动或气愤等神态，而是予以无条件的尊重和接纳。可以通过言语和非言语的方式来对求助者的倾诉作出反应，比如回答“噢”、“嗯”、“是的”、“然后呢”等，以及点头、目光注视、微笑等。

有些初学者往往以为咨询主要是咨询师“讲”，而不知道最重要的还是“听”，尤其在咨询的初期和中期。倾听不仅是为了明了情况，更是为了建立咨询关系，同时还具有助人效果。

倾听不仅用耳，更要用心。不但要听懂求助者通过言语、表情、动作所表达出来的东西，还要听出求助者在交谈中所省略的和没有表达出来的内容或隐含的意思，甚至是求助者自己都不知道的潜意识。有时求助者说的和实际的并不一致，或者求助者避重就轻，自觉或不自觉地回避本质性的问题。在中国文化背景下，性是许多人羞于启齿、极为敏感的问题，因此，求助者常常只谈些皮毛的问题或打“擦边球”，有时他们希望咨询师能听出问题，主动地向他们询问。

正确的倾听要求咨询师以机警和通情的态度深入到求助者的感受中去，细心地注意求助者的言行，注意对方如何表达问题，如何谈论自己及与他人的关系，以及如何对所遇问题作出反应。还要注意求助者在叙述时的犹豫停顿、语调变化以及伴随言语出现的各种表情、姿势、动作等，从而对言语作出更完整的判断。

比如，求助者说到在马路上骑车时与他人自行车无意中相撞了，对此他可能有以下不同的表述方法：①自行车撞到一起了。②我撞了他的车。③他撞了我的车。④真晦气，自行车撞了。从这些不同的表述中，可以洞悉有关求助者的自我意识与人生观的线索。比如，第一句是对事件作客观的描述；第二句求助者以负责的态度作了自我批评，但同时这种人也可能凡事都自我归因，自省自责，自卑退缩；第三句表明是别人的过错，不是自己的责任，这种人可能常推诿，容易有攻击性；第四句则含有宿命论色彩，凡事易认命。所以，求助者描述人和事时所使用的词语或结构，有时往往会比事件本身更能反映出一个人的特点。

善于倾听，不仅在于听，还要有参与，有适当的反应。反应既可以是言语性的，也可以是非言语性的。反应的目的既是为了向求助者传达咨询师的倾听态度，鼓励求助者叙述，促进咨询关系，同时也是为了深入了解，澄清问题，促进咨询师对求助者的理解和求助者对自己的了解。

（2）倾听时容易出现的错误

有的初学者往往不重视倾听，不愿意倾听，容易犯以下的错误：

第一，急于下结论。有些初学者往往在真正了解求助者所述事情真相之前，便急于下结论，提供咨询意见。这有许多弊端：求助者感到咨询师没有耐心听自己述说，会因为讲话被打断而扫兴，容易影响咨询关系建立；咨询师对求助者问题的把握会因此不够全面、准确，若求助者意识到了这一点，就会对咨询师所作的判断和提供的意见表示怀疑；由于倾听不够，咨询师对求助者的个性、思维方式、情感特点等就可能缺乏了解，把握不准，从而影响工作的针对性和有效性等等。

第二，轻视求助者的问题。有些初学者缺乏通情，认为求助者的问题是小题大做、无事生非、自寻烦恼，因而流露出轻视、不耐烦的态度。虽然有些求助者的问题在他人看来没有什么，但对于求助者而言却是一个困扰他的难题，因为他的思维方式、认知模式影响了他对事物作出客观、理智的评价，这也就是心理问题的特点。对于咨询师来说，重要的是如何让求助者真实地感知到问题的性质，转变其观念。轻视求助者的问题，某种意义上说明咨询师还不了解心理问题的实质，另一方面也说明咨询师还缺乏通情的特质。

第三，干扰、转移求助者的话题。初学者在了解情况，尤其是寻找问题根源时，由于把握不了问题背后所潜藏着的东西，不善于透过现象看到本质，故像大海捞针似的茫然，有时又蜻蜓点水或东一榔头西一棒槌。他们常常打断求助者的叙述而转移话题，对方刚讲了一点就又提出了新的问题，搞得求助者无所适从，不知道说什么好。这需要咨询师加强理论学习，同时应有耐心，认真地倾听，仔细地思考、判断，逐渐缩小包围圈。

第四，作道德或正确性的评判。一般来说，如果咨询关系建立得好，咨询师又适时适度地有根据地分析，则效果较好；否则可能会起反作用。初学者应认识到，求助者是来求助的，而非来听批评、指责的。最好让求助者自己来评价，而不是咨询师把自己的价值观念、是非标准强加于他。

第五，不适当地运用咨询技巧。容易出现的问题是：

①询问过多。求助者只是被动提供资料，处于一种被询问而无奈的状态之中，不利于充分表述自己。充分地表达自己是非常重要的，一是宣泄作用，二是提供资料。许多情况下，求助者往往不知道自己的问题在哪儿，根源是什么，如果咨询师倾听得当，他才会渐渐理出头绪，找到问题及根源。所以在通常情况下，咨询师应尽量多听少问，非问不可时再问。

②概述过多。这样一是占用时间太多，二是让求助者觉得咨询师的领悟力不足，有点婆婆妈妈，一定要通过概述和得到求助者认可才能搞清楚问题。尤其对于那些文化程度较高、表达能力强的求助者，更应避免概述过多。

③不适当的情感反应。比如次数过多或程度过重，反而对求助者产生某种不良的心理暗示，强化了他的某些不良情绪。如，“你感到很伤心”、“你觉得很委曲”、“你心里觉得受了很大的污辱”等等，有时反而煽起或扩大了求助者的情绪，他会觉得似乎真是这样。尤其当求助者比较信任或崇拜咨询师时，咨询师的话就更有份量，其暗示作用就更强。而对于那些自知力、判断力较强的求助者，则会觉得咨询师太啰嗦，反应不准确，心里可能会感到不舒服。而且过多的反应会打断求助者的思路，转移谈论的话题。因此，适时适度很重要。这里所说的“度”并非有具体的数量标准，并非指说 10 次一定比说 5 次多，或者 10 次是过度的而 5 次是适度的，要因人而异。对于有的求助者，询问、概述、情感反应 20 次不算过度，而对有的求助者，或许 10 次就过多了。重要的是，咨询师要多体会、多思考、多实践。

我们认为，可以这样来运用倾听：可问可不问时，少问；可说可不说时，少说。咨询师并非说得越多越好，有时点头是比说话更好的倾听方式。

（3）倾听时给予适当的鼓励性回应

咨询中，咨询师常用某些简单的词、句子或动作来鼓励求助者把会谈继续下去，这是一种倾听的技巧，简便实用，效果较好。

最常用、最简便的动作是点头。但点头时应认真专注，充满兴趣，并且常配合目光的注视，同时这种点头要适时适度。若点头是机械式的、随随便便的，或者一边点头一边东张西望或翻看无关的东西，或者不该点头的时候点头，那么求助者很快就会发现咨询师心不在焉，从而会影响求助者的叙述，甚至对咨询师产生不良印象。

某些词或句子也是常用的，比如“是的”、“噢”、“确实”、“真有意思”、“说下去”、“我明白了”、“你再说得更详细些”等等。而最常用的言语则是和点头动作连在一起的“嗯”。这些言语向求助者提供了这样一种信息：“我在听你说”、“我对你说的内容很感兴趣”、“请继续说下去”，等等。需要注意的是应确保求助者的叙述是在他自己的参考框架中，而不是为了迎合咨询师的兴趣。

2. 询问

（1）开放式询问

开放式询问（open-ended question）通常使用“什么”、“如何”、“为什么”、“能不能”、“愿不愿意”等词来发问，让求助者就有关问题、思想、情感给予详细的说明。

一般，带“什么”的询问往往能获得一些事实、资料，如，“你为解决这个问题做了些什么呢?”带“如何”的询问往往牵涉到某一件事的过程、次序或情绪性的事物，如，“你是如何看待这件事?”而带“为什么”的询问则可引出一些对原因的探讨，如，“你为什么不喜欢在寝室里了?”有时用“愿不愿”、“能不能”起始的询问句，促进求助者作自我剖析，如，“能不能告诉我你为什么这么害怕黑夜?”可见，不同的询问用词可导致不同的结果。

若固定于某一种方式询问求助者，就会失去了解求助者各个方面的机会，例如，仅仅用“什么”引导询问句，则咨询的重心就可能仅限于事实与资料的获得上，而只用“为什么”起始的问句，则往往使求助者把注意力集中于挖掘过去的经验来解释自己的行为。

如何使用开放式询问，这与咨询师对问题的需要以及所接受的理论基础有关。有些咨询师不喜欢用“为什么”式的询问以避免用情绪性的问题来讨论过去的事物。然而理性情绪学派以及精神分析学派的咨询师则十分注重“为什么”的句子，因此，这类句子在这种理论指导下是适宜的。至于罗杰斯求助者中心理论流派则反对使用询问的方式，他们认为这种方式是咨询师凭着自己的感受，而侵犯了求助者的隐私。他们更倾向于运用鼓励、释义、情感反应等技巧来了解求助者，促进求助者自我分析。

使用开放式询问时，应重视把它建立在良好的咨询关系基础上，离开了这一点，就可能使求助者产生一种被询问、被窥探、被剖析的感觉，从而产生阻抗。同一句话，因咨询关系不同，会产生截然不同的效果。有些询问尤其要注意问句的方式，询问的语气语调，不能轻浮，不能咄咄逼人或指责，尤其是在涉及一些敏感的隐私问题时。询问是咨询的需要，而不是为了满足好奇心或窥探隐私的欲望。

(2) 封闭式询问

封闭式询问（close-ended question）通常使用“是不是”、“对不对”、“要不要”、“有没有”等词，而回答也是“是”、“否”式的简单答案。这种询问常用来收集资料并加以条理化，澄清事实，获取重点，缩小讨论范围。当求助者的叙述偏离正题时，用来适当地中止其叙述，并避免会谈过分个人化。

若过多地使用封闭式询问，就会使求助者陷入被动回答之中，其自我表达的愿望和积极性受到压制，使之沉默甚至有压抑感和被讯问一样的感觉。面谈应使求助者有机会充分地表达自己，而封闭性询问则剥夺了求助者的这种机会。有时，咨询师再三地用封闭式询问，而不是开放性询问，会花费时间而且不得要领，因为有时求助者更清楚问题是什么，原因何在。咨询中，通常把封闭性询问与开放性询问结合起来使用，效果更好。

3. 自我开放

自我开放又称自我暴露、自我表露，指心理咨询师提出自己的情感、思想、经验与来访者共同分享。

案例：

这学期刚开学不久，一位高一女生走进了我的心理咨询室。这个学生始终不敢与我对视，(咨询室里的一切信息都是重要的，尤其要关注来访者的非语言状态，会更诚实地反映他们的内心真实感受)，她躲闪的眼神极有可能说明这是个内向、有些自卑的孩子。她向我倾诉：开学以来，她特别想家，她不想住校了，但家距离学校确实又太远了。她也知道自己早晚要离开家独立生活，但现在就是摆脱不了想家的情绪，以致于影响了听课。不知道该怎么办才好。

很明显，这属于适应问题。不能很好地适应新环境，其根源往往是由于人际关系不适应，这位女生到底是不是这个原因呢？她比较内向，不太擅于表达内心情感，那我该如何验证我的猜测呢？我就使用了自我开放技术。我坦诚地说：“在我上大学的第一天，报完到后去寝室整理床铺，我的心情始终是抑郁的、沉重的，看到别的同学谈笑风生，我莫名地感觉压力的存在，而且压力非常大。我真想立刻逃离这个让我窒息的环境。”我观察她的表情，她听得很认真，在我讲述时，她不时会抬头看我一下。我又接着说：“今年七月，我到北京师范大学读在职教育硕士，就觉得很适应了，尤其是和寝室的另外三个同学，大家一起去上课、吃饭、听讲座，晚上十二点还不睡觉，一起学英语、写作业、讨论。这次离家更远，而且同学都是来自全国各地很优秀的老师，但不觉得太想家和压力太大，可能是由于和大家在一起感觉很愉快的缘故吧？”这个女生听我说完，低声说道：“在寝室里，大家都排斥我，感觉我是个局外人……”终于，她向我敞开了心扉，自我开放发挥了作用，验证了我的猜测。

自我开放有两种形式，一种是暴露与来访学生所谈内容有关的个人经验。比如有位学生倾诉他考前焦虑，我会说："我在重大考试前也会烦燥不安，晚上睡不好，因为我把考试结果看得太重了……"一般来说，这种自我开放要比较简洁，因为目的不在于谈论自己，而在于借自我开放来表明我理解你并且愿意分担你的情绪，促进其更多的自我开放，即心理辅导老师的自我开放是手段而不是目的，应始终把重点放在来访学生身上。

自我开放的另一种形式是我们把对来访学生的感受、体验告诉他。如果感受是积极、正面、赞扬性的，就是正信息。比如："对于你刚才的坦率，我非常高兴。"这种自我开放是一种反馈，使来访学生感到愉快，受到鼓励，使他的行为得到正强化。但注意传达的正信息必须是实际的、适度的、真诚的，否则会适得其反。

如果感受是消极的、反面的、批评的，则为负信息。比如刚才那位不适应环境的高一新生，在对我作肯定性回应时说"对呀"时和别人很不一样，声调是上扬的，听了让人觉得她的肯定只是表面的，因为声调中包含着怀疑和否定，让我感觉不太舒服。当时她正苦恼于同学们不愿意和她在一起，这是不是其中的一个原因呢？美国著名的心理医生欧文·雅洛姆在《给心理治疗师的礼物》一书中说："利用好咨询室里的此时此地，因为来访者现实生活中的人际问题在咨询中会有相对应的此时此地的表现。"所以我对她说："你的'是呀'回答让我听了感觉挺不舒服的，或许你没注意到。"她果然瞪大了眼睛，坐直了身体，惊奇地说："是吗？"然后若有所思起来。

传达负信息的自我开放时，心理辅导老师要注意不能只顾自己表达情绪而忽视了体谅来访学生的心理感受，要体谅学生而不要谴责。

心理辅导老师的自我开放具有开辟咨询交流渠道的功效。因为一定程度的自我开放可以诱发来访者做更多的自我开放，说出内心真正的想法，从而有利于我们发现他们真正的心理问题所在。

4. 面质

(1) 面质的含义

面质（confrontation），又称质疑、对质、对峙、对抗、正视现实等，是指咨询者指出来访者身上存在的矛盾。

来访者常见的矛盾有：①言行不一致，如"你说你喜欢体育活动，可你似乎从不活动。"②理想与现实不一致，如"你说你应该是个受人欢迎、尊重的人，可实际上别人常常疏离你，甚至歧视你。""你说你想当足球名星，可你身体这么差，速度亦不快，可能吗？"③前后言语不一致，如"你刚才说你很喜欢你的老师，现在你怎么又骂起他来了？"④咨访意见不一致，咨询者对来访者的评价与来访者的自我评价不一样，如"你说自已丑，可我觉得你是漂亮的。"

(2) 使用面质的意义

能促进来访者对自己的感受、信念、行为及处境深入了解；能激励来访者放下防卫心理、掩饰心理来面对自己和现实，并由此产生富有建设性的活动；能促进来访者实现言行统一，理想自我与现实自我的一致；能使来访者明了被自己掩盖的能力、优势，即自己的资源，并善加利用；能给来访者树立学习、模仿的榜样，以便将来有能力去对他人或者自己作面质。

(3) 面质时的注意事项

第一，要有事实根据。事实不充分、不明显时，一般不宜采用面质。

第二，避免个人发泄。面质不能作为发泄情绪的工具，如“你刚才还说听我的话，现在怎么就自作主张了呢？像你这样我有什么办法？”“你一会儿说好，一会儿又说不好，到底是好还是不好？说话怎么可以这样出尔反尔的？”等。

第三，避免无情攻击。不能作为表现智慧和能力的机会，不顾来访者的感情，而无情地使用面质，使其陷入尴尬。如“你说你爱她，可你为什么最终又离开了她？你自认为自己是爱情至上者，为什么就不能排除父母的反对意见呢？你不是认为自己是个品行优秀的青年吗？可为什么在她有病，急需你关怀、帮助、照顾的时候，你反而在她的心上捅了一刀？”

第四，应建立在良好的咨访关系基础上。

第五，可用尝试性面质。当咨访关系还没建立好时，用一些不太肯定的言语，如“似乎”、“好像”等，给来访者留有余地。若来访者回避，就不再追问，以免难堪。如，“我不知道我是否误会了你的意思，你上次似乎说你学习挺轻松，成绩也好，可刚才你的意思却是学得很累，老担心学习成绩，不知哪一种情况更确切？”面质具有一定的威胁性和应激性，使用不当可造成危害。

(三) 心理咨询常用的几种治疗方法

中学心理咨询中常用到的治疗方法主要有：行为疗法、理性情绪疗法、阴阳辩证疗法、森田疗法等。

1. 行为疗法

行为疗法亦称行为矫正。它的理论基础源于三种行为理论：俄国生理学家巴甫洛夫的经典条件反射理论、美国心理学家斯金纳的操作条件反射理论、美国心理学家班杜拉的社会学习理论。行为理论认为，所有的行为包括适应行为和不适应行为，都是学习获得的，因此都是同样可以通过学习和训练将个体的行为加以改善。咨询人员可以通过对个体再训练的方法和某些方面改变他的环境的方法把不正常的行为改为正常。

行为疗法有多种具体的方法，常用的有以下几种：

(1) 放松训练。肌肉的紧张与松弛是一对矛盾，他们是交互抑制的，可以通过训练使学生能随意地把自己的全身肌肉放松，达到保持心情轻松的目的。放松训练对于应对紧张、焦虑、不安的情绪非常有用。例如对于考试紧张的学生，可以让他学会简单的放松训练，在考场上遇到紧张情绪时就可以使用。深呼吸法也属于放松训练的一种。做放松训练，要求房间安静整洁，光线柔和，配有合适的沙发，学生尽量坐得使自己舒适，闭上眼睛，指导语的声音要低沉、轻柔和愉快。

（2）系统脱敏法，又称交互抑制法。它应用经典条件反射原理，利用人的全身肌肉的放松状态去抑制由焦虑和紧张引起的个体的心律、呼吸等生理反应的异常，逐步地使正常反应加强，不恰当的反应消失，从而达到行为纠正的目的。也就是让来访学生分步骤地接触使他引起恐惧、焦虑和厌恶等情绪反应的事物，由反应程度轻的逐步过渡到程度重的，使他逐渐习惯这些事物而消除敏感。系统脱敏法通常与放松训练配合使用。首先要找到使来访学生恐怖或者焦虑的事件，然后建立恐怖或焦虑的等级层次，再进行放松训练，与排列好等级层次的事件的脱敏交替练习。此法常用于恐怖、焦虑和厌恶等情绪困扰。

（3）暴露疗法，又叫洪水法或满灌法。方法跟系统脱敏法类似，但不排列恐怖或焦虑的等级层次，而是让来访学生直接接触敏感事物，从而达到脱离情绪困扰的目的。但满灌法的使用要注意来访学生的身体状况，因为突然的刺激可能会让学生受不了，身体太弱或者胆子太小以及患心脏病的学生都会不太适应这种方法，要根据实际情况选择使用。

（4）厌恶疗法。就是帮助学生把他的不良行为与某种使之不愉快的体验结合起来，利用一种厌恶性或惩罚性的刺激减少和消除不良行为。这种方法常用于戒烟、强迫倾向和某些其他不良行为。

（5）行为塑造法。是给来访学生制定一个最终的行为目标，然后设置一套程序来进行训练，一步一步对行为进行强化，最后达到目标行为。使用这个方法首先要确定行为塑造最终的目标行为，同时要选择起始行为，还要拟定塑造行为的步骤。例如学生在家不能自学，不能控制自己学习等问题可以运用此法解决。

（6）模仿法，又称示范法、观摩法。这是根据班杜拉的社会学习理论提出的。利用人类通过模仿学习获得新的行为的能力，帮助有些具有不良行为的学生以适当的行为反应取代不适当的行为反应，或帮助某些缺乏某种行为的学生学习这种行为。我们常说的“近朱者赤，近墨者黑”就是这个道理。使用这一方法，首先要有一个模仿对象，模仿对象的选择要恰当、典型、有说服力，并且年龄与来访学生越接近越好。这个模仿对象可以通过影视寻找也可以在生活中寻找。然后让学生进行模仿或者角色扮演，心理教师要适当地给予鼓励进行强化，最后达到能在生活中运用的目的。学生交往困难，怕与人交往等困扰可以使用这种方法。

由于传统的行为治疗只注意外显行为反应以及引起这种反应的刺激情绪，而忽视了人复杂的内心世界的作用。因此，传统的行为治疗作为一种心理治疗方法有着明显的不足，即长于治“标”，失于治“本”。而现代的行为治疗已经有了很多的改变，重视与认知理论的结合，因为人类自身就具有认知调整、自我指导和自我控制其行为改变的能力。行为治疗就是通过对行为的评价以及一定的行为训练方式，指导或帮助来访学生去调动这些能力，改变那些不良的或不恰当的行为。行为疗法对于解决学生的一些不良行为习惯能起到很好的作用，行为治疗的发展证实不能忽视人的内在心理历程，承认人的过去经验对当前行为的影响，行为治疗最终目标的实现主要还是要靠个体本身自我实现及自我决定其行为的改变。这也就是认知—行为治疗的重要观点。

2. 理性情绪疗法

理性情绪疗法是认知治疗中最具代表性的一种方法，认知疗法的目的是通过改变个体对自己、对他人或事物的看法与态度来消除其心理困扰。由于文化、知识水平及周围环境的差异，人们对问题往往有不同的理解和认知。认知理论认为人的情绪来自人对其所遭遇的事情的信念、评价或解释，而非来自事情本身。情绪和行为受制于认知，认知是人心理活动的决定因素，认知疗法就是通过改变人的认知过程和由这一过程中所产生的观念来纠正本人适应不良的情绪或行为。它的目标不仅仅是针对行为、情绪这些外在表现，而且分析病人的思维活动和应付现实的策略，找出错误的认知加以纠正。

（1）ABC 理论

理性情绪疗法是美国心理学家埃利斯创立的。它是认知心理治疗中的一种疗法，同时也采用行为治疗的一些方法，因此也被称为认知行为治疗。埃利斯认为人的思想分两种：理性的、恰当的和非理性的、不恰当的。理性情绪疗法的主要理论是 ABC 理论，A（activating events）是指诱发性事件，B（beliefs）是指个体对于这一诱发性事件的看法和信念，C（consequences）指个体情绪及行为反应的结果。这一理论认为情绪和行为障碍不是由于诱发性事件本身直接所引起的，而是由于经历了这一事件的个体对这一事件的看法和信念所引起的，最后导致在特定情景下的情绪和行为反应。通常认为人的情绪和行为反应直接由诱发事件所引起，即 A 引起 C，而 ABC 理论则认为 A 只是 C 的间接原因，B 即个体对 A 的看法和评价才是直接原因。两个人遭遇到同样的诱发性事件——对面走来一个熟人，没有和他们两个人打招呼就走过去了，甲认为“他可能正在考虑一项很重要的事情或由于走得太忙，没有在意我们，即使看到了而没有和我们打招呼，也肯定是有什么原因的。”有了这种比较合理的认知，他也就不以为意，继续做自己该做的事情。而乙则认为“他居然迎面走来都不跟我打招呼，肯定是看不起我或者不愿意和我打招呼，一定是对我有意见，为什么他没有和我打招呼呢？是不是我得罪他了？”产生这种不合理的认知，乙的内心就很难过，一直都想着，可能几天都不能好好地学习或做事情，甚至以后和这个朋友的关系都会恶化，进而影响到和其他人的关系。

（2）导致心理困扰的常见非理性信念

①我应该获得人人喜爱，我的行为举止都该得到别人的赞许。

②一个人必须在各方面都表现得能干、能胜任、聪明，而且有成就感，这样才有价值。

③一个人做了错误的、卑鄙的、邪恶的事情，都应该受到严厉的批评和惩罚。

④一旦事情的发展出乎意料，就感到危险、糟糕和可怕。

⑤认为逃避困难和责任远比面对容易。

⑥人的不愉快、不幸福是由外在因素造成的，所以实在无法控制自己的痛苦。

⑦对于危险和可怕的事物，我们应该非常关心，要不断关注和思考，要随时随地地防患于未然。

⑧一个人一定要依靠比自己强的人。

⑨对于别人的问题都应该有一个精确的答案，一旦得不到答案就会很痛苦。

⑩过去的经验与实践决定和影响目前的行为，而且影响是永远也不会消失的。

（3）不合理信念的特征

对人们所持有的不合理信念，可以归结为以下三个特征：

第一，绝对化的要求。这是非理性信念中最常见的一个特征，是指无论什么事情都从自己的主观愿望出发，认为某一事件必定会发生或不会发生，常用“必须”或“应该”的字眼，比如“我的成绩必须名列前矛”、“我在同学当中应该是最受欢迎的”。然而客观事物的发生与发展是有其规律的，往往不能以个人的主观意志为转移，有时会出乎个人的意料，当事实和愿望不统一，而个体又不能适当地调整自己的想法去接受现实的时候，就极易陷入情绪的困扰。

第二，过分概括化。这是一种以偏概全的不合理思维方式的表现。它既表现为自己的不合理评价，也表现为对他人的不合理评价。常凭自己一件事情或几件事情的失误来判断自己“一无是处”、“一钱不值”、“无能”，其结果常导致自暴自弃、自责自罪，同时产生焦虑、抑郁、自卑情绪。另一方面别人稍有差错，就认为他很坏，一无可取，结果导致一味责备他人，并产生敌意和愤怒情绪。这是一种追求十全十美的想法，现实生活中没有完美的人，人都是会犯错误的。

第三，糟糕透顶。这是一种过分夸大问题或困境的想法。认为一个不好的事件的发生会导致非常可怕、非常糟糕、灾难性的后果，这种非理性信念常使个体不能自拔。这是一种不合理的信念，因为对任何一件事情来说，都可能有比其更坏的情形发生，没有任何一件事情可以定义为是百分之百的糟透了。其实每个人都或多或少地会具有这些不合理的思维与信念，只是有些人具有这种非理性思维的倾向更为明显，导致了情绪困扰。

（4）理性情绪疗法的步骤

第一，和学生一起找出他的情绪困扰及问题所在，帮助学生认识到他们思维方式及信念的不合理的地方。

第二，可以给学生介绍 ABC 理论，使其明白自己为什么会产生这种非理性信念，非理性信念与自己的情绪困扰之间的关系，明确是自己的这些非理性信念导致了自己的情绪困扰。

第三，帮助学生和自己的非理性信念辩论，认识到自己的思维方式的不合理之处，进而改变这些不合理的认知。这是其中最重要的一个环节。

第四，在改变不合理认知的基础上，明白什么样的思维方式是合理的，建立起合理的认知方式。

3. 阴阳辩证疗法

阴阳辩证疗法亦称阴阳辩证辅导，是由北京师范大学心理学院郑日昌教授创立的。他在长期心理咨询工作中，目睹许多人为形形色色的问题而苦恼，甚至为一点小事耿耿于怀，或行凶报复危害社会，或自寻短见走向绝路，或抑郁成疾痛苦不堪。人们常常劝人遇事想开点，但有心理障碍的人恰恰喜欢钻牛角尖，不懂得如何想开点。郑日昌经过多年理论研究和实践探索，将现代西方心理学中的认知疗法与中国古代阴阳辩证思想相结合，于 20 世纪 90 年代创立了具有中国本土特色的阴阳辩证辅导的理论与方法，在临床工作中取得了很好的效果，使无数焦虑抑郁、悲观绝望者摆脱困扰和痛苦，重现阳光心态。

（1）阴阳辩证疗法的理论缘起

阴阳辩证疗法的理论既借鉴了西方的认知疗法、人本疗法和后现代建构主义哲学，又整合了中国古代太极图中的阴阳理论及当代中国一分为二与合二为一的辩证法思想。

①认知疗法

认知疗法兴起于 20 世纪 50 年代，其中影响较大的是埃利斯（Ellis）的理性情绪疗法（rational emotive therapy，RET）。对此前面已有详细介绍，这里不再赘述。

②人本疗法

人本疗法的倡导者罗杰斯认为，只要给来访者提供一种最佳的心理环境或心理氛围，他们就会动员起自身的资源去进行自我理解，产生自我指导行为，并最终达到心理健康的水平。他提出真诚、通情、无条件积极关注是心理咨询有效的必要条件，也是对咨询师的基本要求。

真诚指咨询师表里如一，言行一致。只有咨询师的认识、情感、行为三者统一，才会导致和谐融洽的咨询关系。

通情是指咨询师能设身处地、感同身受地体会来访者的内心世界，并能将此感受传达给来访者。

无条件积极关注是指咨询师无条件地接纳和尊重来访者，多关注积极因素，正向地看待其一切。

③建构主义

自20世纪70年代以来，建构主义（constructionism）哲学成为西方后现代思潮的主要流派。建构主义认为我们的知识并不是对真实世界原状的准确反映，而是我们自己或社会用语言建构出来的，真理存在于我们的语言和文化之中。既然知识和真理都是人创造出来的，因此必然是主观的、相对的，不存在绝对的、超时空的永恒真理。

在建构主义思潮影响下，心理治疗完全被看做是一种语言的艺术。一个人的问题是自己在用语言解释经验的过程中建构出来的，经由不断重复，对问题的叙说逐渐稳固为“真实”，于是陷入了自己所建构出来的现实里。这就是说，问题只存在于求治者有问题的叙说或语言中，咨询师的任务不是将自己的所谓理性或正确认知强加给来访者，而是引导来访者将目前对生命经验或问题的说法转变为另一种有助于问题解决的说法。

④太极阴阳理论

中国古代的太极图（见图7－1）看似简单，其内涵博大精深，是对宇宙、物质、生命和精神世界本质的高度概括。

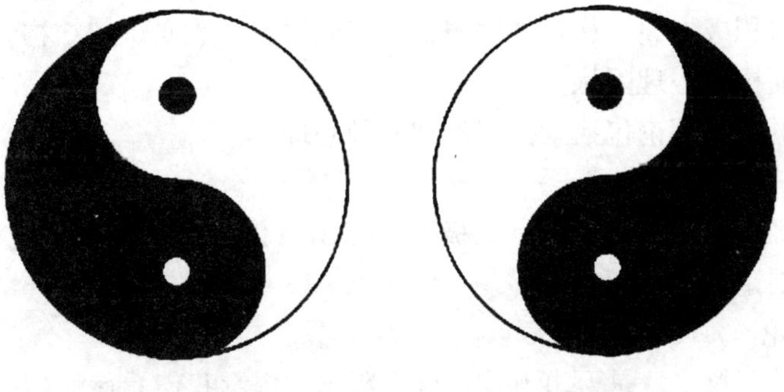

图7－1　太极图

图中黑色代表阴，白色代表阳，寓意世界上任何事物都是个复杂的系统。小至基本粒子，大至宇宙天体，从微观到宏观，从物质到精神，均是由无数方位和无限层次的阴阳组成的对立统一体。

图中白里有黑，黑里有白，寓意无论阴还是阳，都不是纯粹的单一成分，而是你中有我，我中有你。世界上的人和事，无不好中有坏，坏中有好，得中有失，失中有得，假中有真，真中有假。

图中黑白两部分，酷似两条游动的鱼，寓意阴阳在相互矛盾冲突的运动中此消彼长，而其中的两个小圆，则代表与外部条件相呼应、作为变化依据的内因。图中黑白交界的S线代表阴阳的交互作用和动态平衡。

概言之，万事万物，皆有阴阳；阳中有阴，阴中有阳；阴阳互动，相互转化。

阴阳图的这三点寓意，恰与辩证法思想完全吻合。

⑤对立统一

20世纪五六十年代，毛泽东同志用“事物都是一分为二的”名言对辩证法作了精辟概括；之后，著名哲学家杨献珍又用“事物都是合二为一的”论断对此作了补充。由此我们可以看出，事物既是一分为二的，又是合二为一的，这是辩证法的核心——对立统一规律。

一个人既有优点又有缺点，这是一分为二；优点缺点合二为一，才是一个完整的人。“一分为二”与“合二为一”是对阴阳辩证理论的高度概括和形象表述，既方便记忆又通俗易懂，十分有利于在广大群众特别是青少年中普及辩证法思想。

（2）阴阳辩证疗法的基本原理

阴阳辩证疗法的基本原理是将上述几种理论整合起来，以人本为前提，与来访者建立良好关系，在此基础上辅导来访者学习掌握阴阳辩证的思维方式，逐步养成阴阳辩证的思维习惯，既一分为二又合二为一地看待一切事物，对人、对己、对事多看积极方面，往好处去想，往好处去说，改变认知结构，重建积极人生经验，从而摆脱心理困扰。

该疗法的主要理论包括太极三论和两种心理。

①太极三论

阴阳辩证疗法的核心理论是太极图三点寓意提示给我们的三论，即全面论、相对论、发展论。

a. 全面论

太极图的寓意之一是万事万物，皆有阴阳，提示我们看待任何问题一定要全面。遇事不能以点代面、以偏概全，只见树木、不见森林；对人不能攻其一点、不计其余，全盘否定或全盘肯定。要学会多角度、多层次地看待事物。要看到尺有所长，寸有所短；凡事有利有弊。在大好形势下要看到阴暗面，在困难的时候要看到成绩和光明。无论自然科学还是社会科学，无论对宏观世界还是微观世界，人类的认识都仅仅是九牛一毛，沧海一粟，充其量是管中窥豹的一孔之见。每个人、每个团体都有自己的盲点和局限，意识到这一点，对增强理智、减少无谓争论十分必要。

b. 相对论

太极图的寓意之二是阳中有阴，阴中有阳，提示我们真理与谬误都是相对的。任何科学发现都受时间、地点、条件的限制，没有放之四海而皆准、千秋万代永适用的普遍真理。把真理绝对化，追求绝对准确、绝对公平、绝对完美，好就全面好，坏就彻底坏，这种看问题绝对化的人和片面性的人一样容易出现心理障碍。特别是一些所谓有知识的人，常常把知识当做绝对真理，不分场合地乱套乱用，这种教条主义者既害人害己，又误党误国。解决的办法是倡导相对论，避免绝对化。学会在危险中看到机遇（危机），在痛苦中体验快乐（痛快）。领悟舍即是得（舍得），得即是失（得失）的哲理。认识到和谐社会需要公平，但公平永远是相对的，差别只能减少不能消灭，我们在争取公平的同时，也要学会接受某些不公平。

c. 发展论

太极图的寓意之三是阴阳互动，相互转化，提示我们万事万物皆在发展变化之中。斗转星移，沧海桑田，只有看到变化，接受变化，不断与时俱进，才能永远立于不败之地。那种好就永远好，坏就长久坏的想法，均是鼠目寸光的愚人之见。塞翁失马，焉知非福。好事可以变成坏事，坏事也可以变成好事。取得成功不要得意忘形，遭到失败也不要一蹶不振。要警惕乐极生悲，坚信否极泰来。要牢记外因是变化的条件，内因是变化的依据，外因通过内因起作用。要懂得量变引起质变，小变会带来大变的蝴蝶效应。要不断努力进取，勇于变革创新，促使矛盾转化。要寄希望于未来，“风物长宜放眼量”。

不合理信念或非理性认知的主要特点概括起来无非是片面性、绝对化、静止论，阴阳辩证疗法的要点就是辅导来访者在看问题时变片面为全面，变绝对为相对，变静止为发展，并学会阴阳平衡的中庸之道。

②两种心理

太极图中隐含了一分为二与合二为一的思想，凡事有利有弊，有得有失，利中有弊，弊中有利，得中有失，失中有得，利与弊、得与失是可以相互转化的。由此衍生出的辅助理论是酸葡萄与甜柠檬两种心理。

a. 酸葡萄心理

伊索寓言中那只吃不到葡萄说葡萄酸的狐狸一直被作为反面教材，用于讽刺那些失败后不求进取而自得其乐的人。但在精神分析理论中却将这种酸葡萄心理看做一种既不积极也不消极的中性心理防御机制。实际上葡萄是一分为二的，既有甜的也有酸的。在无法吃到时，若假定葡萄是甜的心理就会失衡而痛苦，若假定其为酸的内心就会安然。

b. 甜柠檬心理

甜柠檬心理由酸葡萄心理引申而来。经过努力还得不到的东西就说它不好，这是酸葡萄心理；而自己所有的东西摆脱不掉就说它好，则是甜柠檬心理。

心理学家马斯洛（Maslow）认为，心理健康即了解并接纳现实；泰勒（Taylor）认为，心理健康即正面错觉。而笔者认为，对现实的积极关注和正面认知是心理健康的必要条件。说葡萄酸未必是错觉，因为它可能真的很酸；只要自己感觉好，说柠檬甜又有何妨。这两种心理，看似消极的自我安慰，实际并非自欺欺人的精神胜利法，而是隐含着辩证法的合理内核，运用得当也不失为一种接受现实，取得内心平衡，避免精神崩溃的积极调节方法。

当然，对这两种心理或精神胜利法也要一分为二，如果一个人时时、处处、事事“酸葡萄”、“甜柠檬”，那就真成了没出息的阿Q。

③五句箴言

郑日昌将一分为二的哲学观点与无条件积极关注的人本思想结合，把太极三论概括为方便记忆并具有可操作性的三句口诀：全面论的口诀是“这方面不好那方面好”，相对论的口诀是“不好中有好”，发展论的口诀是“现在不好将来好”。

将太极三论和两种心理组合起来，便构成阴阳辩证疗法精髓的五句箴言：

不好中有好。

这方面不好那方面好。

现在不好将来好。

争取不到的就说它不好。

摆脱不掉的就说它好。

古希腊哲学家苏格拉底有句名言：“真正带给我们快乐的是智慧，而不是知识。”何谓智慧？智慧就是辩证的世界观和方法论！这五句箴言是郑日昌积几十年人生经验悟出的朴实人生智慧。

（3）阴阳辩证辅导的方法与应用

①具体方法

阴阳辩证辅导的具体方法技术有很多，简要介绍如下：

悉心倾听：专注倾听来访者的讲述，要有耐心，不随意打断或作出道德评价，要随时给予积极反馈和正面评价。

理论讲解：针对来访者的问题简要讲解相对论、全面论、发展论，以及酸葡萄心理和甜柠檬心理。

举例说明：列举实例解释上述太极三论和两种心理。

故事启发：通过古今中外的故事或寓言，使来访者加深对阴阳辩证思想的理解。

讨论交流：与来访者分享个人经历，或让来访者相互交流人生感悟。

学习名言：向来访者介绍一些名言警句，例如，

“人生是一串无数大大小小的烦恼组成的念珠，乐观的人总是笑着捻完这串

念珠。”（大仲马）

“世界上的事情永远不是绝对的，结果完全因人而异。苦难对于天才是一块垫脚石，对于能干的人是笔财富，对于弱者是一个万丈深渊。”（巴尔扎克）

“片面的人生观得不到幸福。”（傅雷）

熟记口诀：让来访者抄录并背诵五句箴言。

搜集资料：让来访者在媒体和日常生活中搜集有关事例和资料验证阴阳辩证理论。

分析解读：利用五句箴言对来访者的个人经历和生活事件加以分析解读。

太极三问：根据太极三论提出问题，引导来访者化解对人、对己、对事的不满。

学会平衡：结合具体问题辅导来访者掌握阴阳平衡的中庸之道。

及时强化：随时随地通过口头语言和体态语言对来访者的每一点进步和正面认知给予赞赏。

反复练习：要求来访者在日常工作和生活中联系实际，活学活用阴阳太极理论，养成辩证思维习惯。

辅导他人：鼓励来访者用阴阳辩证辅导的理论和方法帮助亲友、同事，在助人过程中更好地掌握辩证的世界观和人生观。

②实施要领

阴阳辩证辅导既可以个别进行，也可以团体实施。个别辅导针对性强，团体辅导效率高。

首先，在建立良好关系、来访者有了安全感的情况下，让其说出对人、对己、对事不满意的方面，咨询师悉心倾听，对来访者的心理困扰和痛苦给予接纳和通情。

然后，通过对阴阳辩证思想的理论讲解、举例说明、故事启发、讨论交流、学习名言、熟记口诀等方法逐项加以化解，引导其掌握“这方面不好那方面好”的全面论（例如，人穷志不穷；工作辛苦收入高；我很丑，但我很温柔），“不好中有好”的相对论（例如，破财消灾；吃一堑长一智；嫉妒是变相的恭维），“现在不好将来好”的发展论（例如，否极泰来；没有不散的阴云；车到山前必有路）。

通常，还可用“酸葡萄心理”和“甜柠檬心理”来对上述“三论”加以补充。（例如，仕途不顺，可说“位高压力大，无官一身轻”；受到美女诱惑，可想想“丑妻家中宝，水性杨花不可靠”）。

必要时还可布置作业，让来访者注意观察周边的人和事，或从报纸、杂志、电视、网络等媒体上搜集资料，验证太极阴阳理论。

当来访者理解了五句箴言后，可让其联系实际，分析解读个人经历和生活事件，反复练习，逐步学会辩证的思维方式。

让来访者自觉主动运用所学方法帮助周边的人摆脱心理困扰，不但能使自己掌握得更牢靠，还能增加个人成就感和幸福感。

许多人的心理问题或困扰来自于看问题偏激，爱走极端。过犹不及，真理超越一步便成谬误。中国传统文化的中庸之道，其合理内核是有助于克服阴阳失衡的思维方式。为此，在咨询时可让来访者深刻领会下面一些话的含义，从而学会平衡：

严格必须有宽容来平衡。

勤奋需要适当休息来平衡。

谦让必须要勇敢、坚持自我来平衡。

慷慨大方必须用敢于说“不”来平衡。

认真没有灵活性来平衡就会变成刻板。

自由没有责任的限制就会成为洪水猛兽。

权利没有义务的制约会带来极大恶果。

信任没有必要的自我保护则易受伤。

无论个别辅导还是团体辅导，都可以用下面的太极三问引导来访者深入思考，走出误区，做到阴阳辩证、内心和谐。

对自己不满：

全面看　我的优点和优势是什么？

相对看　我的缺点有无可取之处？

发展看　我的劣势如何改变？

对他人不满：

全面看　他有无优点及对我好的地方？

相对看　他的缺点有无可爱之处？

发展看　他是否也会改变？

对事情或环境不满：

全面看　是否有例外和其他可能？

相对看　塞翁失马焉知非福？

发展看　冬天到了春天还会远吗？

每当来访者的看法符合太极三论时咨询师要给予鼓励赞赏，及时强化其正向思维。

以上便是阴阳辩证疗法的具体操作过程。此疗法有效的关键是要求来访者将五句箴言熟记心中，随时随地结合日常生活反复练习，养成辩证思维习惯。

③适用范围

临床实践表明，阴阳辩证疗法最适合解决人际矛盾和一般情绪困扰。对抑郁症和有自杀意念的人效果尤为明显。对有明确对象的焦虑症、恐惧症也很有效，但对病情严重者需要适当配合放松和脱敏训练。强迫症患者大多追求绝对完美，做事过分认真，通过阴阳辩证辅导，有助于改变其绝对化思维方式，因而也可收到意想不到的疗效，倘若辅以注意转移训练则效果更佳。这里提到的放松、脱敏和注意转移训练对于克服上述神经症都是治标之术，而阴阳辩证疗法才是治本之策。

4. 森田疗法

森田疗法由日本精神专家森田正马教授创立，他认为精神质的特征是内向性、强烈的自我意识、过度地追求尽善尽美及过分渴望生活完满。具有这些特征的人遇到生活环境改变时，即使只是很轻微的精神负担，也会产生情绪上的巨大波动和困扰，甚至自卑的情绪，他称这种焦虑为疑病素质。森田认为当刺激诱发焦虑时，有疑病素质的人集中注意他的焦虑，并竭力地去回避它，但越是集中注意于他的焦虑，他就越变得敏感，越感到焦虑，从而形成恶性循环。森田把这称之为精神交互作用。因此森田疗法的着眼点在于改善疑病素质，打破精神交互作用，消除思想矛盾。这是一种顺其自然、为所当为的心理治疗方法。而在学校心理咨询中使用的森田疗法，并没有使用医学心理学中治疗神经质症所使用的具体办法，只是运用了森田疗法的一些理念和思想，借以解释学生遇到的一些情绪困扰和焦虑，并帮助学生自己从这些困扰中走出来。

根据上述理论，学校运用森田疗法的治疗思想可概括为两点：

(1)“顺其自然”

顺其自然就是接受自己目前所有的一切，包括自己的长处和缺点，更包括自己的紧张、焦虑、不安等体验，要顺应情感的自然发生和发展。人的情绪情感总是有一个发生、发展的过程，如果人们经常将注意力集中在自己的某一情绪上，这种情绪就会被强化而持续存在。比如学生甲上课走神，这学期才注意到并且越来越严重，漏听了很重要的一个例题，致使作业没完成而遭到了老师的批评，由此他开始注意起自己的上课走神现象，每次上课之前他就告诉自己说：“这节课很重要，一定要集中精力，不能走神！”他认为上课走神是不能容忍的一件事情，上课的过程中也是这么提醒，但在这么提醒自己的同时，自己只顾想着怎么不会走神，反而没有听见老师讲的内容，课后就更加自责，如此形成恶性循环，还没有上课以前就开始担心自己上课时会走神，这就更加分散了注意力，听课效率也越来越低。其实上课走神在学生当中是一件很平常的事情，一旦意识到自己走神了，再把精力拉回来继续听课就可以，但学生甲却总是在对这种情绪体检进行强化，时刻提醒自己不要走神，却忽略了上课的主要活动——听课，因此致使情绪越来越烦躁。

顺其自然的理念就是要人们认清精神活动的规律，接受自身可能出现的各种想法和观念。无论自己出现什么样的情绪与行为，都属于自己的一部分，都是每个人正常的反应。上课走神是正常的，在每个学生的身上都会有；站在高处时，每个人都会有这种摔下去的想法；性格内向的人，在众人面前讲话就会脸红、不自然；每个人内心深处都会有一些邪恶的想法。这些想法与情绪都是很正常的，要接纳自己的这些情绪，不去在意和强化，顺应这些想法与情绪自身的发展规律，并不会对自己造成什么影响。

（2）“为所当为”

森田疗法把与人相关的事物划分为两大类：可控制的事物和不可控制的事物。所谓可控制的事物是指个人通过自己的主观意志可以调控和改变的事物；而不可控制的事物是个人主观意志不能决定的事物。森田疗法指导人们以顺其自然的态度，不去控制不可控制之事，如人的情感；同时以为所当为的观念，控制那些可以控制之事，如人的行动。因此，“为所当为”是指顺其自然，接纳自己存在的各种情绪与观念，做自己目前应该做的事情。为所当为的理念要求人们不去在意情绪带给自己的困扰，尽管痛苦也要接受，把注意力投向自己生活中有确定意义且能见成效的事情上，努力做应做之事；把注意力集中在行动上，任凭情绪起伏；该做什么就去做什么，尽管痛苦也要坚持。这就打破了过去那种精神束缚行动的模式，有助于自身困扰的缓解。

第二节　中学生团体心理咨询

团体心理咨询是通过团体来指导个人，通过团体活动协助参加者发展个人潜能，帮助学生解决学业压力、人际交往、师生关系等方面的问题，满足学生的心理需求。目前，团体咨询与治疗已在学校、家庭、医院、企业、部队等众多社会领域中得到广泛应用，成为心理咨询与治疗的一种新的发展趋势。

一、团体心理咨询的含义

（一）什么是团体心理咨询

团体心理咨询是从英文 group counseling 翻译而来的。group 可译为小组、团体、群体、集体，counseling 可译为咨商、咨询、辅导，所以团体咨询与小组辅导、集体咨询、团体辅导概念相同。从习惯上讲，我国台湾地区多用团体咨商或团体辅导；香港地区多用小组辅导；大陆多用团体咨询、集体治疗。从词义上看，集体指组织化了的团体，而团体的含义更宽泛。

团体心理咨询是相对个体心理咨询而言的。顾名思义，它是一种在团体情境下提供心理帮助与指导的咨询形式，即由咨询员根据求询者问题的相似性或求询者自发，组成课题小组，通过共同商讨、训练、引导，解决成员共同的发展或共有的心理问题。团体心理咨询是通过团体内人际交互作用，促使个体在交往中通过观察、学习、体验，认识自我、探讨自我、接纳自我，调整和改善与他人的关系，学习新的态度与行为方式，以发展良好的生活适应的助人过程。

团体心理咨询既是一种有效的心理治疗，也是一种有效的教育活动。

（二）团体心理咨询的特点

团体心理咨询与个体心理咨询最大的区别在于求询者对自己问题的认识、解决是在团体中通过成员间的交流，相互作用，相互影响来实现的。具体而言，有以下几个特点：

1. 团体咨询感染力强、影响广泛

这是因为群体的互动作用促进了信息的传递和自主性的激发，也就是团体动力的形成。在团体中，团体动力对于团体目标的实现有着很重要的作用，而团体成员也是靠着动力来相互作用、相互影响，从而解决自己的问题。

对于团体内每一个成员来说，参加团体咨询最有价值的地方是交流信息、解决问题、探索个人价值和发现成员间的共同情感。即观点和资源多样化为每个人提供了学习和选择的机会。

当多个成员聚集在一起时，他们会发现自己的困扰并不是独一无二的，许多人有类似的担忧、想法、情感和体验，这种体验对克服困扰非常有帮助。

在团体情境下，成员之间互相支持、集思广益，共同探寻解决问题的方法，减少了对领导者的依赖。

2. 团体咨询效率高、省时省力

相对于个体一次只解决一个人的问题，团体在解决问题方面，时间和精力是很有效率的。并且，团体中的复杂性，也会给团体成员其他的收获。

团体咨询是一个领导者同时指导多个来询者，节省了咨询的时间和人力，提高了咨询的效率，缓解了现实中咨询人员不足的矛盾，也可以满足人们对心理咨询不断增加的需要。团体有间接学习的价值，成员有机会听到和自己类似的忧虑，通过观看他人怎样解决个人的问题，从而使自己受到启发，学到许多东西，也可以成为帮助其他成员的力量。

3. 团体咨询效果容易巩固

团体咨询创造了一个类似真实的社会生活情境，为参加者提供了社交的机会。在充满安全、支持、信任的良好团体气氛中，成员通过示范、模仿、训练等，可以尝试某些新的技巧和行为，如应聘面试、练习与人沟通及自我表达技巧等。

团体是社会的缩影，成员在团体中的言行往往是他们日常生活行为的复制品。练习人际交往的技巧将促进成员更有效地生活。成员在团体中学习到的技术，容易迁移和扩展到他们的日常行为中去。

当然，团体咨询也有一些局限：

团体情境不适合依赖性过强、人际焦虑过高、太自我中心的人和过于内向、害羞、自我封闭的人。这样的人，在团体中不仅难以获得好处，甚至还会妨碍团体的进展。

在团体情境中个体差异难以照顾周全。由于团体领导者要关照全体成员，势必相对减少对每个成员的关注与交流，而无法满足特殊成员的特殊要求和个体差异。因此，并非每个团体都一样有效，同样的团体，也不可能对每个成员都有同样的效果。

在团体中，个人和团体在没有充分准备的情况下，由于受到团体的压力而自我表露，会造成不安，有些成员可能会受到伤害。也有可能出现某个成员的隐私事后不经意被泄露，给当事人带来不便的情形。

团体咨询对领导者的人格、专业训练、技术方法、伦理道德等方面有较高的要求。不称职的领导者带领团体会给成员带来负面影响。

（三）团体心理咨询的功能

心理咨询师在长期的工作实践中逐渐了解到，一个人在生命周期的某个关口遭遇到巨大的不适应，或者遇到了难以逾越的障碍，并非是自我力量的贫乏，主要来自两个方面的原因。一个是没有足够的机遇学习到一些知识，这些知识就是能够应对这个生命阶段遇到的问题。如果能够得到知识，问题解决的速度和深度就大大地增强了。另外一个就是，在生命的某个关键时刻需要外界有力的支持，缺乏支持的一个人，在挫折面前是脆弱的。让一个人原本就有的力量发挥出来，这是团体心理咨询的另一个功能。

在团体中以上这些能够得到实现。团体咨询师会根据参与者具体遇到的问题而设计针对性的团体发展策略，在团体中参与者能够激发能量出来，也能够参照更多的模式调整自我，从而达到解决问题以及自我成长的目标。

在学校开展团体心理辅导可以开发学生心理潜能、增进学生心理健康、激发学生自我教育、促进班级团队合作、提高班主任教育能力。

（四）团体的类型

团体心理咨询中团体的类型是多种多样的，根据其功能、内容、时间等不同性质，可以将团体划分为不同的类型。

1. 根据功能划分

成长性团体：是通过成员间的相互作用，协助成员自我认识、自我探索，从而自我接纳和自我肯定，促进个人成长的团体。

训练性团体：是注重成员生活知能的充实与正向行为建立的团体，如人际关系训练团体、身心松弛工作坊等。

治疗性团体：是注重经验的解析、人格的重塑与行为的重组的团体。

2. 根据团体成员的问题性质分

同质性团体：是指团体成员的年龄、学历、生活经历、心理的困扰、需要解决的问题相似的团体。如未婚青年团体、减肥团体、压力适应团体、学习困难儿童团体、情绪调控训练团体等。特点是成员间容易沟通、理解、凝聚力强、支持性较高。

异质性团体：是指团体成员的某些背景或个人特质不大相同的团体。特点是成员间能取长补短，相互激荡观摩，有利于个体学习行为的建立。

3. 根据团体活动有无设计和目标来分

结构性团体：是为了帮助成员学习，根据团体所要达到的目标设计活动，引导成员参与学习的团体。特点是目标明确、角色分明、活动内容安排有序，但成员自主性和自发性行为减少。

非结构性团体：这种团体强调团体成员的自主性，领导者配合成员的需要、团体动力的发展与成员彼此的互动关系来决定团体的目标、过程和运作程序。领导者的主要任务是促进成员的互动，对团体的目标与方向很少干预。

此外，根据人数来分有大团体（35 人以上）、中团体和小团体（20 人以下）；根据成员参与来分有开放性团体和封闭性团体；根据时间来分有密集型团体与常态型团体等。

总之，团体心理咨询是针对某一个人群在某一个阶段遇到的问题，没有得到合理解决而造成影响来设计的，在设计中制定一个总体目标，团体心理咨询师带领成员运用心理学的动力学理论和咨询技术，同参与成员一起实现目标的过程。

团体成员的数量和时间，是根据团体的形式和目标而定的，针对有严重心理问题的人的团体（比如抑郁症团体），时间往往持续的很长，一般在一年的时间内团体成员每周聚会一次，人员一般在 10 个人左右最为合适。针对发展性团体（比如人际关系咨询团体）的时间设计就会短一些，比如连续四天八次每次三个小时，或者是两个月每周一次三个小时，人数在 8—16 人比较合适。

也有的团体是长期的，比如“心理咨询师学习团体”是长期进行的，还有“癌症互相支持团体”也是长期进行的，参与者全部是癌症患者，大家组成一个团体，互相支持，即使有的人康复离去，有的人去世，这个团体也不会停止。

在中小学，团体心理辅导的活动时间一般是在班会上、课外活动中，或配合课程教学进行；团体心理辅导的内容通常是适合该年级学生的问题或大家所共同关心的主题，以团体活动的方式进行。例如，学习辅导、自我发展、人际关系、生涯规划等。在团体活动过程中，由于师生的互动而形成团体动力，从而增进学生对自我的了解，对环境加深认识。由此可见团体心理辅导的定位是在预防与发展的辅导层次。

二、团体心理咨询的过程

（一）团体发展的动力过程

台湾学者黄惠惠认为，团体是由人组成的有机体，团体的发展是团体生命的成长历程。团体发展的动力过程大致经历定向阶段、冲突阶段、整合阶段、成效阶段和巩固阶段。

1. 定向阶段

处于此阶段的成员对团体不了解，彼此之间不太熟悉，往往存在焦虑担心、气氛沉默、防卫心理和对辅导员的依赖等反应，因而工作的重点是协助成员建立“安全感”与“信任感”。主要任务有：

（1）协助成员彼此认识。通过相互自我介绍，谈论一些轻松有趣的话题，活跃气氛，缩短彼此之间的心理距离。

（2）澄清团体辅导目标。

（3）创造安全信任的气氛。这有利于成员降低防卫，敢于做较深层的自我探索。

（4）建立团体规范。团体规范是引导团体成员的行动准则，是保障成员权益和团体运作的重要依据。它不仅规定个体应该做什么，不该做什么，还有舆论导向的作用。

（5）让成员了解团体是大家的，促使成员产生归属感、责任感和依存感。

2. 冲突阶段

随着团体辅导的进展以及为了达到团体辅导的目标，团体成员就需要将内心的真实自我展示出来，这将会引起自我内心的冲突，也促使成员之间真正意义的互动，形成各种真实自我的冲击，从而表现出焦虑与挣扎、抗拒与防卫和挑战领导者等特征。冲突是不可避免的，也不是坏事，面对冲突辅导员应妥善处理，这往往能促进团体的凝聚，形成团体发展的动力。辅导员在被挑战时，不要回避和防御，而要直接诚实地面对，先检查自己是否有被挑战的事实，把自己被成员挑战的感受与成员分享，同时请成员检查他的挑战是否确实，并坦然说出自己的看法。从而有利于团体成员与辅导员之间、成员之间的坦诚沟通。因而此阶段的任务是：

（1）理解接纳成员的负向情绪，使团体成员在理解支持和接纳的氛围中不受指责和批评，进而也学习接纳自己，肯定自己。

（2）鼓励成员认识自己的焦虑与矛盾，并协助他们表达出来。帮助成员学习表达内心感受，能促进成员的自我开放，提高团体互动质量。

（3）帮助成员将防御性行为转化为建设性行为。

3. 凝聚整合阶段

团体经过冲突之后，出现了凝聚现象。团体成员真实自我的袒露，增进了相互的了解，密切了关系，尖锐真实的意见受到鼓励和欢迎，从而感到团体是安全、信任和可靠的，也使成员有了团体归属感，对团体的成员、领导者和目标有了认同感。这一阶段的任务是：

（1）协助成员更深刻地认识自己。辅导员可以借此机会帮助成员了解自身问题的成因，作为自我突破和发展的基础。

（2）鼓励成员相互关心和帮助，促使成员有勇气继续展开，并帮助找到解决问题的策略。

此阶段的关键是通过成员的行为，将团体的凝集转化为团体进展的效能。成员不再那么依赖辅导员，自己也学会了一定的互动技术，能主动关心别人，挑战自己，相互反馈，相互帮助，相互依存。

4. 成效阶段

团体经过凝聚阶段后，成员感受到真正的安全感，对团体充满信心和希望，不但敢于更深入地探索自我，表达更真实的想法，更希望尝试行为改变和解决问题，通过认知重建，追求个人和团体目标的达到。因而此阶段的任务是：

（1）辅导员要以身示范，引导成员塑造被期待的行为。这些行为包括自我表露的程度，面质的态度和接受反馈等。

（2）协助成员从团体经验中认知重建。

（3）协助成员把领悟化为行为。

5. 巩固结束阶段

团体发展到这一阶段，成员之间建立了友谊，大家依依惜别；但有的成员不免对回到原来的世界能否适应有所顾虑；还会出现成员注意力不集中，精力有所转移，结果造成团体互动频率降低，影响力减弱的松散现象。此阶段的任务是：

（1）处理好成员离别的情绪。预先告知团体结束时期，让成员早作心理准备，鼓励大家将担心、伤感、失落的情绪表达出来。

（2）协助成员整理学习成果并运用于实际生活中。

（3）反馈与祝福。反馈应更加全面、具体、明确，可供他人参考，团体结束时，彼此道别珍重。

（4）提醒保密，继续尊重他人，维护成员的权益。

（5）提供进一步学习或服务的信息资源。

（6）评估团体效能。辅导员要检查团体辅导的目标是否达到，动力状况如何，有何事件发生，如何处理，以调整团体计划，整个活动结束时更要对整个效能作出评估。

（二）团体心理咨询的实施过程

团体心理咨询的实施一般包括确定活动的目标及活动名称、设计具体的活动方案及程序、甄选团体成员组成团体、实施活动计划、对活动的结果总结评估等五个步骤。每一个团体又会经历创建、过渡、成熟、结束的发展过程。团体咨询的过程是连贯的，由一个阶段到另一个阶段是渐进的过程，界限不明显，难以严格区别。划分阶段是为了讨论的方便。

1. 团体初创阶段

团体创始阶段的目标是促进团体成员通过互相沟通而尽快相识，使成员建立起信任的关系，订立团体契约，建立与强化团体规范，鼓励成员投入团体，积极互动，逐渐形成团体合作互助的气氛。团体开始时，互不相识的人为了参加团体咨询而走到一起来了，一方面很想知道团体其他成员的背景、问题等等，同时会有点恐惧感、焦虑感，怕不被人接纳，又怕在他人面前出丑。这一阶段的活动最好选取比较简单、容易的互相认识的游戏或活动，以便顺利地带领成员投入团体活动。团体指导者应该创造机会让团体成员自主讨论并建立团体契约，以便共同遵守。创始阶段的活动可以分为静态讨论问题为主与动态活动为主两类，前者适合于一些解决问题的团体，后者适合于多种类别的团体，尤其适合于青少年。采用的活动有非语言式的交流形式，也有语言交流形式。

2. 团体过渡阶段

团体过渡阶段的目标是发展团体凝聚力，促进团体成员互动与彼此信任，鼓励成员表达和处理冲突的情景和情绪。团体成员在此阶段开始试图融于团体，并企图找出自己在团体内的位置。他们通过互相探索、解决矛盾、互相适应来找出他们在团体内互相间的关系。自我察觉提高，但有矛盾心情，想安全地躲着，又想冒险地说出，部分成员会有抗拒、焦虑的情绪，自我防卫强，甚至会向团体领导挑战。成员之间可能因不愿表达负面的情绪而造成彼此间的不信任。指导者应该处理焦虑及防卫或抗拒等情绪，鼓励成员及时讨论和处理团体中出现的问题，让大家愿意彼此接纳，互相信任。指导者的示范、接纳与开放很重要。可以运用“信任之旅”、“信任跌倒”等活动促进成员的信任感建立。随着活动的逐渐深入，成员的关系也由表及里，由浅入深，相互认同，相互信任，慢慢形成相互合作的团体气氛。

3. 团体成熟阶段

团体成熟阶段的目标是进一步增强团体凝聚力，激发成员思考，引发团体成员讨论，通过团体合作，寻找解决对策，鼓励成员从团体学习并获得最大收益。同时需要评估成员对团体的兴趣与投入的程度，以便及时调整。这一阶段是团体咨询的关键阶段。尽管各类团体心理咨询依据的理论不同、目标不同、活动方式不同、实施方法各异，但成员间相互影响的过程是相同的。即成员彼此议论自己或别人的心理问题和成长体验，争取别人的理解、支持、指导；利用团体内人际互动反应，发现自己的缺点与弱点，存在的不足，努力加以纠正；把团体作为实验场所，练习改善自己的心理与行为，以期能扩展到现实社会生活中。发展性团体大多通过一些有趣的活动，比如自我探索、价值观探索、相互支持、脑力激荡等活动，以及活动后的交流分享来帮助团体成员成长。

4. 团体结束阶段

团体结束阶段的目标是回顾与总结团体经验，评价成员的成长与变化，提出希望，协助成员对团体经历作出个人的评估，鼓励成员表达对团体结束的个人感受，让全体成员共同商议如何面对及处理已建立的关系，对团体的效果作出评估，检查团体中未解决的问题，帮助成员把团体中的转变应用于生活中。团体结束阶段往往容易被忽视。但有经验的团体指导者都会充分而有效地利用各种形式把握结束的时机，使团体咨询划上一个圆满的句号。结束阶段需要总结团体的成效以及处理离别的情绪。在这一阶段，常常采取的活动有总结会、联谊会、反省会、大团圆等形式。通过前面阶段的互动，原来互不相识的人已成为朋友，团体气氛和谐亲密，情绪高涨，身心放松，心情畅快，相互信任。在这种气氛下离别多少都会有些伤感。此外，需要帮助团体成员总结团体中的成长经验，巩固积极的改变，并鼓励成员将新的行为运用到生活中。团体结束后，也可以在必要时召集成员重新聚会，进一步交流，了解团体咨询的实际效果。

（三）团体心理咨询的准备

比起个别心理咨询来说，团体心理咨询的准备阶段尤为重要，这是做好团体心理咨询的前提。

1. 团体辅导目标的设定

对于团体的终极目标及每一次团体的目标，辅导者应事先设定并确切了解与掌握。

2. 成员背景资料的了解

包括其姓名、年龄、人格类型、智能、家庭状况、在校表现、老师评语、过去纪录、是否志愿参加团体等。了解成员背景资料，有助于活动的设计与过程的掌握，但应避免对其产生先入为主的成见。如果学校已建立学生心理档案，则可查阅档案得知。

3. 团体的人数

小团体的组织以8—12人为宜，人数太多，情境不易控制，咨询成效因而容易降低。

4. 聚会的时间

由于中小学生不易集中其注意力，且耐力较差，所以每次咨询时间不宜过长，应以四十分钟至六十分钟为度。

5. 聚会的场所

以一般团体咨询室为宜，应避免易使成员分心的场所。此外，尚须注意环境的安全性。有些成员容易冲动，室内装潢色调以中间色或偏冷色为宜。

6. 协同辅导员的设置

最好能有一位协同辅导者，来辅助团体气氛的塑造、活动的催化，及冲突事件的处理。必要时，甚至可增加一名观察员，在旁观察整个活动的进行，并协助处理突发状况。团体辅导者之间必须要有良好的默契，对于整个团体过程的带领与团体成员的了解，应具有基本的共识。

7. 团体活动的设计

活动的内容宜浅显易懂，形式应活泼有趣，以吸引成员的参与，引发成员的互动与成长。此外，由于团体过程中常有偶发状况阻碍原设计活动的进行，或者在了解成员互动状况后，常需要调整原设计的活动，所以，宜事先设计一些备用活动，以备不时之需。

8. 相关理论的阅读

辅导者除了多研究有关团体的文献外，应多阅读有关考试焦虑、人际交往障碍、外向性问题行为或违规犯过行为学生的报告，以深入了解其心态、问题行为的成因，以及相应措施与辅导的重点，以求能在整个团体辅导过程中掌握全局，并能照顾到个别差异。

9. 先行接触

若能在团体辅导开始之前与个别成员面对面地接触，尝试建立初步的良好关系，并协助成员了解团体的状况，将有助于团体的发展。

（四）团体心理辅导设计

团体活动设计是团体咨询的重中之重，一个好的设计可以促进团队咨询的效果。为了简要说明设计的内容和要素，我们简要介绍团体心理辅导设计的 6W + 2H + I + E 的模式和设计要素。

1. 团体心理辅导设计的 6W + 2H + I + E 的模式

6W——

Why（目标）：为什么要组织团体辅导？目标是什么？

Who（分工）：由谁来组织？

Whom（对象）：参加者是什么人？年龄、特点、性别如何？

What（性质）：活动以何种方式进行？

When（时间）：什么时间进行？日期、时间长短等。

Where（地点）：在哪里举行？有无后备地点？

2H——

How（程序）：如何进行（宣传、招募等）？

How much（资源）：人力、物力、财力。

I——

if（如果）：备选方案。

E——

evaluation（评估）。

2. 团体心理咨询活动设计要素

- 活动名称
- 活动类型
- 活动设计思路
- 活动目的
- 活动场地
- 活动人数
- 活动道具
- 活动时间
- 活动步骤
- 活动分享与延展
- 活动注意事项

（五）团体辅导方案设计举例

题目：走近你我他，合作你我他

目的：制订并实施本方案，旨在帮助各辅导对象了解彼此，拉近同学（团体成员）之间彼此的距离，消除内心的排斥感，让成员认识到大家真正是一个集体的一员。

要求：摘掉面具、全心投入。

口号：我要认识你。

活动规则：

1. 尊重每位成员的隐私。
2. 真诚地与其他团体成员进行交流，不掩饰自己的真实情感。
3. 仔细倾听，不随意打断别人的发言。
4. 交流时避免只与自己喜欢的团体成员沟通等。

环境要求：

1. 播放轻松愉快的音乐。
2. 选一个舒适而干净宽敞的房间，最好是室外草坪上（或者教室）；在教室配上柔和的灯光，把现场尽可能布置得有温馨的感觉。

活动时间：120 分钟。

导入阶段：阶段一（破冰阶段）30 分钟

展开阶段：阶段二（冲突阶段）、阶段三（整合阶段）50 分钟

结束阶段：阶段四（成效阶段）、阶段五（巩固阶段）40 分钟

阶段一：破冰阶段

主题：快速认识。

目的：阐述目标、形成团体氛围、增进成员间的相互信任与接纳。

实施步骤一：使成员们全身心投入，放松

1. 同学们在草坪上（如在教室则脱鞋进入房间）围圈席地而坐，主持人站在中间。

2. 主持人以一个简单的小游戏开始进入团辅，在教室主持人指引同学卸下身上物品并回到自己的座位上（目的是让同学们放松身心，摆脱一切束缚，将原本的自我展现在大家面前）。

实施步骤二：进入活动

1. 主持人向成员简要讲解团体辅导的模式、时间、地点及活动内容。

2. 介绍团体辅导、辅导目的以及辅导过程中的要求。

3. 宣布团辅应遵循的规则。

4. 介绍这次团辅的主题——“走近你我他，合作你我他”，引领成员进入正式辅导。

实施步骤三：心灵换位的思考——引出破冰游戏

主持人启发成员举例说出“怎样融入集体”，告诉他们其实想要融入很简单，并和大家一起喊口号——我要认识你。

游戏开始前准备——主持人谈关于集体的定义及如何获得集体的认可及心得，从而引出成员们要做一个诚实、勇敢、懂得分享、发现美、关爱他人和学会感恩的人。团队成员要多与其他成员交流、交往，多结交朋友，学会欣赏他人的优点和慢慢改正自己的缺点，不断提高自己，完善自己。

游戏：大风吹（本游戏适用于彼此不是很熟悉的集体）

目标：使初步认识的成员，彼此加深印象。

规则：由主持人发出命令，最后一个找到位置的罚一个节目。

游戏总结：“大风吹”让队员进一步认识了起先不认识的成员，也使我们彼此进一步地加深了认识，全体的拥抱让队员间继续消除隔阂拉近距离。

其他游戏：虎克船长、松鼠 & 大树、棒打薄情郎等。

目标：调动现场气氛，拉近成员间的距离，以便深入接下来的环节。主要是活跃团体，并且起到互相认识和熟悉的效果。

具体规则：略。

注意：主持人应能够掌握全局，并照顾到个别差异。要求主持人注意言行，用语言诱导成员敞开心扉，做到真正的交流。

阶段二：冲突阶段

主题：倾诉心中的想法，找到隔阂所在。

目的：倾诉内心深处的想法，引发冲突，找到关键问题。

具体过程：主持人举例说明集体成员之间信任的重要性，通过一些小故事说明融入集体的好处及具体办法，然后再通过游戏鼓励成员们说出心中所想。

游戏：万里长城

1. 参加者围成一圈，向右转，双手搭住前面一人的双肩，人与人之间保持一定的距离。要求所有人注意听一个口令，听到后必须按口令做，否则受罚。动作错了的也要受罚，唱歌或者其他。一定要注意成员的团队合作精神，维持整体纪律。

2. 引导性发言：请出一个成员说出自己的想法，然后要求成员们讨论。

3. 回归到游戏目的，总结收获。

阶段三：整合阶段

主题：探索自己不能融入集体的原因，重新认识集体成员。

目的：重新认识成员，让成员有归宿感，并感受到融入集体的快乐。让成员们更加真实地袒露自己，增进了解，密切关系。进而使之感到团体是安全、可信任和可靠的，也使他们有了团体归属感，并开始从个人的世界里走向集体，在其中找寻到自己的位置，感受到融于集体中的快乐。

具体步骤：

1. 重申团辅的要求，紧密衔接不同阶段的活动，以达到既定的目标。

2. 从上一阶段中发现集体的优势，增进参与积极性。

3. 引入游戏——侦探。

游戏：侦探

简介：

1. 成员排成一列，在每位成员背后粘一张预备好的纸，不让他们看到纸的内容。接下来，成员开始找人问问题，对方只能回答“是”或“不是”。问题如：“我背上的人是长头发吗?”“我背上的人是女生吗?”

2. 如果成员猜出背后所贴的人名，要将正确答案告诉主持人，然后他可以选择留在人群中，继续回答别人的问题。若猜错了，他要继续找人问问题。游戏持续到每人都猜出自己背后的神秘人物为止。

目的：令大家再次熟悉团队内的成员，并加深认识。

注意：为避免冷场，旁边的人可以适当给予提示。

环节总结：通过这个环节的活动，小组内成员可以更加深入地了解他人。

总结：

1. 主持人问一下大家玩的感受及收获，引出团队协作的重要性。

2. 主持人问成员们，你们今天玩得开心吗？你们今天觉得快乐吗？唱：如果感到开心你就拍拍手，如果感到快乐你就跺跺脚……

阶段四：成效阶段

主题：扔掉成员之间的芥蒂，增进彼此的融洽度。

目的：认识自己，学会与他人分享快乐，学会如何使自己融入集体，从认识自己的内心世界到学会与别人分享快乐，到如何抛开烦恼，从这个过程学会如何在集体中获得快乐。

实施步骤一：

游戏一：交换心情（交换同学之间的想法）

简介：在地上放一个敞开的盒子，发给成员们一张纸一支笔，让他们把自己对这个集体或成员的看法或者意见都写下来（不署名），然后放进去。

游戏总结：通过这些纸条，了解到底是什么使集体之间会有隔阂。

游戏二：解疙瘩

道具：绳子数条。

简介：将集体分为每四个人一组，每组有一根打好结的绳子，然后由成员合作解开结，每个成员只能用到一只手，否则犯规。输家或者犯规的都将受到惩罚（由其他成员决定怎样惩罚，但是惩罚必须合情合理）。

游戏总结：疙瘩就是一个个的隔阂，是疙瘩阻碍了同学之间的交流，解开疙瘩就解开了隔阂。通过四个同学的共同合作，有利于同学们默契的形成，也有利于培养同学们的相互信任。

实施步骤二：我的快乐感言

简介：在本环节中主持人让大家发表自己的感言以及说出自己在玩的过程中的收获，并具体说说要怎样才能更快地融入集体之中。

注意：主讲人可以引导同学们说出感受，可以先说说和同学们玩了之后的感受和自己的收获，再由同学们和大家一起分享自己的心情，最后谈谈合作的重要性。

环节总结：通过述说自己在游戏过程中的感受和收获，让同学们都明白合作是一件很容易的事情。

阶段五：巩固阶段

主题：快乐天使期待，明天会更好。

目的：悦纳集体成员，积极面对未来。巩固本期团体辅导成果，使成员在认识自己、了解环境的基础上悦纳集体成员，以更加积极的心态面对集体，为成功人生奋斗，从而圆满完成本次团体辅导的任务。

具体步骤：

1. 播放较柔和的音乐。
2. 宣布本阶段活动正式开始。
3. 重玩游戏，巩固成果。

游戏一：猜猜我是谁

目的：让成员明白——融入集体首先源于我们互相了解。

具体过程：

1. 先让大家围成一个大圈逐一念出自己的名字，让每一成员更好地认识所有成员。

2. 选一人，蒙上他的眼睛，让他在这个圈里摸到人后，在5秒钟内叫出所找到人的名字，之后两人交换角色。否则继续游戏。

3. 参加游戏的其他人可以在规定的范围内自由走动、挑逗蒙眼人，加大游戏难度。(注：若3—5分钟还没有完成一个完整的游戏，则适时换人。游戏总时间控制在15—20分钟之间。)

4. 对成功完成游戏的人给予奖励。

运用的心理学知识：

行为激励法，即人的情感总受行动的支配，而人的激励又将反过来支配人的行动。我们用行为激励就是以富有情感的行为来激励他人，从而达到调动人的积极性的目的。

游戏二：背对背抱气球

目的：使成员知道——和谐融洽的关系是建立在大家共同努力上的结果。

具体过程：

1. 确定10米（就是在5米的距离里来回跑一次）为游戏距离。按前期所分组，每组两人，其他组成员在一旁监督，也可为他们加油呐喊。

2. 选手背对背把双脚绑在一起，再把气球放在两人的背间。

3. 听到号令后，在最短的时间里往返一次，跑回目的地且气球完好的队获胜。

4. 当游戏完毕之后，主讲人引导成员们回到游戏的目的上来，提示游戏跟团辅的目的，呼应主题。

总结：

1. 播放音乐《明天会更好》，大家牵手围成一个圆圈，齐唱。

2. 在轻松的氛围中结束这次团辅。

三、团体心理咨询的原则与技术

（一）团体心理咨询的原则

1. 专业原则：团体咨询是专业化工作，应由接受过专业培训的人员负责，事先应制定实施计划；领导者要有带领团体的经验和能力；对团体的效果要有客观的评鉴与记录。

2. 民主原则：团体领导者应以普通一员的身份，尊重每一位参与者，并参与团体活动，鼓励成员发挥自己的意见，共同关心团体的发展。

3. 共同原则：将关注团体成员的个人问题与团体共同存在的问题结合起来，促进全体成员的共同成长。

4. 启导原则：咨询中鼓励、启发、引导，尊重个性，重视交流，强化助人自助。

5. 发展原则：用发展、变化的观点看待成员的问题及把握团体的过程。

6. 综合原则：理论、方法、技术综合运用。

7. 保密原则：尊重每位成员的权利和隐私。

（二）降低团体咨询局限的措施

1. 参加者的充分心理准备。

2. 领导者对自愿报名参加者的筛选。

3. 领导者的理论和技术准备，及对每一位成员的充分尊重。

4. 团体初期制定明确的、共同的团体契约，向成员强调保密、守时、彼此尊重等原则。

（三）团体心理咨询的基本技术

1. 主动倾听：专注于沟通过程中有关语言或非语言行为，且不作判断及评价。

2. 重复：以稍微不同的措辞，重述团体成员的话，以澄清其意思。

3. 澄清：确定成员所想表达的信息感受与想法的具体含义。

4. 摘要：将互动过程中的重要信息简要进行综合归纳。

5. 提问：通过提出问题，引起成员自我探索问题的内容以及解决的方法。

6. 解释：对团体中某些行为、想法、感受提供适当的解释。

7. 面质：对成员在团体中的语言、行动中表现出的困惑或矛盾加以挑战。

8. 情感反映：反映成员的感受。

9. 支持：提供鼓励及增强信任。

10. 通情：能站在成员的立场，将心比心体谅其感受及想法。

11. 催化：在团体中以开放性或引导性的方法，清楚地协助成员朝向有助于团体的目标方向去探讨。

12. 引发：在团体中引发行动，促使团体参与或介绍团体新的方向。

13. 设定目标：团体过程中，引发团体参与，并具体确定团体特点及有意义的目标。

14. 评估：评估团体进行过程和团体中成员及其相互间的动力。

15. 给予反馈：对于成员专注观察后给予真诚且具体的反馈。

16. 建议：提出团体目标有关行为的信息、方向、意见及报告。

17. 保护：保护成员在团体中不必过早地心理冒险。

18. 开放自我：对于团体发生的事件，个人开放此时此刻的感受或想法。

19. 示范：通过行动，示范对团体适合的行为。

20. 处理沉默：通过对语言与非语言沟通的观察，对于团体沉默现象进行干预，促进团体的发展。

21. 阻断：对于团体中无建设性的行为，以适当的方式加以阻止。

22. 结束：以适当的方法，准备团体结束。

（四）团体心理咨询的一般方法

1. 团体讨论：就团体共同关心的比较有意义的问题展开交流与讨论，使问题更加清楚，达成共识。

2. 角色扮演法：让团体成员依据一定的故事情节，简单模仿故事中的人物，体验不同的社会角色，达到理解他人、增进相互了解的目的。

3. 行为训练法：安排一定的训练任务，要求组员按时完成，以达到养成良好行为、克服不良行为的目的。

遵循原则：从容易到难；示范性原则；及时强化原则。

训练程序：情景的选择与描述—确定训练目标—团体讨论—提供示范—正式训练—总结与评价。

4. 心理剧（psychodrama）：是通过特殊的戏剧化形式，让组员扮演某种角色（角色扮演），借助某种心理冲突情景下的自发表演，主角的人格结构、人际关系、心理冲突和情绪问题逐渐呈现于“舞台”，在主试的间接干预和同台参演者的协助下，使心理问题得到解决的一种团体心理咨询与治疗的形式。

基本要素：导演、主角、配角、观众和舞台。

表演过程：暖身—表演—分享与讨论。

基本技术：自我介绍，角色转换，独白，替身技术，镜照技术，梦幻商店，未来投射等。

5. 敏感性训练：是一种从团体心理治疗法发展起来的团体训练技术，即对正常人在群体中的人际技能及其有效性获得反馈的方法。

6. 认知—行为改变法：通过改变当事人的认知—心理意象、观点、信念和思维方式，重建其理性化思考，进而改变情感体验与行为模式的方法。其主要技术包括理性情绪疗法、自我指导训练、应对技巧训练、内隐示范等。

团体咨询在帮助那些有着共同发展困惑和相似心理困扰的人时，是一种经济而有效的方式。团体咨询具有广阔的应用前景，无论对培养健康的个体、营造美满的家庭、形成良好的人际关系，以及构建和谐的社会，还是对心理疾病的预防、治疗和康复都发挥着极其重要的作用。有人群的地方，团体辅导就可以有用武之地，就可以发挥其独特的作用。实践证明：团体辅导既是一种心理辅导和治疗的方法，也是一种促进人格发展和预防心理困扰的有效的教育活动。

【建议参考资料】

1. 郑日昌，刘视湘．中小学心理健康教育［M］．武汉：武汉大学出版社，2010.
2. 樊富珉，何瑾．团体心理辅导［M］．上海：华东师范大学出版社，2010.
3. 樊富珉．团体咨询的理论与实践［M］．北京：清华大学出版社，1996.
4. 吴维库．阳光心态［M］．2 版．北京：机械工业出版社，2010.
5. 郭念锋．国家职业资格培训教程：心理咨询师（二级）［M］．北京：民族出版社，2005.
6. 郭念锋．国家职业资格培训教程：心理咨询师（三级）［M］．北京：民族出版社，2005.

【问题与思考】

1. 什么是心理咨询？什么是团体心理咨询？
2. 简述心理咨询的过程。
3. 心理咨询应该遵守的规则有哪些？
4. 心理咨询常用的心理技术有哪些？
5. 尊重、热情、真诚、通情和积极关注的含义是什么？
6. 怎样倾听更有效？
7. 怎样进行询问？
8. 团体心理咨询首先要作哪些准备？
9. 团体心理咨询的一般方法有哪些？
10. 简述认知治疗的理性情绪疗法。
11. 什么是行为疗法？
12. 什么森田疗法？
13. 简述阴阳辩证疗法的基本原则。
14. 团体咨询的过程怎样？
15. 自己亲自做一个咨询案例，写出案例分析报告。
16. 设计一个团体辅导的整体设计方案。

第八章 中学生心理健康教育的课程建设

【本章提要】

中学心理健康教育课程的目的在于提高学生的心理素质，健全学生的人格，帮助学生解决在成长过程中出现的心理问题，增强承受挫折、适应环境的能力。它不是特指某一种课，而是一类课的总称，是依据心理健康教育的目的，或者说为实现心理健康教育的目标而组织的各种教育活动及各种教育性经验的总称。

中学生心理健康教育课程是学校心理健康教育系统的重要组成要素，在学生心理健康教育系统中起核心、中介和桥梁的作用。中学生心理健康教育课程是多渠道、全方位的课程，它由学科课程、活动课程、环境课程等多部分组成，这里秉承的是大课程观，将各种类型的心理健康课程作为一个有机整体，统一于学生心理健康教育整体课程体系的设计与实施中。

本章从中学生心理健康教育课程的含义与类型、性质与意义、设计与实施、评价方式等几方面对如何建设中学生心理健康教育课程进行了分析。

【学习重点】

1. 中学生心理健康教育课程的类型
2. 中学生心理健康教育课程的设计方法
3. 中学生心理健康教育课程的常见活动形式
4. 中学生心理健康教育课程的教学评价

【重要术语】

大课程观　活动课程　隐性课程　心理辅导活动课　心理剧

第一节 中学生心理健康教育课程概述

通过心理健康教育课程，老师可以积极地、建设性地按学生的心理发展特点，有目的、有计划、有步骤地对其施加影响。这种方式不但有助于培养和提高学生的心理素质，开发心理潜能，促进学生身心和谐发展和素质的全面提高，更可以预防心理偏差和心理障碍的产生。

一、中学生心理健康教育课程的含义与类型

（一）中学生心理健康教育课程的含义

要理解心理健康教育课程的含义，就先要理解什么是课程。概括地说，课程是历史发展的产物。任何一门课程的设置，都有其社会政治经济的发展背景，都是社会发展到特定阶段时其知识体系与价值体系综合的载体。发展至今，课程被归纳为6种含义：学科和教材、学科活动、学习经验、教学计划、预期的学习结果或目标、文化再生产。

心理健康教育课程作为一门新的课程，也是在世界进入科学技术的高速发展时期，人类社会生活方式变得日趋复杂，社会对人的要求越来越高，各种心理问题和心理障碍不断出现的情况下逐渐形成的，指的是学生在学校情境中获得的关于心理健康发展、心理素质提高方面的全部教育性经验。

心理健康教育课程是以培养学生良好的心理素质、发展健全的人格、增进心理健康水评为目的的教育活动，重在情感体验和方法掌握而非知识学习，旨在服务于全体学生而不是单单让个别学生受益，是当前中小学心理健康教育的一种有效途径和载体。

（二）中学生心理健康教育课程的类型

中学生心理健康教育课程主要有三种类型：独立型课程、融合型课程及隐性课程。

1. 独立型课程

（1）学科课程

独立型课程最具代表性的是心理健康教育学科课程，这是中学心理健康教育的重要途径。只有在专门的心理健康教育课上，学生才有可能连贯地学习有关心理知识，并得到系统的练习与训练。但区别于高校的心理学科课程，中学心理健康教育学科课程着重传播与中小学生自我意识及人际关系有关的内容，像心理的生理机制、感觉、知觉、注意、记忆等纯理论描述的内容，则只简略提一下甚至可以完全略去。心理健康教育课上教师单纯讲授知识的比重较小，大多数时间用来让学生在各种模拟的情境中活动。讨论练习、亲身体验、集体探索、自己归纳心理规律等是心理健康教育课堂教学的特点。

（2）活动课程

根据中学生心理健康教育课程的含义，其具有不同于一般学科课程的特殊性，不以知识传授为重点，而是着重于学生技能的培养和情感体验，所以，心理健康教育独立型课程还有另一活力四射的代表形式——心理健康教育活动课。

国家教委颁布的《九年义务教育全日制小学、初级中学课程计划（试行）》明确把“活动课”正式列入课程计划，并对有关问题作了具体规定。活动课的开设，必将十分有利于学生的心理健康。活动有利于消除学生的心理障碍。这充

分说明了活动课在基础教育阶段中的地位与作用。那么什么是活动课呢？

活动课程有时也叫“经验课程”（experience curriculum），是相对于系统的学科知识而言，侧重于学生的直接经验的课程。这种课程的主要特点就在于动手“做”，在于手脑并用，在于脱离开书本而亲身体验生活的现实，以获得直接经验。相对于学科课程而言，活动课程具有以下优点：第一，重视学生的需要与兴趣，尊重学生的主体性，有利于学生学习的主动性、积极性的发挥；第二，强调教材的心理组织，有利于学生在与文化，与科学知识的交互作用的过程中，获得人格的不断发展；第三，强调实践活动，重视学生通过亲身体验获得直接经验，有利于培养学生解决实际问题的能力；第四，重视课程的综合性，主张以社会生活问题来统合各种知识，有利于学生获得对世界的完整认识。

在心理健康教育课程未能进入中学课表的很长一段时间内，活动课程是开展学校心理健康教育的主渠道，在活动课程中融合心理健康教育思想，从心理健康教育的视角来审视，这一课程可称之为活动性心理健康教育课程，它对学生心理潜能的挖掘、心理机能的提升具有重要的教育价值。在活动性心理健康教育课程中，通过情境、互动、自主、体验、践行等促进学生的心理成长和人格完善。

（3）心理辅导活动课

在实际教育中，由于历史沿袭、学科特点等原因，心理健康教育学科课程与活动课程其实很难完全分开，所以近些年很多学者、专家、一线教师提出了“心理辅导活动课”的概念并进行了深入研究。所谓心理辅导活动课，就是指以班级为单位，遵循学生的心理发展规律，运用心理辅导的理念和技术，对全班学生实施预防性和发展性的心理健康教育的活动。心理辅导活动课并不是传授心理学知识的课，而是一种帮助学生学会自己解决成长过程中的发展性问题，帮助学生开发自身发展潜能的活动。心理辅导活动课的本质是活动课程，但是着眼于班级，聚焦于大多数学生成长关键期中的心理成长需求，目标明确，设计严谨，是一种“发展性团体辅导”。依照心理辅导的原则，又要符合活动课的要求。因此，要遵循以下原则：学生主体性原则、发展前瞻性原则、活动体验性原则、民主开放性原则、整体发展性原则、保密性原则。

2. 融合型课程

融合型课程，也称渗透式心理健康教育课程，指在学校常规教育教学活动中，在传递知识、掌握技能、形成良好行为习惯的同时，注重挖掘学科课程、活动课程中的内在心理健康教育资源，引入心理健康教育的方法和技术，帮助学生提高认知能力、情绪管理能力、人格素养，从而完善心理机能的一种课程形式，具有整合性、依附性的特点。

3. 隐性课程

相对于以上两种外显性课程，学校心理健康教育中还有一种同样非常重要的隐性课程。隐性课程是指学生在学校情景中无意识地获得经验、价值观、理想等意识形态内容和文化影响。也可以说是学校情境中以间接的内隐的方式呈现的课程。具有非预期性、潜在性、多样性、不易觉察性。

隐性课程研究可以追溯到美国教育家杜威的“附带学习”，即指学习中自然而然产生的情感、态度和价值观等。“隐性课程”一词是由杰克逊（P. W. Jackson）在1968年出版的《班级生活》（*life in classroom*）一书中首先提出的，如果说显性课程是学校教育中有计划、有组织地实施的正式课程（formal curriculum）或官方课程（office curriculum）的话，那么隐性课程则是学生在学习环境中所学习到的非预期的或非计划的知识、价值观念、规范和态度等。我国出版的《教育大辞典》对其下的定义是：学校政策及课程计划中未明确规定的、非正式和无意识的学校学习经验，与“显性课程”相对。

隐性课程的特点主要有：第一，隐性课程的影响具有弥散性、普遍性和持久性；第二，隐性课程的影响既可能是积极的，也可能是消极的；第三，隐性课程的影响是学术性与非学术性的统一；第四，潜在课程对学生的影响是有意识性与无意识性的辩证统一；第五，隐性课程是非预期性与可预期性的统一；第六，隐性课程存在于学校、家庭和社会教育中。

2002年8月教育部颁发的《中小学心理健康教育指导纲要》中明确要求：“要把心理健康教育贯穿在学校教育教学活动之中。要创设符合心理健康教育要求的物质环境、人际环境、心理环境。”这一指导思想为学校开发心理健康教育隐性课程资源、全面推进心理健康教育提供了有力的政策支持，心理健康教育隐性课程的开发为心理健康教育增添了新的途径与策略。

中学心理健康教育隐性课程大致包括三个层面：物质的层面即学校的建筑、教室的布置、校园环境等；行为的层面即学生间的交往、师生间的交往、教师与家长的交往等；观念的层面即育人理念、教育思想、校风、班风等。从教育方式上看，心理健康教育隐性课程力求通过内化学校情境中隐藏着的价值、观念、美感，塑造学生的认知、情感、态度、人格，提高学生的心理健康水平。从形式上看，它是一种非正规课程，类似于杜威所言的“附带学习”，即课程计划中未规定而又确实对学生产生一定影响的课程，其中既包括偶然情况下教育作用的发挥，也包括教育者有目的、有计划、有意识地对学生施加的影响。

二、中学生心理健康教育课程的性质与意义

（一）中学生心理健康教育课程的性质

心理健康教育课程可以理解为团体心理辅导与学校教育特殊情景相结合的产物，应兼具科普、团体辅导和活动课的特点。以“心理健康教育课程”来命名，包括了以上三个方面的特点，同时也明确了团体心理辅导的理念、方法和技能与

学校教育这一特殊情景相结合的性质，平衡了辅导与教育之间的关系。具体来说，具有以下特性：

1. 体验性

体验性是学生心理健康教育的基本特征，不同于其他学科，心理健康教育课程的实效性取决于学生以主体的角色，产生何种心理体验以及体验的程度。如果说其他学科的教学指向外显的教学结果，体验所指向的则是教学活动内容的过程。

2. 主体性

根据建构主义的理论，学生对知识或经验的吸收，不是由单纯的外在力量催生出来的，而是学生在一定情境下的主动建构过程，因此，教师在创设情境，设计活动时，必须从学生自己的经验出发，以促进学生原有的经验发生转化，形成新的理解。

3. 活动性

活动是主体与客观世界相互作用的过程，通过各种各样亲身参与的活动，学生能够获得丰富而真实的感悟、体验和反思，然后对自己的认知、情感与行动进行重新考察，以更加深刻地重新建构，从而提升自我感和价值感。只有通过活动，心理健康教育课程才能真正带动学生，获得成长的力量。

4. 生成性与预设性的统一

心理健康教育课程是有目标、有计划的教育活动，但是无论是独立型课程，还是融合型课程、隐性课程，教育目标都可以在教育活动过程中生成，在活动的互动中逐渐明确，即使教学目标在活动前有所预设，教师在活动中也要灵活处理，这是学生主体性的要求。因此，心理健康教育课程的目标是生成性与预设性的统一。这一特性也同样体现在课程的实施过程中。

（二）中学生心理健康教育课程的意义

1. 心理健康教育课程是学校心理辅导的重要组成部分

从学校心理辅导的途径来讲，学校心理辅导的基本途径有两条，一条是对全体学生进行心理健康教育，另一条是针对有心理困扰的学生进行心理咨询，而心理健康教育课程承担起实现第一条途径的辅导任务，成为其有效的表现形式。

2. 心理健康教育课程是素质教育的重要途径

在中小学开设心理健康教育课程是全面实施素质教育的需要。心理健康教育课程的开设是现代教育的标志，是一项追求教与学和谐一致、协调学生身心发展、培养一代新人的重要途径。

3. 心理健康教育课程是课程改革的重要补充

心理健康教育课程主要的功能是促进个体身心健康，以个体经验为载体，以活动为中介，使学生获得学习、生活、社会适应与发展的技能。它是以个体的发展为基本的出发点，可以极大的调动学生学习的主动性和创造性。

第二节 中学生心理健康教育课程的设计与实施

一、中学生心理健康教育课程的设计原则

（一）服务于学生

服务于学生实际需要，体现生活性、现实性与发展性原则。心理健康教育是从心理健康教育的理论出发，运用心理健康教育知识引导和发展学生形成健康的心理品质，是按需施教、因材施教。它不是将所有心理健康教育的理论灌输给学生，不拘泥于心理理论的框架和学科本位界限，割裂学生心理的生活性和社会性发展脉络，为了心理学的理论而建构教材结构体系。

遵循学生心理发展规律，体现趣味性、活动性和开放性原则。基于教材的定位是发展性心理健康教育，以正面引导为主。因此，学生良好心理品质的培养必须建立在学生生活经验的基础之上，通过生动的情景设置、典型经验的提炼、实践活动的策划、开放发展的引导，使教材教学尽可能满足学生心理发展的多样性、差异性。心理倾向、心理活动、心理特点等是纷繁复杂的，不可能有一个统一的优化的标准和模式，因此，良好心理素质的引导既要注重良性特质的方向，又要注意发展的开放性。

（二）重视学生体验

心理健康教育课程的主要任务是帮助学生解决其成长中遇到的各种心理问题，培养良好的心理素质。因此它必须以个体的经验为载体，使学生通过自身的阅历实现感悟，以促进心理的反思与构建。只有借助于学生自身的体验、感受和感悟，重视学生个体内在的心理历程的影响，才有利于学生将所学的外在的心理知识内化为自身良好的心理素质。只有借助于体验，才能促使学生去主动探究，不断感悟与思考，充分发挥学生主体的主动性和创造性。

（三）以活动为主要形式

相对而言，心理健康教育课程以活动为主要形式，在教学中一般以小组为单位开展各种活动，主要有游戏、情景创设、角色扮演、讨论等方式。心理健康教育课程中的活动是根据学生年龄和心理特点，根据目标选择设计，有主题、有活动形式和方法，有设计方案，能控制活动的过程，能评价活动的结果。

体验与活动是密不可分的，因为体验的过程实际上就是实践的过程。因此心理健康教育课程中教学手段实施的体验实际上主要是指在活动中的体验。只有借助于活动，才能使学生在情感的交流和思维的碰撞中产生深刻的情绪和情感体验，才能促使学生从内心深处进行体会、琢磨，产生共鸣，进而促使学生良好心理素质的形成。在具体实施心理健康教育课程时，教师应善于创设活动的情境，以体验学习为教学模式，促使师生、生生在相互影响和相互交流的活动中产生深刻的情感体验或唤醒学生内心已有的经历和体验，激发学生产生强烈的求知欲和

积极的学习热情，促使学生在深刻的感悟中达到心理健康发展、提高心理素质的目的。

（四）整合校内外资源

心理健康教育课程作为正式列入学校教学计划内的一种课程，不仅要在课堂教学时间里保证其实施，而且其活动的时间和空间还延伸到课外和校外。心理健康教育课程开展的活动不仅指课堂教学活动，还包括校内课外活动、校外社会实践活动，是校内、校外课程相结合的。就某种程度而言，心理健康教育课程的教学手段有别于其他课程囿于课堂之内的外在形式，突破了时空的限制，把学校教育、家庭教育和社会教育有机地结合在一起，形成一体化的心理健康教育网络。因此，在具体实施心理健康教育课程时，尽量要做到校内和校外多种形式相结合，以进一步激发学生活动的积极性与主动性。

二、中学生心理健康教育课程的设计方法

（一）课程选题设计

心理健康教育课程的教学目标具有预设性与生成性统一的特点，教师在课程设计中既要照顾学科知识逻辑性，又要顾及学生成长实际需求，同时还要关注年级、班级群体间，学生个体间的差异，可以结合心理健康教育档案、课前调查进行资料汇总，选择主题或者教育活动。

（二）课程形式设计

华中师范大学心理学教授刘华山指出："心理健康教育课程不以传授系统的知识为主，而以学生获得体验为主，这就决定了心理健康教育课程是一门活动课程。"上海师范大学傅安球教授也指出："心理健康教育课不应当有固定的模式。"据此，中学心理健康教育课程应结合学生年龄特点，采取活动和游戏模式为主，引导学生在活动中体验，在游戏中学习。课程的一般程序都是以热身活动开始，以情绪高潮结束。热身的方式可以是小品表演、游戏活动等。热身的目的是为了调动学生参与活动的积极性。"高潮"的目的是使本堂课的教学活动给学生留下更深刻的印象，使他们有更深层的体验，达到持续的、长远的、深刻的教育效果。使学生的心灵得到更彻底的放松，情感得到更彻底的宣泄，理念上获得更深层的领悟。除热身和高潮以外，中间过程的安排要视具体情况而定，一般的程序是：引题、活动、谈体会、感受、想法、质疑、澄清、领悟。有时，为了使学生在无意识的状态下获得更真切的体验，辅导教师往往不作直接了当的辅导目标的说明，因此，主题并不一定放在课的起始阶段。心理辅导活动课的结束语也不同于学科课堂的结束语。

另外一个需要注意的就是心理健康教育课程设计中易出现的泛游戏化现象。所有的游戏一开始都是新鲜的，但所有的游戏用滥了之后都是令人生厌的。

有些教师在学习使用心理游戏引入教学后收到了很好的教学效果，学生课堂参与度高，课堂氛围热烈，于是将心理游戏在课程中的比重大大加大，甚至忽略教学主题的需要，课程从头到尾皆是游戏，为活动而活动，没有深刻挖掘活动背后的教学意义。有的老师教学压力很大，主要源于找不到新的游戏给学生玩，这些都表现了心理健康教育课程上的泛游戏化现象。

尽管心理健康教育课程重视活动，重视学生体验，但并不是说就全部都是活动，没有讲授，学校心理辅导课活动素材的不竭源泉蕴藏于学生鲜活的生命活动之中。我们必须深入到学生的班级中，去感受班级团体日常运作规律的原生态，去了解学生班级生活、宿舍生活、课外生活中的生命故事，方可挖掘和提炼出有声有色有创意的心理辅导课的活动素材，灵活运用活动，让活动为教学服务。

（三）课堂氛围设计

中学生心理健康教育课程要创设合适的心理氛围。心理氛围需要通过教师鼓励性的、富有情感的表达，通过学生的情境体验，通过人人参与的丰富多彩的活动来创设。良好的心理氛围应该是互相尊重、互相理解、平等、民主、开放，甚至是个性张扬的。学生需要在安全、民主、开放的氛围中得到情绪的渲泄，情感的满足，这就需要教师给予尊重、理解、接纳、通情、鼓励、帮助和引导；学生需要在竞争的氛围中表现自我，以满足好胜的需求；学生需要通过与同学的交往，集体的活动，以满足爱与归属的需要。因此，要设计一些竞赛活动或需合作完成的活动，对于竞赛获胜者可适当给予一些物质奖励，如糖果、铅笔之类。因积极的暗示会带来积极的结果，消极的暗示会带来消极的后果，学生需要积极、乐观向上的动力，因此，涉及的内容虽然有学生或教师的困惑，但处理的方法教师应该尽量将学生引向积极。

（四）教室环境设计

在课程中，教师要注意课堂环境的设计，最好能够应用专业心理教室，环境布置温馨、舒适，有助于健康理念、知识的宣传，学生座椅可以不按正常课堂排列，采用圆形、U 形、小组互动等方式，课堂活动中可以配以音乐，个别活动还需要调整教室光线，利用教室外甚至学校外的环境等等。环境的布置会帮助课堂氛围的营造，为课程的有效进行提供助力。

三、中学生心理健康教育课程的设计过程

心理健康教育课程的设计，必须根据不同年龄段的学生特点作具体分析，但离不开以下几个基本环节：

（一）确立目标及主题

在设计某学年段的心理健康教育课程前，教师需要十分明确活动目标，按照本学段的学生特点，确立本次活动课的主题及具体明确的目标。一般要求主题鲜

明、活泼，能够引起学生兴趣。目标要具体、明确。目标越具体、越详细，实施起来就越便利，越容易实现。有些活动设计，目标定得高、大、空，教师在活动的时候就不好把握，增大操作难度，甚至容易使活动失控，不利于目标的实现。

（二）选择适当的教学方法

心理健康教育课程以活动的目标及内容来选择相应的教学方法，有时可以一种教学方法贯彻始终，有时可以多种教学方法交互运用。不是为了活动而活动，或是只求表面热闹，教师在选择教学方法上既要符合教学的目标，更要依据学生身心发展规律。

1. 创设情境法

创设情境法是心理健康教育课程的主要教学方法之一。它是指教师针对学生的心理问题，以学生的身心发展水平为基点，创设出一系列的丰富多彩的活动情境，让学生参与有关的活动，获得心理体验的一种教学方法。

2. 角色演示法

角色演示法也是心理健康教育课程的教学方法之一。它是指教师通过让学生扮演情境中的人物，处理情境中的各种事情，体会情境中人物的喜怒哀乐，学会为人处事的技能的一种教学方法。它是对创设情境教学法的一种补充，特别是在让学生正确处理人际关系的教学中有独特的作用。

3. 实验操作法

实验操作法是指教师通过让学生在活动的过程中进行动手操作，在操作的过程中掌握技能技巧，树立自信心的一种教学方法。把它应用在技能心理活动课中会有独特的教学效果。

4. 讨论交流法

讨论交流法是指教师通过让学生参与活动，对情境中的人和事自由地发表自己的见解，提出自己对问题的处理意见，与同学互相交流，从而形成一种集体主流，作为正确心理观的导向的一种教学方法。

5. 心理暗示法

心理暗示法是指教师通过活动、语言、动作、表情向学生做出暗示，引导学生进行自我认识、自我发展、自我完善的一种教学方法。它对延伸心理活动课的教学往往会有意想不到的效果。

（三）清晰地列明活动的步骤

教师应该在教学设计中明确地将活动准备、活动对象、活动顺序，注意事项、必要提示等内容细列在活动方案内，以便在开展活动时可以顺利进行。

（四）选择相关的辅助资料

实施一节活动课可能涉及到的学科知识很多，教师往往无法依靠一个人的力量去全部解决问题，因此心理辅导老师应该在课前去作充分的准备。例如，查找各种相关理论或案例，必要时还要把相关的资料提示或某些具体参考列出，以备参考使用。

四、中学生心理健康教育课程的常用活动形式

心理健康教育课程的性质之一就是活动性，根据学生的心理特点和需要，调动学生的兴趣和积极性，使其产生真正的内心体验。实际教学中，教师可根据教学目标和内容选择不同的活动形式。

（一）认知活动

认知活动主要依靠学生的感知、想象和思维等认知活动来达到教学目标。这类方法包括以下几种活动：

1. 阅读和听故事。教师向学生推荐优秀的和有针对性的读物，编印读书卡片，开辟心理健康教育专栏等等，以供学生阅读；在课堂上还可以安排读书讨论，交换读书心得，可收到益智、怡情的效果，并有助于态度的改变和人格的发展。利用儿童喜欢听故事的心理，讲述一些故事，以解决儿童的心理问题。

2. 多媒体教学。采用多媒体的教学手段，让学生观看富于教育意义的幻灯、录相和电影等来影响学生的思想和行为。

3. 艺术欣赏。通过音乐、美术和舞蹈等艺术美的欣赏，陶冶学生的情操，以起到心理健康教育的作用。

（二）操作活动

这种类型的活动主要通过学生的言语和动作的操作活动来达到心理健康教育的目的。

1. 心理游戏。心理游戏是中学生普遍喜欢的活动，有益的游戏能给他们以快乐并从中受到教育。心理游戏有多种分类，它可分为竞赛性游戏和非竞赛性游戏，也可分为破坏性游戏和建设性游戏等等。不同种类的游戏能起到不同的心理效果，如竞赛性的游戏可以培养学生的竞争意识和团结合作的精神；非竞赛性的游戏能减轻紧张或焦虑，获得轻松愉快的情绪体验。

2. 心理测验。让学生做智力、性格、态度和兴趣等等各种心理测验，帮助学生自我反省和自我分析，了解自己的特点、长处和不足，以促进学生自我的发展。

（三）讨论活动

讨论活动可以促进同学间集思广益，沟通思想感情。

1. 专题讨论。在某一阶段时间内针对学生普遍面临的问题进行专题讨论。例如对新生教育中的适应教育，让学生讨论如何适应新环境和学习，在考试前专题讨论有关考试焦虑问题。

2. 脑力激荡。这种方法是由美国著名创造学家奥斯本提出来的。它利用集体思考和讨论的方式，使思想观念相互激荡，发生连锁反应，以引出更多的意见

和想法，主持讨论的老师要鼓励大家发表意见或想法，允许异想天开，想法越多越好，不允许批评的意见，但可以将别人的意见加以组合或改进。

3. 六六讨论法。这种方法要求分组讨论，每组 6 人。在小组讨论中每人发言一分钟。在发言之前，最好共同讨论题目几分钟。这是一种人人参与而且省时的好方法。

4. 意见箱。要求学生平时将意见和问题投入到意见箱中（不署名），在心理健康教育课程上，向全班读出，大家共同讨论。

（四）角色扮演活动

这是一种通过行为模仿或行为替代来影响个体心理过程的方法。简单地说就是让学生以一种类似游戏的方式，表演自己的心理或行为问题，进而起到增进自我认识，减轻或消除心理问题，发展心理素质的作用。例如，一个考试成绩不好的学生，对自己的能力缺乏信心，畏惧学习，辅导教师可以让他扮演进入考场的学生，从而了解自己内心感受和问题的所在，再通过角色的转换，扮演考试成功者，使他尝试新的行为和获得新的体验。由于角色扮演生动有趣，不但可减轻学生的心理压力，帮助学生了解自己，而且可促进班级内学生思想感情的交流，提高社交能力，在心理健康教育课程中可经常运用这些方法。

在心理健康教育课程中，可应用的角色扮演方法有以下几种：

1. 哑剧表演。辅导教师提出一个主题或一个情景，要求学生不用言语而用表情和动作表演出来。例如，让学生表演与新同学见面的情景，表演赞美别人，喜欢别人，或者讨厌别人等等情景。这种方法可以促进学生非言语沟通能力的发展。

2. 心理剧。精神病理学家莫雷诺（J. Moreno）1921 年首先在维也纳的精神治疗中心采用心理剧疗法。四年后他去了美国，开始传播这一方法。心理剧是西方最负盛名的团体心理治疗技术之一。它是通过特殊的戏剧形式，让参加者扮演某种角色，以某种心理冲突情景下的自发表演为主，将心理冲突和情绪问题逐渐呈现在舞台上，以宣泄情绪、消除内心压力和自卑感，增强当事人适应环境和克服危机的能力。心理剧能帮助参与者通过音乐、绘画、游戏等活动热身，进而在演出中体验或重新体验自己的思想、情绪、梦境及人际关系，伴随剧情的发展，在安全的氛围中，探索、释放、觉察和分享内在自我。这是一种可以让参与者练习怎么过人生，但不会因为犯错而被惩罚的方法。

心理剧是一种可以使患者的感情得以发泄从而达到治疗效果的戏剧。但显然它不是观赏性质的戏剧。在本质上，我们可以把心理剧直接看做是一种心理疗法。心理剧是为完成心理治疗、个体发展等等目标而设计的咨询技术，也是格式塔疗法、团体咨询等疗法的前身，如格式塔的空椅技术等都来源于心理剧。心理剧的设计具有原创性，一个剧本的演出不是事先设计的，可能预设的演出是个开头，然后是展开，展开时心理剧是需要具有创造性的指导者领导的。心理剧可以是即兴的。

心理剧的演出有一个规范就是需要在有经验的指导者的指导下才能演出，因为使用不当可能对于心理剧的参与者造成伤害。

下面介绍两种常见的心理剧技术：

（1）空椅子表演。这种方法只需一个人表演，适于社交方面有困难的学生。例如，某个学生在异性同学面前很害羞，难以正常交往，我们可以用空椅子表演的方法帮助他。具体做法是将两张椅子面对面地放，让这位学生坐在一张椅子上，假设另一张椅子坐的是异性同学。让该生先表演彼此间曾经有的或可能有的对话，然后坐到对面去，以对方的立场说话。如此重复多次，往往使学生了解对方，改善了双方的交往。

（2）魔术商店。辅导教师扮演店主，店里卖各种东西，如理想、健康、幸福、财富、成功等等。由学生扮演买主，说出自己最想要的东西及原因。然后辅导老师问他愿意用什么来交换。用这种方法来了解学生的需要和价值观，帮助学生树立正确的价值观和生活观。

第三节　中学生心理健康教育课程的评价

一、中学生心理健康教育课程的设计评价

心理健康教育课程的设计很难像其他学科一样制定硬性、统一的考核评估标准。仅就一节以活动为主的心理健康教育课程而言，有人从教师、活动和学生三个角度评价心理健康教育课程的效果。着眼于教师的评价包括：对心理辅导活动是否有正确的目的观；对整个活动的设计、监控和评价。着眼于活动的评价包括：活动是否有民主、温暖的气氛；沟通表达是否真诚开放；活动的目标导向是否明确；活动的开始是否有“暖身活动”，形式是否多样。着眼于学生的评价包括：学生是否是活动的主体，需要是否得到关注；学生能否认真地投入活动；学生是否在活动中确实得到改善，改善的领域是否全面。这样的评价更适合心理训练课。若全面考虑心理健康教育课程所包含的三种成分，可以从以下角度制定评估标准。

（一）教学目的是否明确

在课程设计中，教师应把教学目标设定在了解常识、把握规律、熟悉技能、养成习惯、形成态度、调适心态范围之内。

（二）教学内容是否适当

教学内容的选择应满足以下几个条件：

1. 适合学生的年龄特征；
2. 符合学生的需要；
3. 对学生的成长具有积极的作用；

4. 对学生中共性问题的解决具有一定帮助。

（三）师生关系是否平等

平等的师生关系在课堂中表现为：

1. 少指导、说教，多交流、沟通；
2. 彼此尊重、以诚相待、相互理解；
3. 每个人机会均等，可以自由发表意见。

（四）活动安排是否合理

衡量活动设计、安排的合理性的标准包括：

1. 活动设计有针对性、创新性、形式多样；
2. 活动实施规范、灵活变通、围绕主题；
3. 团体指导与个别辅导相结合、支持与挑战相结合；
4. 活动适量、适度、收放自如；
5. 每位成员（包括教师）积极参与、充分投入。

（五）立足于教师角度的评价

1. 教师个人对辅导内容能否积极参与、感情投入，并做到适度的自我开放；
2. 对学生态度是否真诚；
3. 对每一个学生能否做到尊重、关注。

（六）立足于学生角度的评价

学生是否是课堂的主角，在课堂上能否充分地参与并获得关注与尊重。

（七）从课堂气氛的角度评价

整个课堂气氛是否宽松、活跃、融洽。

从上述七个角度制定出具有操作性的评价标准，既可以评估心理健康教育课的效果，也可以帮助任课教师不断提高教学和辅导水平。

二、中学生心理健康教育课程的教学评价

心理健康教育课程需要对教师和学生进行教学评价，其根本目的在于获得反馈信息，以帮助教师改进教学，促进学生发展，保证课程目标的实现，而不在于对学生心理健康发展水平作出终结性的评定，更不是利用评价结果对学生进行比较与分等；而是要通过评价了解课程实施的情况，了解学生心理发展状况，了解个别学生存在的问题，为课程下一步的实施进行有针对性的调整，并为个别学生提供有针对性的个别咨询；另外还要通过评价学生的进步进行鼓励，对于辅导过程中的不足提出改进建议，保证课程目标的实现。

心理健康教育课程采用多主体、开放性的评价，不同教学模块可根据具体情况，选用或综合运用教师评价、学生自我评价、学生相互评价等方式对学生进行评价，同时，直接或间接地对教师的教学效果进行评价。

1. 教师观察记录。教师有计划、有目的地对学生在日常活动中表现出的情感、态度、能力、行为进行观察，写出记录，作为评价的材料。

2. 作品分析。根据教学内容，教师布置相应的作业（学习体会，个案分析，心理日记等），并对学生的作业进行分析评定，通过学生的作业对其心理素质发展状况进行评价，进而评价心理健康教育课程的教学效果。

3. 学生自评。教师引导和帮助学生对自己在学习中的表现与成果进行自我评价，以提高自我认识、自我调控的能力，特别让学生评价自己是否感觉经过心理健康教育后，自己的人际关系、学习情况、情绪调控能力等方面有所提高或改善。

4. 学生互评。学生依据一定的标准互相评价，帮助学生逐步养成尊重、理解、欣赏他人的态度，相互促进。

5. 心理测量。使用心理测验了解学生在接受心理健康教育前后的心理素质的变化情况，通过心理测试（后测）与实施前的诊断性评价（前测）相对照，考察在前后测之间学生心理素质变化的差异显著性，进而评价心理健康教育课程的教学效果和评定课程对学生心理素质发展影响的效果。

中学生心理健康课程教学设计案例

课题：异性也是好朋友

一、教学目标

1. 认识到适度异性交往有益身心健康、个性发展；

2. 通过活动体验，理解中学生异性交往的原则；

3. 能够分析具体事例，掌握适度异性交往的技巧。

二、教学过程

（一）课程导入（约10分钟）

讲故事大赛活动：

1. 全班分为四组，约十人一组，男生两组，女生两组，每组选一名同学担任组长。

2. 每组各自得到一个故事的开头，请每个同学增加一句话，然后传递给下一个组员，一直传递到本组的最后一位同学，使故事完整。

3. 过程中组长做全程记录，活动结束后向其他组复述小组所编的整个故事。

4. 传递故事的过程中，必须小声传递，避免各组的故事情节相互干扰。

提问：

在刚才的活动中，同学们有没有什么发现？男

> **教学提示：**
>
> 此活动可根据班级男女生人数随机分组，只要保证大概十人一组，每组组员为同性别即可。
>
> 如果班级男女生人数过于悬殊，可考虑更换活动，改成事例分析等，只要能通过活动反映男女生思维、情感差异即可。
>
> 故事中，所有组的故事开头都相同，如“森林里，有一只刚出生的小猫，失去了妈妈……”

生组和女生组的故事有没有什么区别？

教师小结：

通过刚才的活动，我们能够发现男同学和女同学在想问题的方式、情感的表达方式上确实有差异，大家各有优势。如果我们平常能够与异性同学接触，就能够互相取长补短，相互促进。这也是适度异性交往的好处之一。

> **教学提示：**
>
> 此活动能够反映出男女生在思维、情感方面的区别。
>
> 尽管开头相同，但是男生组的故事情节通常是小猫怎样不畏艰险，奋发图强，成长为一只坚强有成就的猫；而女生组的故事情节通常是小猫怎样可怜，经历了哪些磨难，最终在好心人的帮助下终于收获了幸福。反映了男生好胜、乐观、重事业成功的特点；女生感性、细腻、重人际关系的特点。

我们平常经常与异性同学打交道，其实有很多好处我们可能都感受到了，如我们能够在智力上取长补短，能够获得心理满足、激发学习的内在积极性和创造力，能够更加了解自己与异性的性别差异，更接纳自己的性别角色，能够通过与异性交往更好地区分友谊和爱情，在成年后更严肃认真地选择终生伴侣从而走向婚姻。

可是，很多同学也向老师反映，在与异性同学相处中总是有很多的苦恼，感觉异性交往不像同性交往那样好处理，那么，这节课我们就来探讨一下怎样能够拥有纯洁的异性友谊。

> **教学提示：**
>
> 学生能够通过活动比较强烈地感受到异性同学思维方式、情感表达方式的差异，异性交往能够促进相互间智力上取长补短也是学生最容易理解的异性交往好处之一。其他的好处教师可以通过讲解让学生了解，讲解时要注意结合学习生活中的具体事例。

（二）新课学习

1. 讲我感兴趣的事情活动（约 10 分钟）

（1）全班同学每一个男生和一个女生组成一组，两个同学分别根据教师的四种要求，先后采取四种不同的姿势，讲述四个不同的内容。

（2）要求一：面对面，讲感兴趣的电影。

（3）要求二：背对背，讲感兴趣的音乐。

（4）要求三：脚尖贴脚尖面对面靠近讲自己对婚姻的认识、打算什么时候结婚。

（5）要求四：用你们最喜欢的方式谈你们感兴趣的事情。

提问：

请同学们谈谈刚才活动中不同状态和内容谈话分别带给你什么感受？

> **教学提示：**
>
> 如果控制得当，这将是一个带给学生强烈感受的活动，学生在活动中体验到采取不同的身体姿势、谈不同的话题会有不同的感受，相对来讲，要求四最为轻松自然，要求一尚可，要求二感觉疏远不自然，要求三感觉非常窘迫。
>
> 通过这个活动，让学生明白异性交往需要掌握适宜的距离和态度，需要选择适宜的交谈话题。

教师小结：

通过刚才的小活动，

同学们感受到在有些身体姿势下，有些话题中，与异性交往会感觉不自在，通过这些体验，老师想与大家探讨关于异性交往的原则：自然与适度。

2. 知识介绍：异性交往的原则（约 3 分钟）

我们中学生与异性交往要注意自然与适度的原则。

消除异性交往中的不自然感是建立正常异性交往的前提。我们要像对待同性同学那样去对待异性同学，像建立同性交往那样去建立异性交往。与异性同学相处时不要想得太多，可以将对方设想成同性同学，然后采取面对同性同学时的行为举止就行了。

但是异性交往毕竟不同于同性交往，交往的程度和交往的方式都要注意适可而止，注意要让大多数人觉得可以接受。这个原则根植于我们的内心，如果我们的内心感觉坦荡、真诚、问心无愧，那么我们的行为举止就一定是适度的。

过渡：

我们了解了异性交往的重要原则，还需要了解异性交往的技巧，这样，我们就更容易与异性保持适度的交往，更能处理好与异性同学的关系。下面，我们一起来分享一个小故事。

3. 事例讨论（约 10 分钟）

事例：邻居

最近，我跟一个男生接触比较多，他就住在我家楼下，我们都读高二，但不在一个学校。有时，为了交换各校老师命题的“情报”，他常把复习提纲给我，我也把我们学校的给他。我们俩还猜题、押题、打赌什么的，见了面话特别多。因为我们是老邻居了，爸妈也觉得我们俩人接触是正常的，也不介意。但是，我从“正常”中发现了点“反常”：我们两人单独在一起谈某科考卷时，他总是心不在焉，两眼直勾勾地看着我，令人害怕，我该怎么办呢？——小荔

提问：

故事中的主人公小荔本来和邻居交往得很好，两个人互帮互助、共同进步，但是邻居的变化让她不知所措，大家讨论一下是什么原因导致了这个困境？小荔应该怎么办？

教师小结：

通过刚才大家的讨论，老师感到同学们对异性交往确实有很多思考，也有很多苦恼，很多同学给小荔提出了建议，下面老师将大家的建议归纳一下。

教学提示：

在这个事例的讨论中，要给学生充分的讨论时间，因为学生会将日常与异性交往中遇到的困惑通过对这个事例讨论投射出来，教师要让学生充分谈自己的看法、意见、困惑，给予及时的关注与引导。

学生在分析中，能够谈到小荔与邻居接触太频繁而且多独处，邻居对小荔表达爱慕的方式让人无法接受、感觉不好，小荔发现邻居误会没有及时沟通消除误解等。教师可适当引导。

> **教学提示：**
> 教师在讲述异性交往的三个技巧时一定要结合《邻居》的细节或者学生实际生活中遇到的困惑，这样学生会更有共感，更能够理解三个技巧。

4. 知识介绍：异性交往的技巧（约5分钟）

(1) 交往要广泛

与某个异性固定、深入、密切地交往很容易相互产生错觉，产生超出一般友谊的感情，造成当事人误解，甚至引起流言蜚语。所以，建议大家利用每一次的集体活动机会，在更广阔的范围内进行交往，与更多的人建立友谊。

(2) 交往要留有余地

异性同学毕竟不同于同性同学，尽管再熟悉、再默契，也需要一层神秘、一层羞涩、一层尊重做为余地。异性好友不同于一般的异性交往，两人独处的机会较多，彼此之间又没有普通异性之间的防备心理，更需要胸怀坦荡，光明磊落。在只有两人的空间里做关于性、爱情的暗示和表达会让对方尴尬、有压力。

(3) 交往中避免误解

对一个心里对我们有好感的同学，我们随意的一个眼神、一句话、一个动作、一个微笑可能都是有意义的，都会被误解为喜欢对方的暗示。当我们发现对方超出一般友谊时，要尽快找机会澄清，表明自己的真实想法。

（三）课程总结（约2分钟）

今天的课上，我们了解了男生和女生在很多方面有差异，异性交往可以很好地让大家取长补短、促进身心健康，但是异性相处要注意坚持自然和适度的原则，交往中注意广泛交往、留有余地、避免误解，这样，我们会在中学阶段拥有纯洁的异性友谊，广泛结识异性同学，为日后的健康成长打下基础。

三、拓展活动

1. 结合课上学习及自己的了解，谈谈异性之间有哪些个性、思维方式方面的差异，至少列出三项异性间进行交往的好处。

2. 尝试分析自己的异性交往现状，身边的同学们主要有哪些这方面困惑，简单对这些困惑提出可行的建议。

3. 班中每个同学写出三项自己最欣赏的异性特点，全班信息汇总后进行统计分析，并将结果告知同学，促进异性同学间的了解，并帮助学生更好地接纳自己的性别角色，更好地发展自己。

【建议参考资料】

1. 郑日昌，刘视湘．中小学心理健康教育［M］．武汉：武汉大学出版社，2010.
2. 吴增强，蒋薇美．心理健康教育课程设计［M］．北京：中国轻工业出版社，2007.
3. 钟志农．心理辅导活动课操作实务［M］．宁波：宁波出版社，2007.

4. 杨敏毅，鞠瑞利．学校团体心理游戏教程与案例［M］．上海：上海科学普及出版社，2006.

【问题与思考】

1. 怎样理解活动在中学生心理健康教育课程中的作用？
2. 中学生心理健康课程中常见的活动形式有哪些？
3. 对中学生心理健康课程教学评价的主要目的是什么？
4. 设计中学生心理健康课程应遵循的原则是什么？
5. 结合所教年级的学生特点，设计一节心理健康教育活动课程。
6. 根据教学经验，制订一个详细的中学生心理健康教育课程教学评价方案。

第九章　中学生教育教学中的心理健康教育

【本章提要】

随着时代的发展，心理健康已成为现代文明人的一个重要标志。现实生活中中学生的心理健康问题越来越普遍，对中学生进行心理健康教育也成为学校的重点工作之一，这是不容置疑的。学校更是离不开心理健康教育，学校重视学生心理健康的同时更要重视教师心理健康，学校德育工作要和心理健康相结合，学校教学工作结合学科特点也应和心理健康教育相结合，学校管理的很多地方也离不开心理健康教育。学校教育教学与心理健康教育的有机整合将给学校管理注入新的活力。本章重点介绍学校的教育教学中融入心理健康教育的意义和渠道。

【学习重点】

1. 班级管理中进行心理健康教育
2. 学校课堂教学中的心理健康教育
3. 学校教育活动中进行心理健康教育

【重要术语】

班级管理　逆反心理　学科教学　德育活动　研究性学习　社会实践活动

第一节　班级管理中渗透心理健康教育

一、班级管理中渗透心理健康教育的意义

“教师应当是心理医生”是新课程背景下现代教育对教师的新要求。现代教育的发展要求教师“不仅仅是人类文化的传递者，也应当是学生心理的塑造者，是学生心理健康的维护者”。班主任学习一些心理咨询的方法和技巧是非常必要的。学生在行为中表现出的种种异常并不是单纯的品行问题，而往往是心理问题。所以，班主任学点心理咨询技巧，有利于开展工作，更好地与学生沟通，可以促进学生健康成长。

在班级管理中渗透心理健康教育是加强班级管理工作的有力支撑点和内在要

求，是建设优秀班集体，发挥班集体功能，形成和谐的班级人际关系，妥善解决学生心理问题，注重学生个性全面健康发展的有效手段。新时期的班主任应该树立现代班级管理意识，自觉地掌握心理健康教育技能，在班级管理中逐步渗透心理健康教育，通过心理健康教育的实施与开展促进班级管理工作水平和工作实效的提高。

心灵的沟通不仅对学习过程有重要的激励、维持、调控作用，而且与学生态度的形成、信仰的确立、个性的完善息息相关。因此，作为班主任，就更要时时处处尊重学生，关心学生，帮助学生，运用心理咨询技巧走进他们的心灵世界，达到心灵的沟通。肯定孩子的优点、长处，帮助孩子们建立自信心，培养孩子们的责任感，激发孩子们的创造欲，促使学生们自强、自立、自信，是班主任义不容辞的责任。

教师在班级管理中要不断探索新方法，消除学生的不良情绪，引导克服心理障碍，使其健康成长，并把学生培养成勇于尝试、探索，在挫折面前不气馁，不断进取，具有积极、开放、健康心理的开拓型人才。

二、班级管理中渗透心理健康教育的策略与方法

（一）提高自身心理健康水平，是加强班级管理的前提

班主任是学生健康成长的指导者和引路人，肩负着班级日常管理和德育工作的重要职责；班主任是班集体的领导者和组织者，既担负着班级设计师的使命，又担负着施工员的重任；既是沟通学校、家庭、社会的桥梁，又是联系任课教师的纽带；既是建立和保持学校正常秩序的助手，又是学生成长的保护者和引路人。班主任全面负责班级学生的学习、生活、思想和行为，是学校教育中与学生关系最密切的管理者，其一言一行都会影响学生的人生观、价值观和世界观，特别是班主任的乐观、豁达、宽容、富有同情心等情绪特征对学生的影响极大。同样地，班主任的心理健康水平也会直接影响学生的心理健康状况。心理健康水平较高的班主任可以使自卑怯懦的孩子昂起自信的头，使孤僻多疑的孩子绽开笑脸，使暴躁易怒的孩子拥有平和的心态。相反，如果班主任心理健康水平有待提高，就会把不良情绪带到班级，甚至采取不恰当的方式对待学生。鉴于此，时刻关注自身的心理健康，努力提高自身心理健康水平，已经成为班主任做好班级管理工作的前提。

（二）树立心理辅导员的意识，是加强班级管理的基础

现代教育的发展提出了“班主任应当是心理辅导员”的新要求，要求班主任不仅要做学生学习、生活和行为的管理者，更要做学生心理的塑造者，做学生心理健康的维护者。

从培养对象上来看，教育面临的是处于青春期的青少年。这个时期是人生的

“多事之秋”，是人生发展极为重要的十字路口。一方面，学生自我意识和独立意识迅速发展，情感丰富、强烈，兴趣广泛，智力发展逐步接近高峰，这个时期是学生自我发展、世界观、价值观形成的关键期，是学习知识、开发智力的黄金时期。另一方面，学生思维方式尚不成熟，情感还不够稳定，极易冲动，缺乏较强的鉴别力、判断力和选择能力，这一时期又是极易发生心理问题和心理障碍，出现过失行为，甚至违法犯罪的时期。所以作为全面负责班级学生管理工作的班主任，为了使班级和谐发展、学生健康成长就必须树立起作为学生心理辅导员的意识，全面详细地了解学生的思想动态和心理状况，立足发展，及时地教育、指导学生健康成长，科学有效地在班级管理中渗透心理健康教育，通过心理健康教育的开展与实施加强班级管理。

（三）营造健康和谐的心理氛围，是加强班级管理的保障

心理氛围是在班级管理和对学生的教育过程中，由班主任、学生和班级的相互作用而产生的三者之间的心理关系。教育管理实践证明，和谐、愉快、团结、合作、有序的心理氛围有助于学生心理健康成长和班集体的建设。所以，在班级教育管理过程中，班主任要为学生和班级创设良好的心理气氛，调动学生接受教育的积极情感，建立师生及生生间和谐融洽的人际关系，这是加强班级管理的心理环境保障，对于培养学生的良好心理品质和切实提高班级管理工作水平具有重要意义。

在班级中营造和谐健康的心理氛围，就要求班主任在班级管理工作中首先要以心换心。班主任工作要真心，遇到挫折不灰心，克服困难有决心，待人接物不偏心，学生才会渐渐与你心贴心。其次要以情动心。班主任要在与学生心理沟通、交流情感的过程中放低姿态，真诚、尊重、宽容地对待每一位学生，从而达到情感相通、心理相容。最后就是要以理疏心。班主任工作中要抓住“理”字，以真理服人，用理启发学生的心灵。班主任应当抓住典型材料对学生反复开导，使学生耳濡目染，受到熏陶，形成并深化健康的心理氛围。

（四）全面了解学生，关注学生的倾诉

在许多班级中大都存在着这样一种现象：每当在学生身上发生一件不愉快的事情后，教师都不大给学生申辩的机会，更不愿耐心倾听学生的诉说。

处于成长期的中学生，明辨是非的能力虽然不是很强，但他们也有自己独特的思维方式，他们每做一件事，都有自己的理由。因此，当学生身上发生问题后，做教师的应该尊重他们独立的人格，要设身处地地从学生角度去思考。经常发火、训斥，是达不到教育学生的目的的，必须给他们诉说的权力，并从中了解他们的思想动机，然后把准脉搏因势利导，帮助学生增强识别是非的能力。

对于思想比较复杂、考虑问题有时比较偏激的学生，利用业余时间与学生进行沟通、交谈，诱导他说出与老师发生冲突的原因及当时的想法、产生的结果，

分析通知家长的必要性。通过倾听学生的心里话，可以深深感到，此年龄段的学生害怕孤独，渴望与老师沟通，渴望老师的理解与信任，愿意与老师多交谈，对所信任的教师，他们的内心世界是敞开的。

相反，如果老师以成人的思维方式去批评学生所做的一切，把自己的意愿强加给学生，不给学生解释的机会，学生因失去说话的权利只好把委屈和不满埋在心里。老师不仅失去了一次了解学生心灵世界的机会，而且学生从此也会产生与老师对抗的心理。

倾听学生的诉说，充分尊重学生倾诉的权利，是一种教育艺术，有利于师生双方的交流。只有面对学生平等交流，学生才会信任老师，愿意把真心话掏出来，教师教育学生也就能对症下药、有的放矢，从而帮助学生端正思想。倾听学生诉说，有利于建立一个健康的心理环境，促进学生身心的良好发展。学生有了向教师倾诉内心感受的机会，就会跳出压抑的心境，不会再施刁耍蛮了。

（五）真诚关爱学生，注意逆反心理

逆反心理是指在一定的外界因素的作用下对某人某事所产生的反感情结，形成与常理相悖的一种不正常的心理状态。学生产生了逆反心理，不但教师的教育不易奏效，而且对于学生的健康成长也极为不利。

学生逆反心理产生的主要渠道是施教者教育不当。目前素质教育虽然已进行了几年，但学校仍片面追求升学率，以分取人，教师只看重学生的学习，而忽视学生的心理教育。而且家长也都瞧准了升学这座“独木桥”，规定星期六、日都必须在家里学习，不能出门，功课做完了还要做家长买的其他学习资料。学习只能好，不能差。一旦这些“不能”被冒犯，必遭家长的打骂，使学生觉得自己就像是一部学习机器，因而产生“我偏不给你学”的心理。

逆反心理产生的另一原因是：教师批评学生的场所不当。现在的学生有极强的自尊心，假如教师批评学生的场合不对，一旦他们的自尊心受到侵害，就会关闭心扉，拒绝接受教育，甚至激怒学生，从而与教师对着干。

学生逆反心理产生的第三个原因是：师生关系不协调，态度不友好，学生抵触教师。比如教师不平等地对待学生，对待好学生和蔼可亲，细致入微，对待易犯错误的学生冷若冰霜，简单粗暴，这种娇惯偏爱、厚此薄彼的做法也会加剧学生产生对抗的情绪。

那么怎样看待学生的“逆反心理”呢？对于正处在青春期的学生，他们心理上往往会有一种强烈的对抗性，不管你向他提什么建议，他总是喜欢跟你对着干。对他们的不良行为习惯，如果你采取遏制的方法去改变，因他本身具有对抗性，反而会更加强烈地喷发出来。比如对于那些“不安分”的学生，容易引起教师的担忧和反感，因而对他们的限制也就较多，学生就越想突破这些防线。如上课做鬼脸，对同学蛮横无理、顶撞教师、旷课、逃学、离家出走，甚至危害社会，触犯法律。

因此，对于学生的“逆反心理”应首先承认和肯定，一个学生有自己的想法，那是其个性心理上的特点，有其合理性，不应一概否定。其次应对学生因势利导，将教师眼中的“大逆不道”、“恶作剧”、“我行我素”等做一个客观的分析，看到其中的闪光点和可贵之处，并给学生施展才能的机会场所。再次，教师对学生应给予理解与信任，不能总是从“品德问题”、“个性倔强”、“安全问题”、“不爱学习”等消极方面去评价学生，不给学生自我表达和自我实现的机会。要将自己的教育意图巧妙地转化为学生的自觉行动。

总之，教师在班级管理中要不断探索新方法，消除学生不良情绪，引导克服心理障碍，使其健康成长，并把学生培养成勇于尝试、探索，在挫折面前不气馁，不断进取，具有积极、开放、健康心理的开拓型人才。

（六）让学生生活在鼓励中

案例：

小 S 的故事一：“我是差学校的差学生”

“我是差学校的差学生。”这是小 S 同学到我这来咨询的第一句话。我听后，淡淡地一笑说：“是吗?”小 S 马上着急地说：“老师您别不爱听，我说的是我的真实感受。”我还是坦然地一笑说：“我能理解。”

这个学生，老师推荐来的时候我略有了解。因为与同学打架，班主任老师管教他的时候不听，顶撞老师，所以学校给了他一个警告处分，目前，班主任很难跟他沟通。年轻的班主任觉得应该对学生进行必要的疏导，所以把他推荐到我这里进行心理咨询。

我的一句能理解，小 S 一下子打开了话匣子，把为什么打架，如何与班主任老师顶撞说了出来，自己因此挨了个处分，一下子就觉得自己是差学生了。

在后续的咨询中，我了解到：原来小 S 在初三的时候，自己在班上一直名列前茅，本打算上九中的，可是中考失利，九中不但没考上，就是其他重点也没考上，只好上了我校。结果上高中半年多了，总觉得自己不顺，老是后悔自己中考前复习得不扎实，心情一直不好，而且学习每况愈下。最近又发生打架、顶撞老师的情况，觉得自己一无是处，自己就是差学生，没办法了。

我记得在一本心理咨询的书中曾看到：“造成自己心理障碍，影响一个人的幸福的有时并不是物质原因，而是一个人的心境。如果把自己的心浸泡在后悔和遗憾的旧事中，痛苦必然会占据你的整个心灵。”看来小 S 目前就是这种状况。于是我采用合理情绪疗法，首先调动他的积极情绪，人都有自己的优点和潜力的。于是，我为他定期进行了一段时间的咨询。后来，我了解到他的数学成绩、物理成绩总能及格，甚至有时达到八九十分，我就用这个鼓励他，告诉他，他是一个具有潜力的孩子，让他增强自信度。

小 S 的故事二："我是一名好学生，学校也挺好的"

到高二开学前，小 S 高兴地跑进了心理咨询室，"老师，您知道吗？我被分到实验班了。"我笑问："你不是差学校的差学生吗？"他不好意思地说："我应该算是好学生吧，其实学校也挺好的"，"其实我现在知道我的班主任对我挺好的，挺敬业的，学校的很多老师也不错。我得努力学习了。"我眼前的这个阳光男孩，和半年多前不知所措的他判若两人。

如果一个孩子生活在鼓励中，他就学会了自信；如果一个孩子生活在认可之中，他就学会了自爱。在教育教学中，很有必要换位思考一下：学生是怎样看待老师的所作所为的，学生是怎样认识教师对自己的评价的。通过激励、表扬等手段，肯定孩子的优点、长处，帮助孩子们建立自信心，培养孩子们的责任感，激发孩子们的创造欲，促使学生们自强、自立、自信，是班主任义不容辞的责任。

（七）班主任要有意识地运用心理咨询的技术

片段 1：

小 H 的故事——没人关心我

老师：小 H 同学，你上次说，没有人关心你，我让你观察一下，有什么发现吗？

小 H：我发现我的父母还是非常关心我的。

老师：能具体说说吗？

小 H：上星期我和爸爸一起去商店买东西，我看到一个很大的风筝，多看了几眼，爸爸看到问我是不是想要，我说看看不要了，没有心情放。可是过了两天，我爸爸把风筝买了下来，还带我到广场上去放，我很感激他。

老师：还有其他发现吗？

小 H：我觉得除了班主任关心我之外，数学老师也关心我，下课之后还问我哪没听懂，再给我讲讲。

老师：同学们对你是如何呢？

小 H：同学们好像关心我还不够，但是愿意跟我说话了。

…………

片段 2：

小 H 的故事——我能行

老师：小 H 同学，你愿意对我说出"我能行"吗？

小 H：我说不出来。

老师：那你能写一下吗？

（小 H 点头。咨询师递给他一张纸和一杆笔，让他写。他写了，但字很小）

老师：你看，你已经能写出来了，你能尽你所能写得越大越好，写上"小 H 我能行！"好吗？

（小H在纸上写了一个更大的名字和“我能行”三个字。）

小H是由于玩游戏成绩下降，长期一段时间抑郁情绪得不到缓解，才到我这儿来咨询的，上面是咨询的两个小片段。后来，与小H一起探讨具体解决问题的方法，通过采取积极有效的态度和行为，来改变其不良的认知，从而改变不良的情绪和行为。如布置家庭作业（如：让小H写合理自我分析报告、每天主动与一位同学交谈等），回顾与老师的交流内容，巩固交流成果；每天进行放松训练以缓解焦虑紧张情绪；循序渐进地安排一些事情，从最容易做到的事情开始，然后过渡到比较难做的事情，并适时地进行自我鼓励，以便能坚持下去；加强与外界交往的主动性，并学会体验由此带来的快乐；认识到只有靠自己才能改变一切（对自己说：我能行，开始说不出来就写下来，爬到山顶喊“我能行”）；学会认识到人不可能付出就一定取得好成绩，还要寻求学习方法等；允许自己存在某些方面的不足，学会接纳自己，愉悦自己。

每一次咨询结束时，对小H发生的改变进行鼓励和表扬，提高其自信心，对出现的反复行为给予理解，并告知这是很正常的现象，鼓励她坚持下去。

在整个咨询结束时，与小H一起回顾咨询的整个过程，让小H感觉到自己确实发生了很大的变化，学习到了很多东西，并学会举一反三，提高对外界的应激能力，不断维护和提高自己的心理健康水平。树立信心，坦然面对未来，使之能够独立地应对挫折和压力。

如果每个班主任懂得一些咨询的技巧，使学生的不良情绪得到及时缓解，可能会避免很多麻烦，学生的心态能够得到及时的调整。

运用心理咨询技巧的几点做法：

首先也是前提，班主任自己要具有一种阳光心态。阳光心态就是平常、积极、知足、感恩、达观的一种心智模式。我们无法事先判定事情的好坏，但我们可以带着好心情去创造成功、体验过程。阳光心态使人达到一种深刻而不浮躁、谦和而不张扬、自信而又亲和的境界。班主任具备了阳光心态，知道每一个学生都是极具潜力的，工作开展起来就会不同。

其次，班主任心中要有爱。巴特尔说：“教师的爱是滴滴甘露，即使枯萎的心灵也能苏醒；教师的爱是融融春风，即使冰冻了的感情也会消融。”让我们始终保持纯洁高尚的心灵、炽热温暖的心灵、坚毅不屈的心灵，让我们的心灵走进学生的心灵，用我们心灵的力量去温暖学生，教育学生，影响学生，使学生的心灵成为一叶不沉的方舟，航行在波澜起伏的大海上；使学生的心灵成为一棵参天大树，闪烁着智慧的光芒！

再次，需要学会一些咨询技巧。班主任学习心理咨询中常用到会谈的技巧，对于开展工作更有利。

1. 学会尊重、热情、真诚、通情和积极关注等以建立良好的师生关系。只有尊重学生的人格，尊重学生的个性，尊重学生的情感，才能使每名学生健康快乐地成长。把学生当做我们的好朋友，真诚地与学生进行心灵交流。

2. 讲求会谈的技术，在会谈中运用最多的就是倾听与询问的技术。学会倾听，要想说服学生，首先学会听，俗话说心结最难解，心病最难医。教育是人的灵魂的教育，而非理智知识和认识的堆积，对孩子心理的疏导比教给他知识更重要，这个过程中班主任的听与说的艺术就显得极为重要。

心灵是智慧的发源地，是人类的灵魂所在，而孩子的心灵，是一方奇妙的净土，只有在他们幼小的心灵里播下健康、美好、快乐的种子，他们才可能健康、快乐地成长。我们如果离开了心灵的交流，一切教育就无从谈起；没有心灵的触动，就无法真正完成教书育人的过程。心灵的沟通不仅对学习过程有重要的激励、维持、调控作用，而且与学生态度的形成、信仰的确立、个性的完善息息相关。因此，作为班主任，就更要时时处处尊重学生，关心学生，帮助学生，运用心理咨询技巧走进他们的心灵世界，达到心灵的沟通。

（八）灵活运用心理学效应，是加强班级管理的重要措施

心理学效应是隐藏于生活中的各种心理行为规律，对指导个体自身发展和人际交往有一定的理论和实践指导意义。比如晕轮效应告诫我们在人际交往中要避免出现受主观偏见支配的绝对化倾向；鸟笼效应告诉我们在生活和工作中要培养逻辑思维，避免惯性思维的消极影响；习得性无助实验提醒我们在学习和生活中应把自己的眼光放开阔一点，看到事件背后的真正的决定因素，不要使自己陷入绝望等等。班级的管理离不开班主任和学生的交往，那么如何在班主任和学生的交往之中提高班级管理工作实效，促进学生的健康成长？这往往会借助到某些心理学效应。下面将以罗森塔尔效应为例，简单介绍心理学效应在班级管理中的运用。

美国心理学家罗森塔尔等人于 1968 年做过一个著名实验。他们到一所小学，在一至六年级各选三个班的儿童煞有介事地进行“预测未来发展的测验”，然后实验者将认为有“优异发展可能”的学生名单通知教师。其实，这个名单并不是根据测验结果确定的，而是随机抽取的。它是以“权威性的谎言”暗示教师，从而调动了教师对名单上的学生的某种期待心理。8 个月后，再次智能测验的结果发现，名单上的学生的成绩普遍提高，教师也给了他们良好的品行评语。这个实验取得了奇迹般的效果，人们把这种通过教师对学生心理的潜移默化的影响，从而使学生取得教师所期望的进步的现象，称为罗森塔尔效应，也称为皮格马利翁效应。

教育实践也表明，如果教师喜爱某些学生，就会对他们抱有较高期望，经过一段时间，学生感受到教师的关怀、爱护和鼓励，常常以积极态度对待老师、对待学习以及对待自己的行为，并诱发出一种积极向上的激情，更加自尊、自信、

自爱、自强，这些学生常常会取得老师所期望的进步。相反，那些受到老师忽视、歧视的学生，久而久之会从教师的言谈、举止、表情中感受到教师的“偏心”，也会以消极的态度对待老师、对待自己的学习，产生一定的自卑情绪，影响正常的生活和学习。所以在以后的班级管理工作中，班主任要尽可能公平公正地对待每一位学生，尤其是在对待差生时不能歧视、侮辱，要相信每一位学生都具有可教育性，并让学生感受到自己对他们的期望，这样才能促进班级的整体进步。

（九）开展心理辅导活动，是加强班级管理的有效途径

有人曾说过，活动是最好的老师。的确，对于中学生来说，单一的说教根本无法达到预期的效果，只有通过活动调动学生的积极性、提高学生的思想道德修养、培养学生的合作意识才是最合适的方法和最有效的途径。首先，它具有互动性，是师生共同参与的；其次，它具有渗透性，活动可以潜移默化地影响学生的心理和行为。

为提高学生心理素质、促进班级管理，可以开展各种心理辅导活动，在班主任指导下由学生自行设计一定的活动情境，围绕一个中心或者针对一个心理问题，采用调查、访问、讨论、表演等不同形式让学生充分打开内心世界，自己教育自己，自己启发自己，自己调整自己。比如，角色扮演可以实现班主任和学生的角色互换，使二者站在对方的立场上考虑班级管理中所遇到的各种问题；心理放松操可以缓解学生的焦虑情绪，从而为班级管理营造平和的心理氛围等等。

班级管理中可以渗透心理健康教育的契机和渠道很多，我们可以不断探索。

第二节　学科教学中渗透心理健康教育

一、心理健康教育与学科教学的关系

心理健康教育的目的是促进中学生的心理水平得到发展。在学校教育中，学科教学在开发学生智力过程中，发展了学生的心理水平。学科教学与心理健康教育的关系，中外心理学家多有论述，前苏联著名心理学家和教育学家赞可夫在1952年创建了教学与发展问题实验室，并领导这个实验室达25年之久。他的“教学与发展”教学实验（或称发展性教学）是一项支持在教育实验中对学生心理发展问题深入探讨的成功实验。其“教学与发展关系”的核心思想是以最好的教学效果来达到学生最理想的发展水平。他的研究的出发点是对传统教育理论的批判。因为传统教学的重点，只是放在如何使学生掌握现成的知识及概念上，而不重视其心理发展。针对这种弊端，他的实验研究紧紧围绕着学生心理发展的问题展开。他把教学的安排比做“因”，而把学生心理的发展视做“果”，进而探讨“教学与发展”的因果关系。他强调在各科教学中要始终注意发展学生的逻辑思维，培养学生思维的灵活性和创造性。从中我们可以看出赞可夫已经把教

学和心理发展的关系看成是相辅相成的因果关系。学生的发展要在掌握知识的过程中进行。学生心理的发展水平提高了，才能更有效地掌握知识。

林崇德教授的“中小学生心理能力发展与培养”的教学实验也揭示了教育教学和学生健康教育的关系。林崇德教授的“学习与发展”和“教育与发展”的教改实验在20余年时间里，遍布全国数以千计的实验班，已经结出了丰硕的成果。

在教学过程中，不管教师意识到没有，学生在接受知识的同时心理也在发展变化。不过这种变化在受控制的情况下，既可能向积极的方面变化，也可能向消极的方面变化。不利于心理素质发展的教学方式会使受教育者的心理品质劣化。当前传统的教育思想、教学方式仍很盛行，一是表现为在传授知识时忽略或根本不注意心理品质的发展，最终心理发展水平影响或制约了学生智力的发展、知识的习得；二是片面追求升学率的重负导致题海战术、死记硬背或重复机械练习的教学泛滥，学生的思维能力没有得到正常的发展，出现了人们通常提到的“高分低能”现象。这些反面的现象告诉我们，如果教师在教学中不能自觉地对学生进行心理健康教育，不懂得心理发展对知识学习的影响，那么，教学目标也就难以实现。

第一，通过课堂教学过程实现心理健康教育。课堂教学是学生一天的主要活动，如果能在课堂教学过程中渗透心理健康教育，无疑是学校心理健康教育最有效、最有意义和价值的开展途径和方式。苏霍姆林斯基指出：“学校里的学习不是毫无热情地把知识从一个头脑装进另一个头脑里，而是师生之间每时每刻都在进行心灵的交流。”

第二，结合学科特点实现心理健康教育。在日常教育教学活动中，学生学习课程的多样化，也为心理健康教育的开展提供了更具选择性、更具全面性的途径和方式。不同的学科，有其独特的教学内容。结合不同的学科特点开展心理健康教育，对心理健康教育的深入大有裨益。结合这些学科独特的授课方式，如果巧妙地辅之以适当的心理健康教育的训练，则会使心理健康教育在“润物细无声”中悄然实施。如，在体育课的户外活动中注意培养学生的竞争意识、自我保护的技能以及进行适当的意志品质的锻炼；在音乐、美术课中启发学生学会欣赏他人、学会人际间的相互支持与鼓励；在物理、化学课上不仅训练学生的动手能力和相互配合，而且在观察中锻炼学生的细心和耐心，在物品的准备和整理中训练学生整洁和有条理的好习惯。总之，只要教师善于创新、善于发现、善于结合与巧用，就会在自己教学活动的组织中同时进行心理健康教育。

二、学科教学中渗透心理健康教育的策略与方法

教育部在《关于加强中小学心理健康教育的若干意见》中明确指出，“在学

科教学中，应注意对学生心理健康的教育，这是心理健康教育的主要途径”。可见，学科教学是对学生进行心理健康教育的主要阵地。

（一）课程、教材、教法、考试等方面的内容安排要合理

课程、教材、教法、考试等方面的内容是教学领域的重要组成部分，对学生的心理健康状况，将产生直接、巨大的影响。中小学生的诸多适应不良问题，如厌学、逃学、考试焦虑、批判性思维缺乏等与当前存在的课程繁杂、教材偏难、教法单一、只注重学习结果的选拔性考试等直接相关，这些问题不加以解决，只通过个别的心理辅导等解决学生身上存在的这些适应不良问题是不可能的。

（二）注意学生的课堂表现行为

学科教学是学校的中心工作，教学活动在学校的全部教育活动中所占时间最多，学生的大部分时间是在课堂中度过的。在课堂教学中，不仅表现出他们的各种心理品质，心理状态，适应能力，人际关系，而且，他们的不适应行为，心理障碍也会在教学过程的自然状态下表露出来，这使得教师可以在第一时间更广泛、更真实地掌握学生心理健康的状况，及时采取预防和补救措施，这是学校专职心理辅导员所不能做到的。倘若能彻底实施，则全体学生无时不在全体教师的关注协助引导之下，符合教师人人参与心理辅导的基本精神。

（三）学科教学的过程对学生的心理健康状况影响极大

目前，在课堂教学中，程度不同地存在着引发学生的心理障碍，或对学生已有的轻微的心理障碍、征候行为起着负强化作用的显在或潜在因素。在课堂教学中若不采取积极措施净化教学情境，任其蔓延，将会危害学生心理健康，即使在个别心理辅导或咨询中取得的成效，也会被削弱或抵消。

（四）做好几个教学因素的转变

学科渗透是指教师在教学过程中自觉地、有意识地运用心理学与技术，帮助学生提高课堂学习活动中的认知、情感和行为水平。例如教师在课堂教学中有意识地运用强化理论激发学生的学习动机，结合教材进行记忆策略训练以提高学生记忆力等等。也就是说，要求教师要充分利用教学的各种因素和手段来培养和完善学生的心理品质和人格。

实践证明，要使心理辅导与教学有机结合，相互渗透，就必须做好下列几个教学因素的转变。

第一，树立现代教学观念。具体体现为主体性的学生观，广义的知识观、发展性的教学目标观。传统的教学，将学生视为接受知识的被动容器，现代认知心理学理论和实验证实，有效的学习，只有在学生积极、主动的参与之下才能发生。学生是学习的主体，教师的作用在于调动学生参与学习的积极性；传统的教学，视知识为信息的贮存和提取，现代的广义知识观将知识、技能、策略融为一体；传统的教学目标着眼于知识的获得，现代的教学目标更着眼于人的可持续性

发展，它要求在培养学生掌握知识的同时，要形成正确的学习态度、学习方法和策略，为未来的终身学习打下基础。

第二，建立新型的师生关系。具体体现为合作的师生关系，和谐的师生关系和互动的师生关系。师生关系是以基本的人性观为前提的，传统的师生关系是建立在不正确的人性观基础上的，认为人的天性是懒惰的、不思进取的，需要严格的教诲才能启迪良知，教师应是权威，学生是被管束的对象，现代人本主义心理学家认为，人本身具有成长需要，包括认知需要、审美需要和自我实现需要。这些需要越得到满足，由此而产生的动机越强烈，人具有自我提高的内驱力。新型的师生关系要求教师不以教育者自居，不以训斥、羞辱、向家长告状等强制手段强迫学生服从教师的意志。教师要信任学生，尊重学生，热爱学生，在和谐、互动、合作的基础上，调动学生自身的潜能，使学生获得自主发展。

第三，掌握必备的心理辅导技能。包括了解学生的心理问题，了解心理辅导的一般过程，发展辅导的技能，与家长等其他教育资源的沟通合作技能等。依据现代的教学发展性目标，教育要促进人的各种心理品质的发展，要求教师不仅要了解所教的学科知识，而且要了解学生各种心理品质的发展规律，学会观察他们，评估他们的发展水平并及时加以辅导。这对现代教师来讲是更加重要的必备能力，也提出了更高的要求，是学科教学渗透心理健康教育的根本所在。

第四，组织教学、管理教学的技能。它要求教师在课堂教学中创设必需的环境条件和活动程序，吸引学生积极参与课堂活动，使他们与教师合作，消除课堂冲突、矫正问题行为，努力将课堂教学时间用于教学活动和评价活动。

“在授予学生一定的知识技能、发展他们的能力和创造力的同时，维护和增进学生的心理健康，形成学生健全人格”，这里的“同时”，涉及对渗透含义的理解。

好的学科教学，必须贯彻心理辅导的思想，心理辅导和学科教学是融合的。对大多数课堂教学来讲，不必把心理辅导单独抽出来，变成“穿衣、戴帽”的样式。一堂好课就像一个漂亮的苹果，学生见了就喜欢，吃了它营养也自在其中。维生素 C 就好像一堂课的心理辅导，如果把它从苹果中提炼出来，制成片剂，再和剩下的苹果一起给你吃下去，反而不顺乎自然了。所以说，渗透不等于机械的做加法，在目标上都加上一点心理辅导，它是寓心理辅导于学科教学之中。这一思想与美国教育家克伯屈（William H. Kilpatrick）所提出的“同时学习”的观点是一致的。他将学习分为三类：主学习（primary learning），指教学时直接所要达成的目标，包括知识、技能、理想、态度、情操等，视目标性质而定；副学习（associate learning），多属于主学习的有关知识、思想、观念，是偏重于知识方面的，可视之为补充材料；辅学习（concomitant learning），又可称为附学习，是针对学习时所要养成的态度、理想、情感、兴趣而言。在学科教学中渗透心理健康教育，是注重辅学习方面，亦即发展性目标的最后达成，使学生树立正确的人生观，建立远大的理想，合理的态度，适当的抱负，丰富的情感，高尚的兴趣，对是非、善恶、美丑的价值判断，身体力行、变化气质，发展健全的人格。

第五，转变教学内容。教学中要让学生真正地掌握知识，促进学生智慧和人格的发展。必须挖掘教材潜在的智力价值和精神价值，使教学内容既有意义又有兴趣，以惊异吸引学生，以悬念维持学生的注意，以满足增强学生的自信，以情趣感染学生。同时，还可以利用各科教学内容的特点，如人物、事物等来引导学生自我教育，完善自我意识，学会自我控制，培养自我发展能力，为学生提供生动有趣的健康成长的榜样和范例。如教师在学科教学中，要有意识地紧密结合教学内容，介绍科学家的百折不挠、攀登科学高峰的感人业绩，使学生获得积极的心理体验。在上化学课讲纯碱时，向学生介绍我国的化学家、制碱工业的先驱和奠基人侯德榜为打破外国技术垄断，投入全部身心完成了氨碱法，并将其研究成果毫无保留地公布于众的高尚人格。在讲解硝基化合物时，向学生介绍诺贝尔为研制硝化甘油，多次冒着生命危险，去操作一个又一个实验的感人事迹。激励学生奋发图强、不怕困难的精神和形成坚持性、自制性、果断性等良好的意志品质。教师还可以抓住化学教学以实验为基础的特点，利用化学实验有效地培养学生的意志品质。如除按大纲和教材做好规定的实验外，还可采用设计无机、有机系列实验，增加实验考核的权重，开放实验室，布置家庭实验，设计含有新信息的综合实验等方式，使学生在实验氛围中去探索新知识，解决新问题，在获得发现的喜悦同时，深刻领悟到化学学习既是一个复杂的认识和实践过程，又是一项艰苦的创造性的劳动。只有具备坚韧的毅力、顽强的精神，善于控制自己的消极的情绪和行为，及时地调控自己的内外活动状态，才能实现学习目的。

第六，转变教学方法。注意师生间的协商或讨论式的教学，提倡民主的、以学生主动学习为主的方法。我国著名教育改革家魏书生曾给许多省市自治区的学生上语文课。学生课堂都很活跃，学习积极性、主动性非常高，而在课前，他们都没预习过一分钟。听课后，许多老师问他是用什么办法调动学生的积极主动性的，他说："根本的办法其实只有两个字——民主。教师树立了教学民主的思想，教学中多和学生商量，另一方面科学需要在民主的土壤上生存。没有民主常常找不到好的科学的教学方法，即使找到了，也常因缺乏民主而难于实行。"教师要尊重学生，理解学生，从学生的实际出发，在教学过程中树立平等、民主、互相协助、互相竞争的参与意识，让学生真正成为学习的主人，积极主动参与学习，使他们主动发展，才能促进学生良好的心理素质和良好的人际关系的培养和建立。

第七，转变教学效益观。教学评价方式目前在我国的中小学校里仍普遍以学生知识、智能的获得为标准，以学生的学业成绩来评价教学效益，只关心学生的学习而不关心学生的成长。不管学生其他方面发展如何，只要成绩考得不好，就认为教学是失败的。但是，丰富多彩的世界，培育了人们多种多样的个性，世界的丰富多彩又需要人们具有多种多样的个性。我们社会主义祖国也不需要每个学生都成为科学家、文学家、艺术家、诗人。实际上，国家需要我们现在培养的学生80%以上将来成为高素质的各行各业的工作者、劳动者。所以，应以学生个性的全面发展来衡量和评估教学，综合地评价教学质量。尊重学生的个性差异和特长，发展学生多方面的兴趣和能力，使师生生活在一种相互理解、尊重、关怀、帮助、谅解、信任的和谐气氛中，使学生健康向上地发展。

三、学科教学中渗透心理健康教育的目的与原则

学科教学渗透心理健康教育的目的是消除教学设计、评价和管理中一切有害于学生心理健康的不利因素，预防由此而导致的学生心理失常，使学生能在宽松、和谐、愉快的情境中，无过重心理压力的状态下学习，以维护和促进学生的心理健康。

（一）积极情绪原则

学生在课堂上的情绪状态，是学生参与课堂教学的重要指标，对其学习成绩产生重要影响。学生以积极饱满的热情参与课堂教学，就会积极开动脑筋思考，课堂知识吸收率高，从长远看，会获得教师和同学更多的尊重与接纳。在这一方面，可采取下列措施：

1. 创设积极环境。积极的教学环境，指良好的课堂气氛。它是教学的软情境，通常指课堂里某些占优势的态度与情感的综合状态。课堂气氛可以分成积极的、消极的和对抗的三种类型。积极的课堂气氛是恬静与活跃、热烈与深沉、宽松与严谨的有机统一。消极的课堂气氛以紧张拘谨、心不在焉、反应迟钝为基本特征。而对抗的课堂气氛则是失控的气氛，学生过度兴奋，各行其是，随便插嘴，故意捣乱。

研究表明，教师的教学和领导方式，教师的移情，教师对学生的期望以及教师的焦虑是影响课堂气氛的主要因素。

2. 创设安全的教学环境。安全的教学环境，指的是教师要接纳学生，并设法使学生之间在互相了解的基础上互相接纳，形成一种师生之间、学生之间彼此接纳的社会心理气氛，进而使每个学生形成积极的自我概念，良好的自我形象，以调动他们的成就动机，积极参与到学习中来。为此，教师在进行教学时，要避免使用惩罚性的控制技巧，不挖苦、讽刺学生，不伤害学生的自尊心和自信心，尊重每个学生，尤其是学困生的人格。

（二）体验成功原则

教学不仅要让学生掌握知识，更重要的是让学生在学习和掌握知识的过程

中，通过体验到学习成功的喜悦，使自己的个性变得更加自信，达到增进学生心理健康的目的，这是现代发展性教学的重要目标，也是增进学生心理健康的重要途径。下列做法可供参考：

确保每个学生透过教学获得成功感。成功所产生的是一种自我满足和积极愉快的情绪体验，它与自尊自信相辅相成，互为因果，是学生自身潜能得以发挥的强大动力。教育教学的实践表明，没有比取得成功更能使学生激动和受鼓舞的了。对学生来讲，成功本身并不重要，真正重要的是那种成功的感受，也就是体验到做成自己想做的事，实现自己计划时的那种满意的心情。如果学生在校经常受到老师的批评、训斥和同学的冷嘲热讽，在家里经常受到家长的责备，享受不到成功的乐趣，就会视学习如猛兽，提到学习就害怕，遇到考试就发慌，学习带给他们的是沉重的心理负担。经常的失败，使他们感到心灰意冷，产生自卑和失望，导致恶性循环。

贯彻成功原则，要求教师提出的要求是合理的，应因人而异，帮助学生确立适宜的目标，要求教师去发现每一个学生的禀赋、兴趣、爱好和特长，发现每一个学生心理发展的可能性，给以正确的引导和培植。如果要求过低，缺乏挑战意味，会失去目标对学生的激励作用；相反，如果要求过高，学生也会因失败而却步，并导致自暴自弃的消极的自我观，导致学生发展性心理障碍的出现。

避免考试压力造成的不良后果。学校常常将考试成绩作为评定学生学习好坏甚至人格优劣的唯一标准，这种标准，不一定与学生的真实情况相符，但却影响学生的自我行动。如果学生考不好，就会受到老师的批评，怕同学看不起，觉得没面子，感到一切不如别人，故而逐渐对考试形成恐惧，产生考试焦虑，严重影响了学生的心理健康。

合乎心理健康要求的考试，应重视学生的成功，满足他们的成就需要。为此，教师应强化考试的诊断功能，弱化考试的价值评价功能，应帮助学生及时发现学习中的不足，而不要当着全体学生的面，拿考试分数来讽刺、挖苦学生，消除学生的焦虑情绪。

（三）民主自治原则

在课堂教学管理中渗透心理健康教育，主要体现为民主自治原则。要求教师克服对课堂管理所持有的“压、训、罚”的错误观念，实行民主化管理，培养学生的参与意识与合作意识，以积极的指导为主，消极的限制为辅；标明恰当行为在先，奖惩在后。一旦学生发生课堂行为问题，在处理时，也应坚持正面教育为主，惩罚应就事论事，切忌把惩罚作为教师报复泄愤的手段，切忌滥施体罚。其目的是透过课堂管理，培养学生自动、自发、自强、自律的能力，尽量消除引起课堂纪律问题的各种因素，维护和增进学生心理健康。

（四）合理负担原则

现在的中小学生学习负担过重是一个不争的事实。过重的学习负担，带给学生的直接后果是疲于奔命地完成教师留的作业及家长留的课外辅导作业，学生用于自己支配的时间有限，没有时间去独立思考，去与人交往，去安排自己的学习和生活，使得学生的批判性思维能力、人际交往能力的发展受到限制，严重影响了学生的身心健康发展。减轻学生学习负担，需要教育行政部门、校长、教师和家长的共同努力。就课堂教学来讲，要求教师提高课堂教学效率，限制课外作业量。有的教师在课内完不成教学任务，靠占用学生的大量课余时间，靠大量课后练习去提高学习效果，有的学校不是引导教师们去比谁的教学效率高，而是比谁能加班加点，多占用学生的课余时间，这些做法无疑会加重学生的学习负担。

（五）个别辅导的原则

在教学过程中，要注意观察学生的心理状态，及时发现他们的心理问题并进行有针对性的个别辅导。学生在学习过程中，随时会表现出自己在学习态度、学习方法、人际关系、情绪状态等方面存在的问题，教师要善于从学生表面的行为问题捕捉和发现学生行为背后的心理问题，作出准确的判断，并采取相应的方法进行有针对性的辅导，这样才能帮助学生从根本上解决自己的问题。

总之，要实现教学与心理健康辅导的相互渗透、有机结合，必须首先转变以上教学因素和条件，不能简单、机械地把两者相加或者随意地组合。否则，就会收效不大。学科渗透可以促进更多的教师学习和运用心理学理论，提高其理论素养和教学能力。学科渗透是一种全员性策略，让更多的教师参与心理辅导，有利于在学校中营造促进学生心理健康的环境氛围，学校心理辅导单靠心理辅导教师开展工作，孤掌难鸣，势单力薄。教师的职责是教书育人，育人的一项重要内容是育心。从这个意义上讲，每个教师都应该是心理辅导者。

学科渗透要求教师研究学生的学习心理，既要培养学生的智力因素，又要培养学生的非智力因素。它对教师提出了更高的要求，要求教师必须从传授型的教书匠转变为研究型的教学家。

学科渗透对于教师是一项富有挑战性的工作，需要教师努力学习理论，钻研理论，勇于实践，同时它又是富有创造性的工作，为教师才华的施展提供了广泛的舞台。学科渗透是每一个教师一生中值得研究的重要课题。

第三节　学校活动中渗透心理健康教育

一、学校活动中渗透心理健康教育的意义

心理学家皮亚杰认为：教育构成关系中的两个因素，一方面是社会的理智与道德的价值，一方面是成长中的个人，这两方面的相互作用，构成一个通过心理活动这一中介而发生的动态过程。心理学的研究表明，心理是人一切行为活动的基础和背景，是人的思想道德、科学文化、劳动技能和身体素质的基本构成因

素。学生文化素质的提高必须在提高心理素质的基础上进行，心理素质是素质结构的核心因素，它贯穿在其他因素发展的过程中，并影响着它们发展的速度和水平。学校教育必须通过学生良好的心理素质为中介来优化其他各种素质发展的效果，最终达到学生综合素质的提高。心理转变是个内化的过程，“我们要以发展教育为主题，致力于提高孩子本身的心理素质，而不是仅仅停留在有了问题才解决问题的层面上，要把提高心理素质当成一个长期的系统工程来做。”心理健康教育是现代教育的重要标志，在学校教育中具有德育不可替代的特殊地位。培养中学生良好的心理素质，不但十分必要，而且十分重要，心理教育应当全面渗透在学校教育的全过程中。

在教育教学中渗透心理健康教育，可以有效地为德育、教学准备基础。心理健康教育适当扩充和完善了德育所需要的目标和内容。教育教学需要心理健康教育的补充，心理健康教育进一步提升教育教学的目标，并使教育教学活动更加贴近学生生活，有利于学生人格的发展。在日常的教育教学活动中开展心理健康教育可以起到润物细无声的作用。

德国物理学家爱因斯坦指出：“优秀的性格和钢铁般的意志比智慧和博学更为重要。”由此可以看出要培养学生的先进思想和优秀品德，不可不注意培养其健康的性格。这正是教育教学和心理教育共同完成的任务。

心理教育正是涉及到了“如何做人”这一人生的重要课题，弥补了过去德育工作的缺陷，使德育内容更加贴近学生生活实际，有利于学生形成和发展完整的人格。“健全人格”的建构与培养是教育教学活动与心理健康教育有机结合的最佳“切入点”。

首先，健全人格的建构和培养是教育教学活动与心理健康教育的共同目标。心理健康教育的根本目的在于形成健康的人格模式，而教育的最终目标是要培养出既具有符合社会要求的坚定信念、高尚情操又具有主体意识、健全人格和个性才能的人。

其次，健全人格的建构和培养是教育与心理健康教育相结合的重要基础。人格健全是个体心理健康的核心，而良好道德品质的形成过程实质上也是健全人格的形成过程，都统一于人格教育中。

再次，健全人格的建构和培养是教育教学活动与心理健康教育相结合的主要途径。人格教育讲究关心体贴、以情感人、以理服人、对症下药，强调遵循个体的心理规律，注重个体的心理需求和个性差异。这种教育性和人性相结合的人格教育模式，一方面可作为实施积极有效的心理健康教育的主渠道，另一方面也可为解决德育工作中存在的过于抽象和理论化等问题提供新的思路。

最后，人格教育的内在机制为教育教学活动与心理健康教育的结合提供了内在的可能性。教育心理学的理论强调，学校教育环境中的一切活动，都是师生双方在心理上的交流互动，学校教育的一切影响，都可以看做是对学生施加的心理影响。教师的教学活动必须首先考虑，并积极创设一个有利于学生接受教育影响的心理背景。在此基础上，教师充分运用自己知识的力量、人格的力量、教育教学艺术的力量，来对学生的认知结构和个性结构施加“力”的作用。

二、学校活动中渗透心理健康教育的策略与方法

心理健康教育是学校教育的有机组成部分，而不是附加成分，因而应该融会到学校的各项工作之中。通过学校整体机制实施心理健康教育，而不是只凭靠某一单项学习或活动所能完成的。学校教育的结构，体现在课程体系之中，心理健康教育也应根据课程体系来构建自身的体系。

（一）学科教学中的心理健康教育

教学是学校教育的中心环节，也是心理健康教育的主渠道，教学过程可以培养学生的健康心理，也可以产生对学生的心理压力，造成心理障碍。心理健康教育首先要提高教学过程对学生健康心理的正效应，减少和消除负效应。因此，所有教师均是心理教育者。

1. 发掘教材内容中的心理教育因素，培养学生健康心理。各科教材内容均在不同程度上表现出对人格的要求和智能训练上的要求。它们既有德育、智育、美育等因素，也有心理教育因素，是心理健康教育的重要资源。教师在备课与课堂教学中应充分发掘这一资源，培养学生的健康心理。

2. 教师教学态度与方式中的心理影响。教师的教学态度与方式决定课堂教学的心理气氛。对学生的尊重与激励可减轻或消除学生在学习上的心理压力，调动学生积极参与教学活动，使学生乐于学习和产生自信心、成功感。

3. 以良好的教学方法培养和发展学生的认识能力和独立学习的能力，不断增强和改善思维品质和学习品格。可利用研究性学习和社会综合实践课程等。在教学中，教师要有乐教、善教、平等、尊重、循循善诱的教风，学生要有乐学、会学、生动、主动的学风，不断提高思维能力和动口动手能力。

（二）德育和其他活动课程的心理健康教育

活动课程是学科课程以外学生的主要活动领域，是学生生动活泼地主动地表现自我的场所，对培养学生健康心理具有重大作用。

在德育活动、艺术活动、体育活动、科技活动中，除了培养与该活动相适应的品德素质、审美素质、身体素质、科学文化素质以外，还可以培养兴趣特长、良好个性、主动精神、交往能力、自我教育能力等相关的健康心理，使学生的心理发展有广阔的天地。

在德育活动中实现心理健康教育，可以利用晨讲、升旗仪式、主题班会、主

题活动、宣传橱窗等形式完成心理健康教育。如在国旗下讲话中可以以《挺起自信的胸膛》为题目，采用直接激励法：“同学们，挺起你那自信的胸膛吧，让我们一起高呼：我能行!”学校千余名师生同喊三声“我能行”。组织心理宣传周“为心灵插上飞翔的翅膀”，校会“考生心理辅导”，主题班会心理活动“认识自我”，心理手抄报、电脑小报制作等都可成为很好的心理健康教育契机。

在日常教育活动中实现心理健康教育也是完全可能的。如每天早晨正式上课前、课间休息时、午休与下午上课前，以及结课后、放学后教师与学生的沟通与交往等。其实，这都可以转化为很好的心理健康教育时机。

开展心理专题教育活动和心理咨询活动。对学生普遍存在的心理问题和个别学生的心理问题，以不同形式给予启迪与引导，帮助学生防止和克服心理障碍，使他们的心理能得到健康的发展。

（三）校园环境中的心理健康教育

校园环境是潜在课程，对学生心理具有潜移默化的影响。校园的物质环境与精神环境是学生心理健康发展的外在条件，直接制约着学生的内在心理。

绿化、美化、净化的校园，使学生悦目并感受到校园美；文明有礼，互尊互爱，使学生在和睦合作关系中感到自我价值和容纳感；在行为有序、活动有余的校园中感受到轻松愉快的生活乐趣；在充满科学、艺术的文化气氛中激发求知欲。为此必须加强硬件与软件建设，为学生心理健康成长创造良好的条件。

【建议参考资料】

1. 贾晓波，陈世平．学校心理辅导实用教程［M］．天津：天津教育出版社，2002.
2. 袁振国．教育新理念［M］．北京：教育科学出版社，2002.
3. 中华人民共和国教育部．全日制义务教育语文课程标准（实验稿）［S］．2001.
4. 苏霍姆林斯基．给教师的建议［M］．杜殿坤，译．北京：教育科学出版社，1984.

【问题与思考】

1. 班级管理中如何进行心理健康教育？
2. 教学中如何进行心理健康教育？
3. 学校教育活动中如何进行心理健康教育？

第十章 家校合作中的心理健康教育

【本章提要】

随着社会的不断发展，竞争日趋激烈，心理健康问题开始被越来越多的人关注。从我国中小学的实践来看，单纯依靠学校开展心理健康教育效果并不明显。家庭教育既是学校教育的基础，又是学校教育的补充和延伸。国外的经验表明，有效地整合学校与家庭两种教育资源，是开展心理健康教育的有效途径和方式，即家校合作模式。在对青少年的教育中，我们需要的不仅仅是学校与家庭的简单联系，更需要双方相互渗透、协同，在教育的整体性上做更多的努力，以整体性的教育观、发展观来指导家校教育形成合力，家长和教师共同为每一位青少年创造一种人道主义的教育环境。本章主要从家校合作的含义、必要性及我国家校合作的发展现状、家校合作的有效措施等方面，阐述了如何有效实施学校和家庭之间的合作，更好地促进中学生的心理健康发展。

【学习重点】

1. 家校合作的含义及意义
2. 家庭教育在中学生心理健康教育中的作用
3. 影响中学生心理健康教育的家庭因素
4. 加强亲师沟通
5. 增进亲子关系

【重要术语】

家校合作　协同教育　亲师沟通　亲子关系

第一节 家校合作概述

中小学生主要是在家庭、学校和社会的互动、学习中成长起来的。在这三个方面中，家庭是孩子的第一所学校，父母既是孩子的启蒙老师又是孩子的终身老师，家庭生活是他们学习的第一门课程。因此，作为启蒙的甚至是陪伴终生的家庭教育对学生身心健康发展和人格完善具有重大意义。

社会力量参与学校教育是当前教育发展的主要趋势，在众多的社会力量中，家庭作为教育的起点和最长伴随环境，对中小学生成长最为重要。福禄贝尔曾说过："国家的命运与其说是掌握在当权者的手中，倒不如说是掌握在母亲的手中。"这句话很有哲理性，它深刻地挑明了家长在教育子女中所起到的作用。家庭是孩子成长的摇篮，家庭教育则是孩子所接受的基础课程。所以，家长所实施的教育行为将直接成就孩子的人格与品格，也必将决定未来国家公民的基本素质。家长主动开展并有效配合学校开展对孩子的心理健康教育，也将有力地促进中小学生的身心健康发展。

一、家校合作的含义及意义

（一）家校合作的含义

目前学术界还未给"家校合作"一个统一的界定。在英语中，通常用："家长参与、家长参与决策、家长—教师配合、教育介入"等来表达家校合作的意思。

美国霍普金斯大学"家庭—学校—社区合作"研究专家爱普斯坦（J. Epstein）在《理论到实践：家校合作促使学校的改进和学生的成功》中，将家校合作的含义扩展为"家庭、学习、社区合作"，强调了三者对孩子负有共同的责任和对孩子的教育具有重要的影响。

我国学者马忠虎认为：家长参与学校教育，是"联合对学生最具有影响力的两个社会机构——家庭和学校的力量"对学生进行教育。在教育活动中，家庭和学校互相支持、共同努力。这样学校能在教育学生方面获得更多的来自家庭方面的资源，家长能在家庭教育方面得到更多的来自学校的指导。

周丹认为：家校合作是指家庭与学校以沟通为基础，相互配合、合力育人，使孩子受到来自两方面系统一致、各具特色、相辅相成的教育影响力，家校合作既是一种关于家庭教育与学校教育两者关系的理念，也是一种处理两者关系的行为模式。

而笔者认为现代教育的家校合作是以家、校共同认可的教育目标为目的，充分开发和利用家校双方的教育资源，用优化组合的方式对青少年开展教育的模式。这种合作模式追求学校、家庭和社会在教育观念、内容、途径和方法上的协调一致，以期为青少年成长创造良好的大环境。

现代家校合作青少年心理教育需要学校转变角色，由原来的从上至下的纯指导模式转为更为平面的服务和沟通模式，全方位关注青少年成长。现代家校合作心理健康教育不仅仅关注青少年学业的成长，更将每个青少年视为一个生命个体来关注其人生的成长，关注他们成长过程中遇到的每一个问题：学业的、道德的、心理的问题。不仅仅关注青少年自身的成长，更重视其成长环境的涵养——关注家庭、关注亲子的共同成长，让每个家庭都成为一片沃土，持续地为成长中的青少年提供营养。

（二）家校合作的意义

苏联教育家苏霍姆林斯基非常重视家庭与学校的合作，他说："最完备的社会教育是学校教育与家庭教育的结合。""施行学校—家庭教育不仅可以很好地培养年轻一代，而且还可以使家庭和父母的道德面貌完美。没有对子女的教育，没有对学校生活的积极参与，没有成人与孩子之间经常的精神上的接触和相互充实，就不可能有作为社会基层单位的家庭本身，不可能有学校这个最重要的教育教学机构，也不可能有社会在精神上的进步。"学校教育与家庭教育是社会的两大教育系统，对人一生的发展起着相当重要的作用。家校合作具有重要的意义，是因为它不仅直接关系到合作的根本目的——使学生健康发展，而且对影响学生发展的家长与学校的发展也具有重要意义。

1. 优化教育资源，全面培养学生的健康心理

家校合作中，家庭全方位支持学校教育工作，学校尽全力帮助家长解决在教育子女的过程中遇到的各种问题，进而使家庭和学校在教育过程中密切合作，互相配合，发挥各自的优势，优化了家校教育资源。

学校和家庭是学生学习和生活的重要场所。家庭是孩子的第一教育环境，父母的教育方式和家庭环境对孩子的认知、个性、社会化、心理健康等因素都有非常重要的影响。然而，家庭教育中存在许多值得关注的问题，如家长缺乏儿童心理学方面的专业知识，对教育缺乏正确认识，教育方法粗暴等。

孩子从六七岁开始，学校成为了他们的主要学习、生活场所，他们大部分时间都是在学校度过，教师和同伴成了影响他们发展的重要因素。学校教育具有系统化、专业化的优势，但也存在对学生心理素质教育的不利因素，如大班教学，教师缺乏对每个学生心理的全面认识。

家校合作可以充分利用两者的资源，发挥各自的优势，深入了解学生的心理状况，把握好学生发展的关键期，推进学生心理素质教育的发展。

2. 提高家长素质，形成良好的家庭心理氛围

知识和技能不是与生俱来的，要做一个合格的家长必须学习。对于家庭教育来说，选择与学校合作将是十分明智的。家校合作给家长们提供了重要的学习机会。在合作过程中，家长借助教师的专业理论及经验，通过恳切的交谈、倾听教师与学生相处的技巧等，从中学会教导孩子的知识与技巧，进而成为有效能的家长。这样，家长在面对处理孩子的问题与困惑时，能清楚地得到来自学校的支持。同时，家长能够有机会了解孩子在学校的学习生活，无形中感觉到自己被纳入孩子的校园生活里，这大大拉近了亲子的关系。

家校合作可以优化学习和教育环境，通过家庭和学校之间相互弥补时空间隙，使孩子的成长始终处在一个协调一致的教育过程中，这样必将有效地促进各方面的教育。学校和家庭互相协调，将发挥最大的教育效能。当学生感到老师和

家长在为自己的成长协同努力时，他们会因这种关注而受到极大的鼓舞，产生向上的动力，激发成就感，并最终转化为进取的实际行动。家校合作教育不只是使学生受益，同时也会提高家长的心理素质水平，改善亲子关系，形成良好的家庭心理氛围。

3. 促进学生学业成绩的提高

学习是青少年的主要任务，也是学校教育的重心所在。学校教育是一种群体教育，如果单从学习成绩上看，总有一部分学生相对于其他学生来说是学习后进生。应该说，在同一所学校，尤其是在同一个班级，学生所受的学校教育没有什么差别，学生的智力也没有大的区别，学生之间最大的差别，主要是学习态度的差别，而学习态度往往与学生的家庭氛围、父母的教育素质有较大的关联。家校良好的沟通与合作，首先可以让青少年感受到，与他成长密切相关的两个组织以积极的态度共同关注着他的成长，从而营造出一种积极的文化氛围。其次，家校频繁的沟通与联系，可以为青少年提供情感上的帮助与支持。具体说来，如果父母经常参与家校合作活动，并且在教师的帮助下在家庭中帮助孩子学习，那么孩子往往会从两个方面受益：第一，可以提高孩子一些科目的学习成绩；第二，如果父母与学校合作得比较好，他们的孩子会更加重视家庭作业和学业成绩。这种积极的态度是取得学业成功的一个重要因素。

二、家庭教育在中学生心理健康教育中的作用

在我们每个人的一生当中，一般都要接受家庭教育、学校教育和社会教育。我们每个人成长、发展的水平和社会成就，都是家庭教育、学校教育和社会教育综合作用的结果。家庭是学生发展的最初的也是最重要的因素，是他们成长的摇篮。一个家庭的稳定程度、家庭成员间的关系（尤其是亲子关系）、父母的思想观念、文化修养、言行举止、威信、教育方式等都会对子女的心理发展产生不同程度的影响。当前青少年的心理问题凸显，多与家庭教育相关。

（一）家庭教育是学校心理健康教育工作的起点

家庭是人生的第一学校。孩子在入学前，最先受到的教育就是家庭教育。入学以后，也直接受到家长的教育和影响。家庭、学校和社会，对我们每一个人来说，就像是一座功能完整的“综合加工厂”，不论缺少哪一道“工序”，“产品”都会是有缺陷的。家庭教育、学校教育和社会教育，对于我们每个人来说，也可以比做一个生产产品的“流水线”，每一个环节都具有“全局意义”，无论是哪一个环节出了问题，都不可能生产出优质的“产品”。

目前，学校教育中显示出来的诸多问题，例如：学生入学适应不良、没有良好的学习习惯、人际交往不畅、学习动力弱、人生追求低等等，这些问题招致了社会对学校教育的恶评。殊不知，学校教育乃是家庭教育的延伸，许多在学校的

“问题学生”多数来自于“问题家庭”，对于他们，仅靠学校的教育力量很难扭转乾坤，唯有消除其成长中的家庭教养的积垢才能使得孩子们摆脱重负，轻松成长。

家庭是人生的最初课堂，家长是孩子的启蒙教师，也是孩子的终身顾问。对青少年进行心理健康教育离不开家长的榜样示范、言传身教与融洽的家庭人际关系、民主的家庭氛围。科学研究表明，那些心理健康存在明显缺陷的学生，其家庭环境和家长的行为个性往往也存在问题。如果家长能充分认识到心理健康教育的地位和作用，就会自觉主动地创造有利的家庭环境以帮助孩子形成健康的心理品质。可见，心理健康教育走进家庭已成为推行素质教育的必然要求。

（二）家庭是培养青少年健康心理的沃土

家庭为孩子提供物质生活和精神生活的支持，父母是青少年成长的护航员。家庭以血缘和亲情为基础，它具有学校教育、社会教育所没有的特点和优势。家庭给予孩子文化启蒙、心理抚育，孩子在待人接物、行事风格上无不受到家庭的影响。父母、家庭成员对孩子保护、陪伴，满足孩子的需求，让孩子感到安全。孩子们成长中会遇到许多让他们感到害怕、不安的事情，例如：黑暗的房间、陌生人的声音、玩伴的离别……假如这时候他们及时得到了父母、家庭成员的温情抚慰、合理解释和积极陪伴的话，就能在他们幼小的心灵里沉淀下稳定、温暖、友爱和安全，这也将是他们今后自信及他信，建立友谊、创造性探索的基础。

比较心理学家哈洛（H. F. Harlow）用恒河猴做隔离实验。他把幼猴从出生开始就关在光秃秃的铁笼中，使其和母亲的关系完全被剥夺。哈洛在研究中发现：早期严重而持久的孤立，使这些猴子的主要社会反应沦为愤怒、恐惧、攻击、冷漠和退缩。这些猴子的身体虽然发育正常，但是却不能成为心理健康的猴子。其实这种情景在人类的养育过程中也会出现。患有严重产后抑郁症的母亲不能照料自己的孩子，很少与孩子亲密接触，对孩子缺乏心灵的爱抚，她们的孩子早夭或性格缺陷的几率往往高出正常母亲所哺育的孩子几倍至几十倍。因此人类的生存不仅仅依靠物质营养，精神的支持、爱的滋养也不可缺少。

家庭教育对人的成长、发展和社会成就具有重要的影响作用。心理健康教育作为中学生教育不可替代的重要部分，不仅需要全社会的广泛关注、学校和教师的全面投入，更需要家长的积极配合。家长不仅要给孩子提供物质方面的支持，作为孩子的第一任教师，父母更需要在孩子身心健康成长方面倾注更多的心力，进行精心的培育。

三、影响中学生心理健康教育的家庭因素

家庭是中小学生极为重要的生活空间和文化环境，学生的心理与言行无不与家庭教育气氛、父母教育方式及心理环境等密切相关。任何一个学生的心理偏差

以至于最终的行为偏差都可能从家庭的教养方式和家庭人际关系中找到某些直接或间接的根源。如果这一问题得不到重视和解决，不仅会对学生的学业产生负面的影响，严重的还会制约学生人格的健康发展。近几年来，我国大力提倡素质教育，然而，无数家长关注的仍是集中在学生的学习成绩及升学就业等问题上，忽略了与每个学生发展息息相关的心理健康教育问题。影响中学生心理健康成长的家庭因素主要有：

（一）家庭结构对中学生心理健康成长的影响

家庭结构是指家庭呈现在外的形态特征，例如家庭的完整性、同辈人的数量、家庭的社会经济地位等等。

家庭结构可分几代同堂的联合家庭，只有父母与子女两代人组成的核心家庭，以及由于父母一方因离婚、死亡、出走、分居等原因造成的单亲家庭。

联合家庭，成员关系复杂，代际间沟通容易发生问题，隔代影响容易产生家庭矛盾和冲突。核心家庭，特别是独生子女家庭，规模小、人口少，家庭成员关系简单，家庭心理气氛相对轻松、愉悦，父母有较多的精力、财力和时间教养孩子。单亲家庭的孩子学业成就较低，更容易表现出焦虑、自卑、孤僻、冷漠、畏缩等消极情绪，尤其是父亲“缺席”的家庭，孩子会有更多的社会和心理问题。

对于独生子女家庭，孩子会拥有更多的物质资源和父母的关怀，他们更容易与人建立亲密关系。由于独生子女家庭注重孩子的早期智力开发，因此他们会表现出较大的智力发展优势，学业成就高于非独生子女。但同时，独生子女家庭的父母更可能以溺爱的教养方式来对待孩子，这也势必会影响到他们的个性发展。

研究也显示家庭的社会经济地位会对青少年的心理健康水平产生较大影响。美国社会心理学家研究了社会不同阶层的家庭状况，他们发现由于社会文化资源的缺乏，出生于社会底层家庭的孩子出现学业成绩差、逃学、打架、加入不良团伙等问题检出率高于文化水平和社会程度好的家庭，这个结果与国内的研究是一致的。

但是更深入的对比研究也表明：家庭的贫困与否、父母的缺失与否、兄弟姐妹的众寡、文化程度的高低都不是根本问题。家庭教育是通过家庭成员来进行的。家庭中成员间的关系、父母实施家庭教育的方式才是孩子成才与否的关键。这就是在很多贫困家庭、单亲家庭里依然会培养出优秀孩子的原因。

（二）家庭人际关系对青少年心理健康成长的影响

家庭人际关系指基于婚姻、血缘或法律而形成的一定范围的亲属之间的关系。家庭关系可以分为夫妻关系、亲子关系和其他家庭成员之间的关系。本章所阐述的家庭关系仅包括与子女直接有关的亲子关系——父亲与子女之间的关系、母亲与子女之间的关系。亲子关系是人生建立的第一种关系，也是家庭中最基本、最重要的关系。它直接影响孩子的人格的形成和发展。荣格认为：成年人人际关系的基础依赖于童年期，而儿童与其养育者之间的关系尤为重要。霍妮（K. Horney）认为：儿童的异常行为源于早期制造焦虑的家庭环境，尤其是失常的亲子关系。其他众多心理学家们如弗洛伊德、阿德勒（A. Adler）等也都强调儿童期亲子关系对人一生的影响。建立在家庭成员间相互关爱的基础上的温和的、积极的、稳定的亲子关系会促进孩子的健康发展；反之，那些冷漠、苛刻、情绪不稳定的父母就会给孩子带来不安全感、恐惧和焦虑。

除亲子关系的影响外，祖父母和孙子女的关系也对孩子心理健康发展产生一定影响。孙子女和祖父母年龄差距较大、相互依赖强、制约少，因而他们的关系一般较亲密、粘连。当父母忙碌而无暇照顾孩子时，祖父母对孙子女的呵护、怜爱能给成长中的孩子以安全和鼓励，对他们的性格产生广泛而深刻的影响。但有的祖父母一味溺爱孙子女，也会使他们形成娇纵、放任、胆小等不良性格。

与子女间接有关的家庭人际关系对青少年心理发展也有一定的影响。例如：良好的夫妻关系会使孩子感到家庭的温暖，孩子也是在耳濡目染父母的亲密交往中学习如何与他人建立积极、稳定的关系。反之，如若夫妻不和，经常吵架，往往会对孩子的心理造成创伤。这会使孩子感到不安、恐惧，害怕与人交往，悲观、埋怨。此外，祖、父辈的关系也会对孩子产生影响。如果父母孝敬老人、老人关心子女，家庭就会和乐，在孩子的教养方面达成一致，就能培养出情感丰富、身心健全的孩子。反之，如果祖、父辈不和，家庭人心离散，就会把孩子当做战利品来争夺，让孩子挣扎于家庭各方势力的缝隙之中，长期的斗争会导致双重性格，冷漠、自闭、攻击、退缩等不良人格或反社会人格。

（三）家庭教养方式对青少年心理健康的影响

家庭教养方式是家庭中孩子的养育者教养子女的信念、情绪和行为构成的一种统一的家庭生活方式。家庭教养方式对青少年一生的心理发展都产生着深远的影响。

1. 养育者的情绪

养育者的情绪是一根“定海神针”。母亲对孩子情绪的影响从他们是胎儿时期已经开始了。孕妇如果长期处于焦虑不安的消极情绪中，胎儿的身心发育也会受到影响。养育者温和、稳定的情绪是孩子身心健康成长的基本而必要的营养剂。情绪稳定，能够无条件接纳和包容孩子的养育者能让孩子的焦虑降低，情绪舒展，提高自我接纳和很好地接纳他人的能力，还可以减少内心冲突以及与外界的冲突，提升自控能力从而加速其心理和道德的发展。与之相反，情绪波动大、喜怒无常、对孩子疏远、吝于表达关爱，甚至是冷漠、敌对的养育者往往教养出紧张、焦虑、暴躁、攻击或没有常性、自控力较差、退缩的孩子。他们自我评价较低，与社会融合不好，难以接纳自己和他人，生活满意度和幸福感都偏低，不良的处世态度和行为直接影响了其社会关系和学业成绩。

2. 养育者的行为

养育者的行为，尤其是父母的行为对孩子起着示范的作用，也必将影响着青少年的个性发展和社会行为习得。我们根据养育者在家庭教养过程中的行为模式，将其划分为专制型、放任型、忽视型、权威型。

专制型家长对孩子严厉控制、管制，经常采取打、骂、吓唬等简单、粗暴的手段，或者把孩子禁锢在家里，不让他们接触外人。这样培养出来的孩子要么胆小、退缩，不敢主动承担责任，要么粗野、固执，“沿袭”家长专制的态度和行为。

放任型家庭对子女过分溺爱、纵容。“溺”者，淹也。过分地疼爱子女等于淹没他们，溺爱是家庭教育中的洪灾。古人说：“虽曰爱之，其实害之；虽曰爱之，其实仇之。”溺爱中长大的孩子往往骄纵、任性，喜怒无常。由于从小言谈、行为没有受到良好训练，而变得界限模糊，规则意识淡漠，常常会走出社会规范的轨道。一旦遇到事情又由于被过度保护而脆弱、胆小，难以承受困难，容易灰心丧气。

忽视型家长很少了解孩子，很少与孩子沟通。他们对孩子疏于管教，对孩子身上的缺点错误不管不问，放任自流。这类家长常以金钱或物质满足来替代精神支持。长此以往就会妨碍孩子的情感发展、意志品质发展，而且孩子由于缺乏正确引导，容易走上歧途。

权威型家长以子女的身心发展需求为中心，给孩子温暖、接纳和关怀，对孩子提出适当期望，合理规范他们的言行，支持孩子的良性发展，主动参与他们的生活，并给以积极的肯定和指导。在这种教养方式下成长起来的孩子活泼外向，自信独立，有勇气而且亲和，善于自控和适应。

3. 养育者的教养信念

养育者的教养信念通常是通过其情绪和行为来影响孩子的。家长有什么样的教育信念，就会有什么样的教育行为，从而影响孩子的态度和行为。如果父母认为孩子是需要严加管教的，就会把孩子当做是盯梢的对象，严格控制其言行，也会在孩子不听话的时候用威胁、逼迫、恐吓等手段来让孩子就范。相应的，孩子就会对父母隐藏自己的看法，对父母说谎、逃跑，或者变得逆来顺受、畏首畏尾、无所作为。孩子身心的健康成长，需要教养者的爱与鼓励，以及无条件的接纳和正确的引导。

四、我国家校合作的发展现状及存在的问题

在对学生的教育过程中，家庭教育与学校教育发挥着重要作用。从心理素质教育的现状看，目前在对学生进行心理素质培养时，我国更多地注重学校的训练

与教育，而对作为学生重要生活场所和心理环境的家庭却比较忽视，更没有把学校心理素质教育的主导作用与家庭心理素质教育的助推作用有机结合，更好地探索学校与家庭教育的合作机制。

目前，有关家校合作开展心理健康教育的研究基本上立足于学校如何指导家庭，认为学校在合作中起主导作用。这是因为：一是现实中家长素质良莠不齐；二是学校是从事教育的专门机构，拥有大量的教育专职人员，懂得青少年的身心特点和发展规律，能按教育规律科学地对青少年进行心理健康教育。学校起主导作用有利于家庭教育和学校教育成为一个一致的过程。而如何深入进行合作，家庭在合作中的主观能动作用如何发挥，未有较深入的研究。这就造成了家校合作开展心理健康教育的效率不高、流于形式的现状，在实践中存在着种种问题。

（一）家庭与学校教育指导思想存在显著差异

由于我国素质教育不断深入发展和中小学教师的教育实践的加强，大多数教师能充分认识到培养孩子素质的重要性和迫切性。而多数家长教育能力不强，教育方式不科学，仅以孩子考高分为目的，以高分作为考好学校、找好工作的资本，不懂得培养孩子的全面素质。

（二）教师与家长之间缺乏理解、信任和互相配合

教师与家长虽对孩子的教育都很重视，但是家长对教师的工作态度、工作方法、道德水平、业务水平均持不信任态度。教师对家长的认同情况要略好一些，但也不容乐观。而且，教师与家长均缺乏一种一贯的、积极的、主动的合作愿望，双方各自长期“孤军奋战”，不能有效挖掘合作教育的资源，只有在孩子“犯错误”时，这种合作愿望才相对强烈。

（三）家校合作的具体操作逐步规范，但实效性低

由于学校教育改革在不断地深化，许多学校逐步重视家校合作资源的开发，如举办家长例会、实行家长接待日制度、教师家访、建立家长委员会等。家长会、家长学校已逐步成为教师与家长联系的重要方式。但是这些组织在执行、督促、检查上还存在疏漏，如联系方式不当、联系频率不高、联系面狭窄、联系内容偏、联系制度和组织名不副实等，同时活动周期长。

（四）教师、家长交流的内容偏颇，且缺乏协调、统一

教师、家长交流的内容集中在孩子学习方面，这反映了教师、家长对孩子学业成绩的高度重视。但是，有些家长和教师对孩子学习成绩的重视却陷入狭窄，即只重视分数；有的则只注重孩子是不是守纪；至于身体方面、审美方面、劳动方面的交流内容却非常少。交流内容的偏颇，易造成孩子畸形发展，并使教育实效性降低。

第二节 家校合作的有效措施

学校已不是脱离于社会的“文化孤岛”，学校需要与家庭积极沟通，形成现代学校与家庭的新型关系。

目前，世界各国已达成共识，青少年的心理健康教育仅靠学校的单方努力是难以实现的，它需要社会各方，尤其是来自家庭的合作。在一些发达国家，学校促进学生心理发展的主要形式之一就是实行家校合作。一些学者们根据家长参与的现状将其分层、分类来描述。

美国学者按家长在学校合作中担任的角色将其分为三类。一是家长作为教育的支持者和学习者。家长以这种角色参与的家校合作方式主要有：家长学校、家长会、家长小报、家庭教育咨询、家校书面联系、电话联系和个别家长约见等。二是家长作为学校活动的志愿者。这类家校合作的方式主要有：家长报告会、课外辅导、家长帮助指导职业实习和特殊技能训练等。三是家长作为学校教育决策参与者。家长参与决策的具体合作方式有：家长咨询委员会、教师—家长会、家长出任校董事会成员等。

英国学者按家长参与的层次将其分为三类。一是低层次的参与。家长仅仅访问学校、参加家长会、开放日、学生作业展览等活动。二是高层次的参与。家长经常接受家访、参与课堂教学和课外活动、帮助制作教具、为学校募集资金等。三是正式组织上的参与。家长参加家长咨询委员会、校董事会等。

美国学者戴维斯（D. Davis）主张，家校合作活动的类型应该以其合作目的来划分，可分为四类：其一为以解决当前教育问题为目的的合作，例如约见家长、成立临时咨询委员会等；其二为以促进家长参与其子女的教育为目的的合作，合作方式有家庭教育指导、开放日等；其三为以利用社区教育资源来丰富学校教育为目的的合作，合作方式有参观博物馆、开辟教育基地等；其四为以吸收家长参与教育决策为目的的合作，合作方式有家长咨询委员会、家长与教师协会等。

这些方法都可以作为我国学校教育在新时期寻求家校合作的参考途径。

在我国，现阶段家长参与学校教育的形式主要有三种：一是传统的“家长会”，学校根据工作日程安排，在期中、期末考试前后，召集家长到校，沟通情况；二是前些年兴起的“家长学校”，学校开办家庭教育讲座，帮助家长了解家庭教育对孩子学业成就、个性养成、品格塑造的作用，为家长提供一些教育孩子的知识和技巧；三是家访，一般情况下，学校会将普访、随访和定期访问结合，学校通过家访具体解决学生成长的实际问题，促进家校联系，敦促家长主动教育子女；四是近年从国外引进的“社区教育委员会”，由地方政府牵头，以当地的财政、工商、税务等部门为主体，吸收少量的学生家长代表参加，主要负责做一些涉及教育经费方面的协调工作；五是最近推广的“家长教师协会”，主要是加强家长和教师的联系，促进家长参与学校文化建设，为学校建设建言献策。

虽然各个地方、各个学校都在尝试、探索新的家校合作途径，但是仍然没有突破旧有的单一形式、单向通道、机制老化等问题，已经很难适应当前学校教育要求了。为此，学校和家庭应该更加积极地探索新的，适应时代发展的合作形式。

社会参与学校心理健康教育是当今世界教育发展的一个重要趋势，而在社会参与的力量中，家庭对学生心理成长最为重要。家长是否有效地协同学校对学生进行心理健康教育，直接决定学校心理健康教育的效果。家校心理健康教育的协同开展，是为了更好地发挥家校双方的优势，用家庭教育的优势来弥补学校教育的不足，让学校教育指导家庭教育，在优势互补之中实现心理健康教育的最优化。下面提出一些探索的方向以供参考。

一、加强亲师沟通

孩子的健康成长是学校教育和家庭教育共同关注的核心话题，更是学校和家庭以及教师和家长沟通的基础。目前，亲师沟通的问题日趋严重。例如，有的教师对家长不够友善，把对学生的不满发泄在家长身上，使家长难以接受；家长认为教师虽然是教学的行家，但是对家长应该平等对话，不要对家长的意见或批评反应过于激烈。这种沟通障碍，让教师和家长产生情绪困扰，从而弱化了教育效果。归根结底，解决上面问题的核心在于促进教师和家长的有效沟通，这无论对于孩子的成长，还是对于教师的教育教学，家长的作用都至关重要。

在实际的学校情境中，大多数情况下，家长和教师之间的交流仍然是单向的，即交流是从教师流向父母，家长消极被动地等待教师的沟通或渴望从教师那里得到正确的建议。从过去的沟通方式中就可以看出，家长手册、家长会议、时事通讯、汇报卡等，在交流中也是教师告诉家长有关的活动、学生的进步、课程安排、教育部门或者学校的政策。即使是家长—教师的讨论会，有时候也会被看做是告诉家长孩子在校情况的机会，主要目的也是让父母了解子女的情况。但是，为了充分发挥家长的参与作用，交流必须是双向的，家长也必须处于表达和被倾听的位置。为此，教师和家长要建立积极、平等的合作关系，形成双向交流的模式，使信息不单纯地从教师流向家长，更应该从家长流向教师。

虽然存在某些影响亲师之间有效沟通的因素，但是我们仍然能采取一定的措施来改善和家长的沟通。

（一）建立平等和谐的亲师关系

在学校里，教师和父母的相对地位实质是不平等的。大多数教师和家长都认为学校是教师的领地，都会感觉到不自在。同时，家长也会敏感地意识到，把孩子幸福交到了教师的手中，每个教师都潜在地掌握着孩子在学校学习和生活是否愉快的权利，为此家长会小心翼翼地经营与教师的关系。上述情况，造成了家长和教师在交流中的不平等地位，而不平等的结果是信息的单向流动。

建立平等的亲师关系，需要教师在与家长沟通的过程中做到积极倾听、相互尊重与真诚相待。

1. 积极倾听

要建立起教师和家长的有效交流关系，关键在于积极地倾听。积极的倾听者喜欢一直注视着讲话者，对交流内容表现出极大的关注，常常是身体向前倾斜，通过点头、扬眉等给以积极的回馈，并以适当的微笑来鼓励。对教师来讲，积极倾听能够传达出和家长进行交流的愿望，使双方的地位倾向于平等；每一方都认真地倾听并作出理解和回馈，更是双向交流的开端。

在进行交流时，教师除了注意家长的言语信息外，还应该注意家长的非言语信息，如身体姿势、面部表情、眼神、声调或者是讲话的速度等，这些非言语行为往往向教师传达了家长的内部情感状态。

2. 相互尊重

在形成有效的双向交流的过程中，说话者尽量使用描述性的语言而非带有价值判断的语言，这是很重要的。中学阶段是孩子们的世界观、人生观、价值观和知识、品德形成的关键时期，教师和家长都处于重任在肩的时刻。就算教师的工作再忙，家长的地位再高，都要做到相互尊重、主动联系，经常沟通孩子们的情况。无论是教师做得好，还是家长做错了，都应开诚布公、实事求是。正确的方法和育人经验要肯定和发扬；不足的甚至错误的东西要坦诚指出，互相沟通；不能迁就不良的、错误的做法，以免学生受害。如果家长对教师有成见，涉及非理性成分，教师应该耐心对待，并多次证明、解释。

3. 真诚相待

除了前面提到的积极倾听并对家长表示尊重之外，双方的沟通必须建立在真诚的基础之上。如果父母感觉到被他人操纵或者欺骗，交流就会停止。教师可将学生在学校的表现合理、客观地反馈给家长，和家长共同探讨促进孩子健康发展的方案，双方应在一种和谐友好的氛围下进行沟通。

总之，在与家长沟通时应该做到积极倾听、相互尊重和真诚相待，这样才能建立起和谐友好的亲师交流模式。下面是教师与家长有效交流应该遵循的基本原则：

① 关心孩子们，询问有关她或他的情况。

② 关心并体谅家长，询问有关她或他的情况。

③ 主动创设使家长感到相互平等的环境。

④ 学会有效倾听家长的谈话。

⑤ 避免使用带有判断性质的语言，尽量使用描述性语言。

⑥ 在问题发生之前和家长开始交流。

⑦ 增加和家长交流的时间和机会。

⑧ 尊重家长对孩子、对学校和教师的观念态度。

（二）合理应对家长的挑衅

尽管大多数家长在与教师的沟通中是非常合作的，但是不排除有些父母不管教师怎么做，都采取不协作的态度，如某些长期以来对教师、学校的工作都有抱怨的父母。如果家长表现出气愤、不满的情绪，或者表现出非理性的观念和行为，这时教师应该如何处理？一种有效的方法是，教师集中注意力独自倾听，不要向父母解释，把自己的情绪隐藏起来，拿出纸和笔认真写下父母抱怨的事情，一直这样做，等到他们说完为止。当家长讲话开始慢下来的时候，将记录的内容念给他们听，并保证会调查他们提出的问题，并给他们反馈。下面是应对类似情境的策略。

应该做的	不应该做的
1. 倾听，不打扰	1. 争论
2. 用笔记下家长所说的主要观点	2. 辩护或者开始有防备
3. 当家长慢下来的时候，询问是否还有其他困扰的事情	3. 答应家长你不能解决的事情
4. 详细阐述所有的抱怨	4. 承认别人的问题
5. 当抱怨太泛时，询问具体的情况	5. 提高声调
6. 给家长看看你记下来的抱怨	6. 轻视问题或者把问题最小化
7. 询问有没有解决这些问题的具体建议，并记录下来	
8. 当家长说话声音太大时，你说话温和一些	
当家长的抱怨像狂风骤雨般袭来时，我们的第一个反应一般都是生气或者是产生敌意，而这只能使问题更加严重。要牢记我们的行为有时会太过急躁，不是很理性。我们通常希望自身的言行能更平静。把自己想象成父母，理解他们的态度。	

改善亲师关系不能局限于消极地避免冲突，不要认为“不相往来，即可避免摩擦”，或者“多做多错，少做少错，不做不错”，而应该积极安排“亲师合作计划”，使家长有更多机会到学校了解并且参与班级活动，如校庆、校运动会、节庆（教师节、母亲节、元旦等）、义卖活动、教学参观日、亲子运动会……另外，学校可以运用家长专长，协助学校以及班级开展教学或社团活动。

在和家长进行沟通的过程中，教师需要注意，其实家长的内心是很脆弱和敏感的，他们对孩子一般都抱有很高的期望。因此，一般情况下，即使家长请教师告诉他们孩子在学校里表现的真实情况，但是在内心里还是不愿意听到关于孩子的负面消息。所以，教师在向家长汇报孩子的情况时，尽量从发展的角度叙述，如“孩子的这些问题只是暂时的，我相信可以采用一些方法进行改善……”或者在叙述孩子缺点的同时，也要多赞美孩子。

总之，亲师沟通的工作虽然不属于教学范围，表面上看，似乎增加了教师的负担，但仔细想想，若能辛苦在前，越往后就越能享受到“亲师合作”的甜果。身为教师，应该主动接近家长，增加亲师接触。

二、增进亲子关系

家长和学校的合作、与教师的交流，都是为了更好地促进孩子的健康成长。但是家长在面对孩子时，同样也存在着困扰，比如最常见的是怎样和孩子进行有效沟通，孩子不听家长的劝告怎么办……

中学生正处于人生成长过程中的青春期，在国外被称之为“暴风骤雨期”。他们在这个阶段会有剧烈的心理变化，对长辈有逆反心理、闭锁心理，因而在中学阶段亲子之间的沟通就显得更突出。特别是在这个飞速发展、急剧变化的社会，信息更新之快已令父辈无法跟上子女的步伐了，两代人的沟通已成为社会问题，“代沟”一词充斥于报刊杂志，亲子沟通问题已成为学校心理健康教育必须面对的难题。

（一）家长和孩子共同成长

前苏联教育家苏霍姆林斯基提到：“做了父亲和母亲，这是人的第二次降生。我毫不夸张地说，一个人做了父亲或母亲，就意味着他对人类事业这一伟大活动在道德上作好了准备，这才是真正的降生。”可见，做了家长，是人的第二次降生，如何做父母一切都要从头学起。从这个意义上说，虽然父母的身份资格是在子女出生的那一刻便取得了，但这只是取得做父母资格的自然条件。如同孩子只有学习才能成才一样，家长也唯有学习，才能取得做父母的社会资格。

从某种意义上说，孩子几岁，家长的父龄和母龄就几岁。所以，对于十几岁的中学生而言，其父母的职龄也只是十几岁，家长需要和孩子共同成长，家长应该成为伴随孩子成长的伙伴。纵然家长和孩子担负着各自的发展任务，但是两者之间存在着双向关系，家长对孩子实施教育和影响，作为生态系统中的一个单元，孩子自身的发展状况通过反馈也会影响家长的发展。家长与孩子相互作用、共同发展。第 38 届国际奥林匹克数学竞赛金牌得主韩嘉睿的家长说：“成功的父母是和孩子一起长大的。父母要根据孩子的不同年龄阶段采取与之相适应的方法。家长要民主，与孩子平等，让孩子有更多发表意见的机会。”

作为一个发展中和成长中的人，家长自身也不可避免地在思想观念、行为方式、情绪情感上存在一些问题，这些问题会影响到中学生的身心发展。

1. 家长的心理问题会影响孩子

（1）完美主义心态

中国妈妈和美国妈妈观看孩子的篮球赛。10 个球，中国孩子投进 9 个，妈妈抱怨道："还差 1 个就全中了，你怎么搞的?"美国孩子只投进 1 个，但妈妈却笑着对孩子说："你真棒。"这其实是中国家长"完美主义"的教育思想在"作祟"，并不利于孩子健康成长。同几十年前相比，当前我国的孩子拥有了前所未有的富裕，但也面临着前所未有的压力和困惑。许多家长习惯于用成人标准衡量孩子，对孩子要求总是"一刀切"。调查发现，多数家长对孩子的要求不外乎是学习好、口才好、掌握一门艺术特长等。这本身并没错，但过犹不及，有可能转变成功利教育——家务活、体育锻炼等与学习无关、对学业无促进的事，统统不需要做。家长的"完美主义"和过高期望，给孩子带来的是无望和无措。不少专家认为，当孩子发现自己达不到家长的期望时，会选择放弃；特别悲观的，还会走上不归路。

事实上，孩子的发展并非是家长一厢情愿的事情。中学生正处于自我同一性的发展时期，自我同一性包括一种自信，即有信心使自己成为一个与他人期望相符的人。如果父母期望过高，会给孩子带来心理上的压力，使孩子感觉"我无论如何也无法成为他们所期望的那样的人"，这在客观上剥夺了中学生在确立自我同一性过程中的"试行错误"，将不利于其健康人格的形成。

（2）轻视情感教育

传统的应试教育常常把那些听话、学习好的孩子视为宠儿，家长不可避免地将时间和精力投入到孩子的学习中去，而忽略了孩子的情感教育和心理健康。但是孩子的情感教育非常重要，尤其是对于处于青春期的中学生。中学生的情绪是强烈并且不稳定的，有人形容此时期是"暴风骤雨"时期，就是说中学生的情绪具有不可遏制性。他们常常因为一点小事就欣喜若狂、手舞足蹈，或者垂头丧气、无精打采。

随着学习、生活范围的扩大以及自我意识的觉醒，中学生发展了多样性的自我情感（如自尊心、自卑感等），而且两性的情感与社会性情感也日益丰富。但是，一般家长都愿意让孩子交同性朋友，而对于异性朋友都讳莫如深。早恋现象在中学生中已经比较普遍，家长应该如何处理才能不阻碍孩子的情感和未来发展？有的家长没有把孩子的早恋倾向当做洪水猛兽，而当做是一朵美丽的小花，倍加欣赏和用心呵护；而有的家长一盆冷水将之浇灭。

有一位先生在对女儿教育的问题上始终如一地奉行"少说多听"的原则。后来他女儿收到一位男生的信，也跟爸爸说。做父亲的笑着说，如果不保密，就念给爸爸听，看看什么人在喜欢我的女儿了。做女儿的把信交给爸爸，爸爸看完后说："我觉得这个男孩子在成熟、聪明和表达能力上都和我的女儿相差太远，你肯定不会欣赏这个草率的男孩，也不会被这封早早到来的求爱信难住、困住。我相信你在不影响学习也不影响同学关系的情况下，能把这件事处理好。”然后，他又启发女儿和他一起探讨少年情感的美好，以及年少恋爱可能危及生活和成长的几个方面。后来，他的女儿安然度过了危险的青春期，并顺利考入大学。

2. 家长的心理调适——家长要不断反省自身

“我的孩子不是读书那块料，学习一天不如一天。”

“这孩子从小就笨，没个灵活劲儿。”

“孩子花钱大手大脚。”

“老师不喜欢我的孩子，老师喜欢的孩子的家长有权有钱。”

“孩子不听话，没啥出息。”

“有的电视什么都演，对孩子有影响。”

上述家长的抱怨，我们可能都已经耳熟能详了。抱怨中隐含着家长对子女教育的无奈，对学校教师的不满，对社会环境的担忧。然而家长在抱怨的同时，没有注意到以下几点：

① 家长只看孩子，没看自己；看孩子只有缺点、毛病、不足，看不到优点，看不到“闪光点”。

② 对孩子只说不教，更不重身教。

③ 孩子的毛病，几乎都能在家长身上找到根源。

④ 家长怨天、怨地、怨老师、怨社会环境，唯独不怨自己。

⑤ 家长不能认识自己，进而不能充实自己，完善自己，提高自己。认识不到自己在日常生活中种种不良的生活习惯、生活方式，不正确的教育方法导致今日孩子的不足，根子在自己而不知。

家庭是一个系统，孩子出问题了，必然能从家长的身上找到相关的原因。要想孩子得到改变，整个家庭系统都应该发生改变。所以，身为家长也需要不断反思，在反思中进行自我认识、自我成长。

（二）有效亲子沟通的基本态度

有效的亲子沟通要求家长在与孩子沟通时，应该具有尊重与信任、民主与平等、理解与关心等基本态度。

1. 尊重与信任

尊重孩子，就是给孩子选择和自我负责的机会。尊重孩子可以表现在不同层面。例如，接纳孩子，包括接纳孩子的情绪、思想及行为；坦诚对待孩子，不以冷嘲热讽的口气和孩子说话；倾听孩子说话，尽量腾出时间听听孩子心里的话。只有这样，孩子得到尊重，才能逐渐发展出自尊心。自尊是心理健康的核心和基础，父母在培养孩子自尊方面担任着非常重要的角色。父母给予孩子的尊重，是孩子建立自尊最主要的力量和源泉。有的家长当孩子成绩好时，就尊重他；当出现问题时，就任意贬低、指责，甚至打骂，这是典型的有条件的尊重。孩子在这样的家庭里，怎么可能把他的真实想法说出，怎么能感受到安全和自由？有一句教育名言说：“让每个孩子抬起头来走路。”父母正是让孩子抬起头来的主要促进者。

信任孩子，就是给孩子成长的自由和空间。例如，在时间管理上，让孩子慢慢学着规划自己的时间，只有这样，他才有可能成为时间的主人。在零花钱上，根据孩子的年龄和实际情况，给予其一定的数额，是有必要的，这也是理财教育的开端。

对于孩子的阅读、兴趣爱好，也是如此，父母不宜干涉太多，给予孩子选择的自由，反而能激发孩子更大的热情。利用好这种热情，对于孩子个人的成长和发展都是有百利而无一害的。心理学家认为，追求信任，是一种积极的心态，也是一个人奋发进取、积极向上、实现自我价值的内驱力。子女往往把父母看成是自己学习上的蒙师、德行上的榜样、生活上的参谋、感情上的挚友。他们也特别希望能得到父母的信任，像朋友一样和父母平等交流。他们认为，只有父母的信任，才是真实、可靠的。父母的信任意味着压力、重视和鼓励，这是真正触动他们心灵的动力。

2. 民主与平等

亲子沟通需要民主与平等的态度与氛围。家庭缺乏民主，则亲子关系难以协调，气氛难以和谐，孩子可能成为无法独立的附庸、性格压抑的奴隶。家长不能高高在上，唯我独尊，总是希望绝对支配孩子的思想和言行，而应关心孩子、爱护孩子；不能总是盛气凌人地训斥、责罚孩子，而应循循善诱地引导、启发孩子；不能老是“以我为中心”考虑问题，而应设身处地为孩子想一想。否则，只能使亲情淡化，关系紧张，甚至连起码、正常的亲子沟通也难以进行。

中国有一种传统意识，叫做“听话的孩子是好孩子”。父母要求自己的孩子听话，孩子将来做了父母，也要求自己的孩子听话，如此一代传一代。这是教育上的误区。父母要求孩子听话，主要出于两个目的，一是可以少操心，二是可以用自己的意志来塑造孩子。说穿了就是要求孩子尊重父母、服从父母的安排。但是单方面地强调让孩子尊重父母、服从父母，而不注意给孩子应有的尊重，这是不公平的。要想正确地引导孩子按着自己的天性发展，首先要树立民主的态度，有意识地把自己和孩子摆在平等的位置上，试着对孩子让步，养成遇事和孩子商量的习惯。只有这样，才能实现对孩子恰当的教育。有时我们肯定孩子的一个想法或做法，会比给他买一件东西更让他高兴。其实，孩子的一些新奇的想法和做法是很让人喜爱的，家长如果和孩子商量成一件事情，也会感到一种难得的乐趣。

现在的孩子已经不再信服权威式的亲子关系，如果父母深信自己必须是权威，就会使孩子的抗拒心理增强、自尊心低落，从而难以实现亲子沟通。因此，父母应改变对待孩子的态度，在民主尊重的原则下，重新建立亲密的亲子关系。

3. 理解与关心

许多父母都有这样的体会：孩子愈大，便愈难与他们沟通，甚至不知应该怎样去交谈。其实孩子是成长的个体，其心理特点具有发展性、多变性、可塑性。当孩子逐渐长大，知识面、接触面增大，他开始学会自己观察、思考，对一些问题有自己的看法，有时觉得有些事情没有必要跟父母说。这时，父母就会缺乏对孩子的了解，相互间的沟通就显得十分必要。对此父母需要理解，这对孩子的成长至关重要。许多父母抱怨孩子不理解自己，其实他们又何尝理解孩子。他们按自己的想法为孩子做这做那，至于孩子到底怎么想，家长并没有真正关心过。

家长要理解孩子，就需要倾听孩子内心的声音，并向孩子表达真诚的关心，需要家长具有一定的通情。所谓通情，就是感同身受，就是用孩子的感觉去体会他所面对的事物。除了要站在孩子的立场上看问题，了解导致如此情形的因素之外，还要把这种设身处地的了解让对方知道。只有让孩子感受到他被父母倾听和接纳，才能帮助他们打开心灵的大门。

（三）鼓励与批评孩子的方法

家长对孩子的教育，离不开鼓励与批评。鼓励与批评既是一种手段，又是一门艺术。恰如其分的鼓励与批评，能使孩子树立信心，增强斗志，清除自卑心理，改正不良行为；反之，则会产生负面影响，甚至使孩子产生逆反心理，从而增加家长的教育难度。

1. 鼓励的原则

鼓励是孩子成长、建立自尊的基石，那么怎么做才能恰到好处呢？做父母的需要把握一些鼓励的原则：

（1）真诚地接纳孩子

接纳孩子真实的样子，而不是我们家长期望他应该成为的样子，让孩子知道即使有时候他表现不好，你还是爱他的。但并不是父母要无原则地容忍孩子不好的行为。比如说，孩子把玩具扔得到处都是，父母可以心平气和地让他选择自己收拾好玩具或是父母帮他收拾，若选择后者，在很长的一段时间内所有的玩具都将被父母保管起来。这时候，父母可以和孩子表达“我”的信息：“妈妈希望家里能够整整齐齐，看到玩具扔得到处都是，妈妈会觉得自己辛苦收拾的劳动成果没有受到尊重。”让孩子知道妈妈不接受他的这种行为，但妈妈接受他个人，妈妈仍然是爱他的。

（2）着眼积极的一面

做父母的一定要相信“孩子总是朝着赞美的方向发展的”。假如父母想改变自己与孩子生活中一些不愉快的经验，尤其是想帮助那些表现不好、内心沮丧的孩子，就要尽量少去关注孩子负面的信息，多看孩子积极的一面。例如，有位母亲对自己女儿的作业很烦恼，因为作业簿页页涂改，字也写得歪七扭八。过去不管怎么提醒和纠正，都没有任何改善。当了解了“着眼积极的一面”的鼓励原则后，这位母亲指着作业簿上的某个字说“这个字写得很漂亮”、“我很欣赏这个字”，或者翻开一页干净的作业（与其他相比较）说“这一页写得真干净，真不错!”结果，不过三个月的时光，女儿的作业簿愈来愈干净了，字也写得越来越漂亮了。

总之，在教育孩子时，不要常强调他错误的地方，任何人都不喜欢别人经常挑自己的毛病。注重积极面，指出他做得对、做得好的地方，强化他对自己的信心，他便会有勇气去不断尝试和努力；而过分看重错误只会打击孩子的信心，让孩子失去尝试的勇气。

（3）重视努力和进步

在现实生活中，许多父母常以结果的成败论英雄，这很容易让孩子沮丧，因为过分强调事情的结果，只能告诉孩子：“除非你做得很好，否则毫无价值”。这种认识和观念，会让孩子以后因害怕失败而裹足不前，从而严重影响孩子的发展。相反地，如果只要孩子努力了，或者取得了一小点的进步，父母都加以鼓励，那么孩子心里就会拥有成功的希望，就有可能最终取得良好的发展。例如，一位根本不敢在公众面前讲话、每次在集体活动的时候都会表现得很退缩的孩子，如果在某次家庭聚会的场合发言，即使是只言片语，家长也要给予充分的肯定，因为那对于他已经相当不容易了。

（4）肯定个别能力

当一个人的能力有所发挥，且能得到肯定的时候，他常会感到自己的价值。所谓“天生我材必有用”，每个人都有不同的才华，每个孩子也有先天的潜能，如果给予他们表现的机会，让他们的能力发挥出来，就可以让他们产生自我价值感。

孩子在成长过程中，需要不断地肯定自己的能力。为此，父母可以多留意孩子的日常表现，对其具体的行为予以鼓励，例如“你画的这幅画很美!”“你玩电子游戏的反应真快!”“看样子你在空间想象方面很有能力。”当然，没有一个孩子是样样都行的。此时，父母应该肯定其优势的一面，而不要去挑剔其劣势的一面。例如，一个孩子的语文能力很强，而数学能力较差，此时父母可以对其语文能力加以肯定和鼓励，但不要挑剔和批评其数学能力。事实上，当孩子从一点上建立起了自信，就会逐渐转移和泛化到其他方面，从而有助于其他方面的发展。

（5）从自我鼓励开始

父母自己要常鼓励自己，相信自己能改变。要成为称职的父母不是一天两天的事情，在这个过程中难免会有失败和不如意的地方，孩子也有可能仍会出现不好的行为，但是只要持之以恒地鼓励自己，发挥爱心和耐心，孩子一定能感受到这种支持的信息的。

2. 批评孩子的方法

（1）注意目的

为什么要批评孩子，一般的家长都是非常清楚的。可有时一急就忘了目的，而采取不正当的方法，使孩子感到挨批评并不是因为自己犯了错误，而是因为家长的情绪所致。家长一气之下就会又打又骂……家长生气是可以理解的，但打骂孩子却是不正确的。要取得批评的积极效果，家长一定要注意方法。不少家长教育失败的原因，不在于自己的动机而在于自己的态度。对孩子的批评可以严肃，但不能粗暴；真诚、善意的批评，孩子容易接受，也有利于孩子改正错误。孩子不接受批评，往往不是因为家长的道理不对，而是因为他们不能接受家长那咄咄逼人的态度。

批评孩子决不是单纯因为孩子伤害了家长，不是因为孩子的过失给自己丢了面子，使自己伤了心、生了气，而是因为孩子的思想言行违背了社会的道德要求，如果不及时给予批评，孩子的缺点、错误就会越来越严重。为了挽救孩子，为了使孩子得到警戒，才批评孩子。如果这个目的自始至终十分明确，家长就会理智、冷静地对孩子进行批评，而不会为出气，说出出格的话、做出过火的行为。

（2）注意场合

家长批评孩子应该避开他人，一般不要当着孩子的朋友、同学、邻居、亲戚的面批评孩子。因为孩子很爱面子，当着众人数落孩子，孩子面子上下不来，往往顶撞。批评孩子时，最好与孩子私下单独谈。如有可能，可以边散步边交谈。适当的场合，既能保护孩子的自尊心，又有利于孩子接受意见。

（3）陈述理由

如果父母一味地责骂孩子，则往往会伤害孩子。对孩子说明其错误所在，才能使他们充分反省，改正错误。批评的目的不在批评本身，纯粹的批评并没有多大的意义。因此，父母在批评子女时也要告诉孩子怎样做是恰当的，最好能让孩子自己去思考、去作决定，而父母只是给予启发而已。

（4）避免重复

对待孩子的错误，不要翻来覆去地批评个没完没了，对一次错误批评一两回就可以了。连续的批评会使孩子心理上长期处于紧张状态，感到自己这也不行，那也不是，从而无所适从；严重的，会产生自卑感，甚至破罐破摔。因此，家长一定不要对孩子的错误进行反复、多次的批评。

（5）避免全盘否定

家长批评孩子的时候要注意避免全盘否定。因为孩子犯了错误就把孩子说得一无是处，这对教育孩子也是无益的。对于成长中的孩子，有缺点、犯错误是正常的，绝不要一见孩子犯了错误，就攻其一点，不及其余。其实，孩子不是从小到大都只做错事，必定还有许多可取之处。如果我们只针对眼前的错事指责他们，而忽略了他们的优点，就很容易让孩子觉得大人眼中只看到他们不好的行为。我们对孩子应该有个全面的认识，孩子有缺点，也有优点，犯错误不等于一切全完了。有了错误的行为，不等于动机全是坏的。有时孩子犯错误是好心办了坏事，有的是经验不足，有的是能力不够。我们在批评时一定要客观分析，一分为二地对待孩子，尤其不要把孩子看死了。要用发展的眼光看孩子，相信孩子会有变化，这样才有利于孩子的进步。

总之，鼓励和批评作为经常采用的教育方法，家长必须掌握其运用的艺术，才能调动孩子的积极性，才有利于培养孩子的自信心。具体说来，要注意以下六个方面：

① 鼓励面要宽、批评面要窄。实践发现，鼓励容易被大多数孩子接受，受鼓励的孩子积极性易于被调动；批评则反之。

② 鼓励宜直接，批评宜间接。有时，适宜的不直接批评，可以提醒孩子今后不犯类似的错误。

③ 鼓励宜多，批评宜少。研究表明，鼓励可以使人心情愉快，愉快的心情又会促使人积极行动。而批评会使孩子感到压抑，从而影响学习的兴趣和效果。

④ 鼓励要注意艺术，批评要严肃善意。研究表明，伴随丰富表情的鼓励比平淡表情的鼓励更能激励人，微笑的表情能给人以和善的感觉。批评则要注意严肃性，切忌讽刺挖苦和不了解情况随意批评；同时，批评应是善意的，让孩子内心切实感到父母是为他好。

⑤ 鼓励和批评要符合客观实际。无论是表扬还是批评，都不能夸大其词，言过其实。要以事实为前提，有一说一，有二说二。

⑥ 鼓励和批评要因地因时而不同。一般来说，鼓励要及时，批评要看情况而定。

三、建立家校合作平台与组织机构

家校合作不能仅仅依靠教师个体的力量，要保证此项工作的长久开展，需要学校从制度方面建立专门的组织协调机构，对合作加以保障与鼓励。

为此，学校应成立专门的家校合作心育协调机构，自上而下，统一领导，协调各方，齐抓共管，形成合力，保证家校合作心育工作有序、有效地发展。通过举办家庭心育培训、心育经验交流、家长心理成长小组、家教状况调查等方式，推动家校心育的有效协作，保证学校心理健康教育落到实处。下图是北京师范大学实验中学家长学校机构示意图。

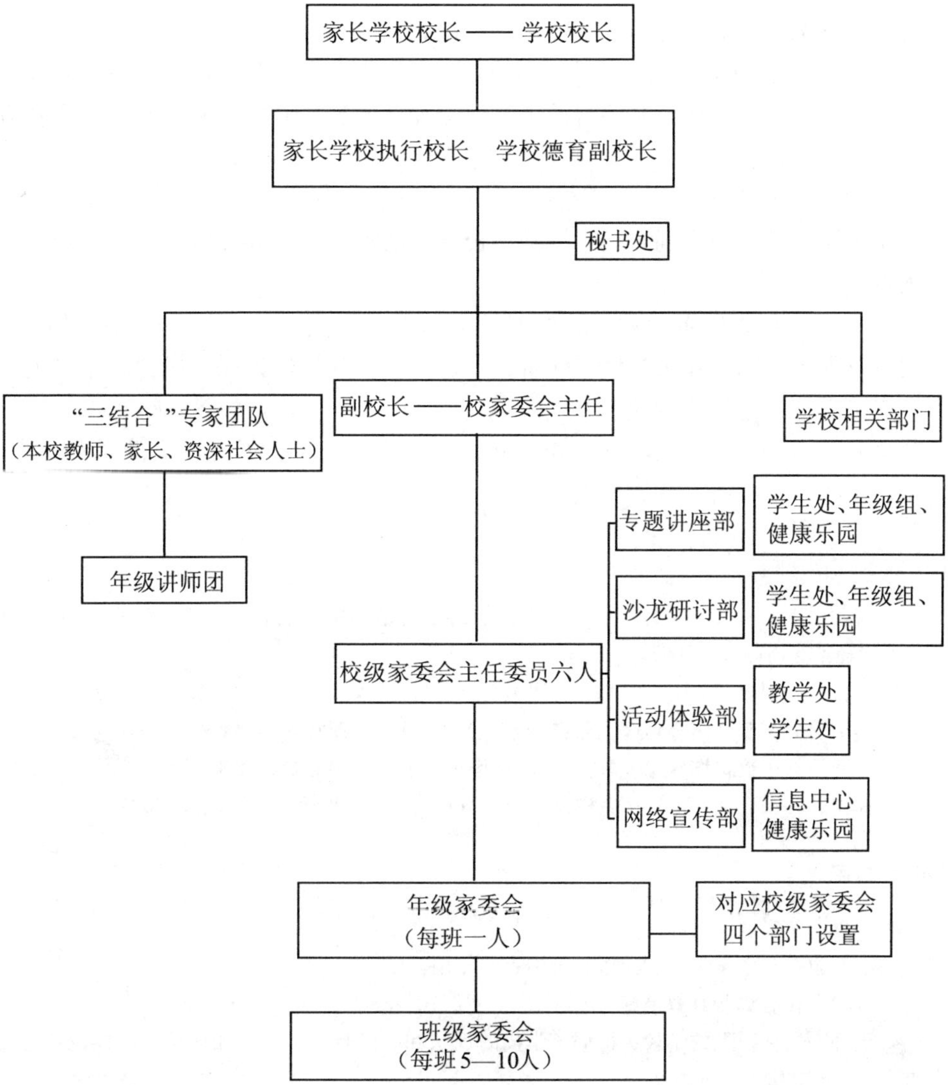

四、建立社区、家庭、学校三位一体式协同教育网络

社区教育是时代发展的总体趋势。现代教育的边界变得更加宽泛，教育已不仅仅是学校的特权，其功能已经深入到社会机构的方方面面。实施家校心育合作，就必须进行心育空间的拓展，挖掘心育资源，开展全程、全员、全方位的社区教育，让每个学生、每个家长，随时随地都有学习心理健康知识的机会，随时都能感受到“心育场”的作用。社会的教育资源丰富多彩，例如图书馆、体育场、公园等文化设施，各类机构等都是家校合作心育的重要资源。学校主动挖掘并充分利用社区心育资源，加强指导与引导，整合与拓展教育功能，努力创设一个有利于学生发展的大环境。具体做法建议如下：

1. 邀请市、县有关部门领导、教育局、妇联、关工委、人大、公安局等参与家长学校的管理工作。利用行政手段消除校外不良环境的影响，调动社会各方办学的积极性。

2. 开辟校外教育基地，创造良好的育人环境。如在共建单位与当地部队成立少年军校，部队派出辅导员，协助学校开展活动。组织到部队、工厂参观，开阔视野。

3. 开展社区志愿者活动。聘请家长中的专职人员、老干部、模范等先进人物组成校外讲师团，作为社区志愿者，走进校园，为学生讲课；或者联系参观学习，走出学校，与社会沟通。

总之，家校心理健康教育合作开展，才能优势互补，形成巨大的教育合力，促进青少年学生的心理健康成长。

【建议参考资料】

1. 富勒，奥尔森．家庭与学校的联系：如何成功地与家长合作［M］．谭军华，译．北京：中国轻工业出版社，2003.

2. 郑日昌，刘视湘．中小学心理健康教育［M］．武汉：武汉大学出版社，2010.

3. 李培明．家校合作心理健康教育探索［M］．杭州：浙江大学出版社，2007.

4. 黄河清．家校合作导论［M］．上海：华东师范大学出版社，2008.

5. 周立凯，张双文．21 世纪怎样做家长［M］．北京：清华大学出版社，2003.

【问题与思考】

1. 家校合作的意义是什么？

2. 家庭教育在中学生心理健康教育中有何作用？

3. 家校合作有哪些有效措施？

4. 选择一所你熟悉的学校，根据该学校的现状和办学目标，思考如何帮助该校设计家校合作开展心理健康教育的方案。

5. 如何指导家庭改善对青少年的心理健康教育？有哪些方面是值得关注和需要重点做工作的？

图书在版编目(CIP)数据

中学生心理健康教育 / 刘视湘，郑日昌主编. －北京：开明出版社，2012.10
（新世纪心理与心理健康教育文库）
ISBN 978－7－5131－0231－5

Ⅰ.①中… Ⅱ.①刘… ②郑… Ⅲ.①心理健康－健康教育－中学 Ⅳ.①G479

中国版本图书馆 CIP 数据核字(2011)第 119657 号

责任编辑： 王拓　魏红岩　范英　吴晨紫

书　名： 中学生心理健康教育
出品人： 焦向英
出　版： 开明出版社
（北京海淀区西三环北路 25 号 邮编 100089）
经　销： 全国新华书店
印　刷： 保定市中画美凯印刷有限公司
开　本： 700×1000 1/16
印　张： 16.75
字　数： 267 千字
版　次： 2012 年 10 月 北京第 1 版
印　次： 2012 年 10 月 北京第 1 次印刷
定　价： 42.00 元